Wolfgang Santjer
Texelhexe

LEDA

Wolfgang Santjer
Texelhexe
Kriminalroman

1. Auflage 2019

ISBN 978-3-86412-216-3
© Leda-Verlag. Alle Rechte vorbehalten
Leda-Verlag, Rathausstraße 23, D-26789 Leer
info@leda-verlag.de

www.leda-verlag.de

Lektorat: Maeve Carels
Titelillustration: Jutta Berend
Druck und Bindung: cpi books GmbH

Wolfgang Santjer

Texelhexe

Inselkrimi

LEDA

Dieses Buch ist ein Roman.
Handlungen und Personen sind frei erfunden.
Ähnlichkeiten mit lebenden oder toten Personen sind
nicht gewollt und rein zufällig.

Personen der Handlung

Die Ermittler in Deutschland:

Jan Broning und seine Ehefrau Maike. Bei Jan Broning handelt es sich um eine sogenannte hochsensible Persönlichkeit. Er spürt, dass er älter wird.

Seine Ehefrau **Maike Broning**, geborene de Buhr, ist eher ›robust‹ eingestellt. Sie ist jünger und hat noch ›alles fest im Griff‹.

Onno Elzinga, Klaas Leitmann, Stefan Gastmann

Olaf Bojen ist Kriminalpolizist aus Hamburg.

Die Ermittler in den Niederlanden:

Simon Cornelis Drebber, Kriminalbeamter aus Alkmaar, hat einen berühmten Vorfahren, den Magier Cornelis Drebber. Der Kriminalbeamte beherrscht die deutsche Sprache perfekt und wird oft als Verbindungsmann bei Kriminalfällen mit deutscher Beteiligung eingesetzt. Ihn umgibt eine geheimnisvolle Aura.

Zwei niederländische Inselpolizisten: **Thomas van Merkerem** (ein Friese aus Koudum) und sein Kollege **Willem Braakhuis** von der Insel Texel (Nordholländer, deshalb ist der Anfangszwist mit dem Friesen vorprogrammiert).

Im Laufe der Ermittlungen werden gemischte Teams gebildet:

Team Deutschland:
Leiter **Jan Broning, Maike Broning, Stefan Gastmann** und **Thomas van Merkerem.**

Team Niederlande:
Ermittlungsführer **Simon C. Drebber, Klaas Leitmann** als sein deutscher Assistent und **Willem Braakhuis.**

Eine Sonderrolle als Ermittlerin:
Aukje van Dijken, die mysteriöse Hellseherin

Bürger der Stadt Leer:
Privatier **Keno von Hasselt**
Eilt Hasebroek, der Wirt des Restaurants *Friesenhus*, und seine Angestellte
Kellnerin **Sina Sinning**
Bestatter **Siegmund Erdmann**
Bekky, eine geheimnisvolle schöne Frau in Schwarz
Pensionär **Habbo Denkela** und
seine Ehefrau **Nantje Denkela**
Weert Bleeker
Banker **Michael Derboven**
Kapitän **Ippo Eenboom**

Bürger der Insel Texel:
Hafenkapitän Oudeschild: **Henk de Graf** und
sein Assistent **Fritz Bremer**
Kutterkapitän **Jelle Vissering**

Bürger der Stadt Hamburg:
Peter Hansen
Reederei-Angestellte **Wiebke Oldenhove**

Prolog

Nordholland, Insel Texel im Jahr 2015
Kerak

Der Mann, der einmal Peter Hansen geheißen hatte, saß in seiner kleinen Wohnküche. Er sah auf seine Armbanduhr. Noch gut zwei Stunden Zeit bis zum Schichtbeginn im Hafenbüro. Gelangweilt schaute er aus dem gardinenlosen Fenster zum Seedeich. So früh in der Saison war noch alles ruhig in dem kleinen Ort Oudeschild, dem Waddenhaven der Insel Texel. Sein Gesicht spiegelte sich im Fensterglas. Er sah aus wie ein Seemann mit dem blonden Haar und dem Vollbart, der ihn älter wirken ließ, als er eigentlich war. Sein Gesichtsausdruck war ernst. Dies verriet den Holländern fast immer seine deutsche Herkunft.

In ein paar Wochen waren Ferien und dann würde es hier hektisch. Seine Wohnung in dem sehr kleinen Reihenhaus lag am Ortsrand von Oudeschild. Die Straße davor verlief parallel zum Seedeich in Richtung Fährhafen de Horntje. Die altehrwürdige Texeler Reede lag direkt hinter dem Deich. Seinen Arbeitsplatz beim Hafenmeister konnte er schnell mit dem Fahrrad erreichen.

Er schaltete das Fernsehgerät ein. Sein deutscher Lieblingssender zeigte wieder einmal eine Dokumentation. Umzuschalten lohnte sich nicht – nur Soaps und gestellte Familienprobleme. Dann schon lieber eine Dokumentation über berühmte Kriminalfälle. Er hörte nur mit einem Ohr zu und sah immer wieder aus dem Fenster.

Peter stutzte, als die Stimme aus dem Fernseher über die Gerichtsmedizin in der Stadt Hamburg berichtete. Er drehte die Lautstärke auf und konzentrierte sich auf die Reportage aus seiner alten Heimat. Ein forensischer Pathologe berichtete über seine Arbeit.

Die düsteren Bilder aus den Räumen der Gerichtsmedizin verursachten Peter eine Gänsehaut und eine böse Vorahnung. Der Assistent des Mediziners erschien auf dem Bildschirm und hielt den Teil eines Schädels in der Hand. Offensichtlich ein Exponat aus einer sehr speziellen Sammlung.

Die Stimme des Gerichtsmediziners war leise und ein wenig emotional. »Hier haben wir den Teil eines Schädels von einem unbekannten Toten.« Er betrachtete kurz den Schädel, den er in die Hand genommen hatte, und fragte dann in die Kamera: »Wie ist es möglich, dass ein Mensch stirbt, und niemand kennt ihn, niemand vermisst ihn? Hatte er denn keine Familie, Freunde, Nachbarn oder Arbeitskollegen? Es gab noch niemals so viele Möglichkeiten, mit anderen Menschen Kontakt aufzunehmen. Wir haben die sozialen Netzwerke und trotzdem vereinsamen die Menschen immer mehr …«

Der Mann beeindruckte Peter Hansen mit seinen schon fast philosophischen Gedanken mitten in dieser sehr speziellen Arbeitsumgebung der Gerichtsmedizin.

»Der Tote wurde bei Taucharbeiten im Hamburger Hafen entdeckt. Die Überreste befanden sich in einem mit Steinen beschwerten Netz. Besondere Probleme gab es auch bei der Ermittlung der Todesursache …« Er zeigte auf ein Loch an der Schläfe des Schädels. »Vermutlich eine Schussverletzung. Rätselhaft sind allerdings die Reste einer Patronenhülse, die im Schädel des Toten gefunden wurde.«

Die Erkenntnis traf Peter Hansen wie ein Faustschlag in den Magen. Der Assistent des Gerichtsmediziners sprach von Fritz Bremer. Seinem dritten Opfer.

Hansens Gedanken wanderten zurück in seine Vergangenheit.

Kapitel 1

Hamburg im Jahr 2010

Peter Hansen war in Hamburg geboren und aufgewachsen. Als er volljährig wurde, beschloss er, die Langweile zu beenden und die Weichen für sein weiteres Leben neu zu stellen. Zunächst standen ihm da seine nervigen Eltern im Wege. Sie waren dann bei einem Autounfall gestorben. Er grinste bei der Erinnerung. Blöd, wenn ausgerechnet auf der Köhlbrandbrücke die Bremsen versagten. Das Gefälle der Brücke war enorm und der Wagen seiner Eltern war mit hoher Geschwindigkeit auf einen haltenden Container-Lkw geprallt. Keine Überlebens-Chance. Ihr Auto war nur noch ein total zerstörtes und ausgebranntes Wrack gewesen. Die von ihm manipulierten Bremsen waren nicht aufgefallen.

Nachdem der Nachlass geregelt war, begann Peter mit den Vorbereitungen für eine neue Identität. Feindliche Übernahme, so nannte er seine akribische Aktion mit dem Ziel, die Identität einer anderen Person vollständig zu übernehmen. Endlich konnte er der tödlichen Langeweile entfliehen.

Fritz Bremer war eines Tages an seinem Beobachtungsort an den Landungsbrücken in Hamburg vorbeigelaufen. Peter war sofort die Ähnlichkeit zwischen ihm und diesem Mann aufgefallen. Wie heißt es so schön? Wie aus dem Gesicht geschnitten. Er folgte seinem zukünftigen Opfer unauffällig.

Es folgten Tage der Observierung. Er studierte die Gewohnheiten seines Opfers und dessen Art, sich zu bewegen. Fritz Bremer arbeitete im Hafen, meistens in der Nachtschicht. Das war sehr günstig für Peters Vorhaben. Nachts schlich er sich in Bremers Wohnung und setzte dort seine Studien fort. Er fotografierte alle Dokumente, sah sich Fotoalben an und verschwand, ohne Spuren zu hinterlassen, immer rechtzeitig, bevor sein Opfer nach Hause kam.

Bremer war ein Einzelgänger, allein und isoliert. Dessen dummes Gesicht, als ihn beim Betreten seiner Wohnung ein Baseballschläger an der Stirn traf, würde Peter nie vergessen. Der Schlag war dosiert, um ihn nicht zu töten. Er fesselte den Bewusstlosen und transportierte ihn in die kleine Küche, die er vorsorglich mit Plastikplanen ausgekleidet hatte. Schließlich benötigte Peter noch die Passwörter und Geheimzahlen.

Wie erwartet, wollte Fritz Bremer nicht kooperieren. Die Gasflamme unter den Füßen überzeugte ihn dann aber doch. Ein Test mit den erpressten Kennwörtern am nächsten Geldautomaten verlief erfolgreich. Dann war Peter zurück in der Küche, sah auf sein Opfer hinab und beide wussten, was geschehen würde.

Peter Hansen war stolz auf die Konstruktion seiner Waffe. Sie bestand aus zwei Metallrohren. Das erste war an beiden Enden offen und hatte einen Innendurchmesser von neun Millimetern. Das Innere war glatt, wies keine Züge und Felder auf. Eine entsprechende Revolverpatrone passte exakt hinein. Der Außendurchmesser des dünneren Rohres entsprach dem Innendurchmesser des dickeren, so konnten sie ineinander geschoben werden. Ein Ende des dickeren Rohres war verschweißt, und innen befand sich ein fest eingebauter Schlagbolzen.

Seine Hände zitterten, als er die Patrone in das dünnere Rohr steckte. Dann nahm er das dickere Rohr und schob es vorsichtig über das mit der Patrone. Er zögerte noch kurz und vermied den Augenkontakt mit seinem verzweifelten Opfer. Fritz Bremer lag gefesselt auf der Plastikplane. Seine Schreie wurden durch den dicken Knebel im Mund gedämpft.

Peter Hansen drückte mit einem Fuß sein Opfer auf

den Küchenboden, bückte sich und setzte ihm die Mündung der selbstgebauten Waffe auf die Brust. Mit der anderen Hand schob er das zweite Rohr ruckartig nach vorn. Das Ende des äußeren Rohrs mit dem Schlagbolzen traf auf die Patrone. Der heftige Rückschlag durch den Schuss überraschte ihn.

Dann sah er mit Entsetzen, dass der Körper seines Opfers sich trotz des aufgesetzten Schusses noch immer bewegte. Nervös zog er die Rohre auseinander. Seine Hände zitterten, als er versuchte, die Patronenhülse aus dem Ende des Rohres zu ziehen, um seine Waffe nachzuladen. Die leere Hülse klemmte und ließ sich nicht aus dem Rohr lösen. Hansen fluchte. Dann fiel ihm ein, dass das Rohr ja zwei Öffnungen hatte. Er drehte es um, nahm eine zweite Patrone und schob sie in das freie Ende. Vorsichtig schob er die zwei Rohre wieder zusammen. Diesmal würde er auf Nummer sicher gehen und seinem Opfer in den Kopf schießen.

Er setzte das Ende mit der klemmenden Hülse auf der Schläfe auf und schob die Rohre ruckartig zusammen. Der Knall dröhnte in seinen Ohren und der Rückschlag war enorm. Sein Opfer rührte sich nicht mehr. Erleichtert atmete Hansen durch. Er zog die Rohre auseinander und stellte befriedigt fest, dass das Projektil der zweiten Patrone die leere Hülse herausgeschossen hatte. Das Projektil des zweiten Schusses war zusammen mit der leeren Hülse in den Schädel seines Opfers eingedrungen.

Im Grunde, so fand Peter, hatte er Bremer einen Gefallen getan, als er ihn am Ende seiner Befragung mit seinem Schussapparat tötete. Ein Langweiler weniger auf der Welt. So ein Leben, wie der es geführt hatte, war doch entsetzlich und überflüssig. Im Grunde war sein Opfer doch schon vorher gestorben.

Die Leiche von Fritz Bremer wickelte er zusammen mit Steinen in ein Netz und warf sie in den Hafen.

Der neue Fritz Bremer, früher Peter Hansen, hatte

dann hinter sich in Hamburg aufgeräumt. Bremers Arbeitsplatz kündigte er schriftlich mit der Begründung ›Neuorientierung‹ und hinterließ mehrere Briefe, in denen er eine Weltreise ankündigte.

Bremers Mörder Peter Hansen übernahm dessen Namen, dessen Identität, und dessen nicht großes, aber doch überraschend ansehnlich angespartes Vermögen.

Kapitel 2

Texel im Jahr 2015

Der Mann, dem seine Eltern den Namen Peter Hansen gegeben hatten, existierte nicht mehr. Seit dem Mord in Hamburg gab es nur noch Fritz Bremer. Und Peter Hansen würde niemand vermissen.

Kurz nach der Ermordung von Fritz Bremer und der Übernahme der neuen Identität hatten die Probleme begonnen. Seit seiner Kindheit hatte er auf den Namen Peter gehört. In seinem Kopf entstand eine Art von Persönlichkeitsspaltung, als er mit dem neuen Namen Fritz angesprochen wurde. Für seine eigene Gedankenwelt benötigte er also einen Namen, den er sich selbst aussuchen und zum Beispiel bei einem Selbstgespräch benutzen konnte. Selbstgespräche führte er oft – und sollte er sich dann immer wieder an neue Namen gewöhnen?

Nein, er brauchte einen, der nur für ihn selbst bestimmt war. Und dieser Name sollte eine besondere Bedeutung für ihn haben.

Seit seiner Kindheit hatten ihn die Kreuzfahrer und ihre Burgen fasziniert. Er spürte eine Art Seelenverwandtschaft zu den Rittern. Welches Motiv hatten die wohl gehabt, ihre heimischen Burgen zu verlassen, um sich dem Kreuzzug im Heiligen Land anzuschließen? Natürlich hatte es das Versprechen gegeben, dass damit alle Sünden vergeben waren. Und außerdem noch den Willen, das Heilige Land zurückzuerobern. Aber hatte nicht eigentlich die Suche nach Abenteuern und die Flucht vor der Langeweile die Kreuzritter angetrieben?

Er suchte ebenfalls das Abenteuer und fürchtete die Langeweile.

In der Schule hatte sich jeder Schüler ein Lieblingstier aussuchen sollen. Löwe, Tiger und Panther waren dann oft vertreten gewesen. Als die Mitschüler hörten, welches Tier er gewählt hatte, war er zum Gespött geworden. Ein Krake ... Wieso ausgerechnet ein so hässliches Tier?

Das fragte ihn auch der Lehrer und der kleine Peter erklärte, dass dieses Tier ein Meister der Tarnung war. Es konnte sogar die Gestalt anderer Meeresbewohner annehmen, um seine Beute zu jagen. Ein Einzelgänger, wie Peter, in den Tiefen der Meere verborgen, jederzeit bereit zuzuschlagen.

In der Mythologie der Norweger spielte der Krake eine große, rätselhafte Rolle. Viele Märchengestalten waren reine Phantasie-Gebilde. Nicht so der Riesenkrake, der Schrecken der Meere, ihn gab es tatsächlich. Ab und zu tauchten Reste von Kraken in Fischernetzen auf. An Walen erkannte man große Narben von Kämpfen mit den großen Kraken der Tiefsee.

Die Gestalt des Kraken verschmolz mit seiner Umgebung, dadurch konnte er seine Opfer völlig überraschen.

Peter hatte versucht, ein Anagramm zu bilden. Aus den Buchstaben des alten Wortes sollte ein neuer Name entstehen, und für ein perfektes Anagramm war es erforderlich, dass der neue Name einen Sinn ergab. Nach einigen Versuchen war er schließlich erfolgreich gewesen: Kerak war der neue Name – und dies war auch der Name einer berühmten Kreuzfahrerburg. Kerak wollte er in Zukunft heißen, und diesen Namen sollte niemand kennen außer ihm.

Die feindliche Übernahme in Hamburg war damals geglückt. Trotzdem hatten sie die Leiche im Hamburger Hafen gefunden. Eine Verbindung zwischen dem unbekannten Toten und Fritz Bremer hatte aber offensichtlich bis jetzt nicht hergestellt werden können. Er drückte die Info-Taste der Fernbedienung. Die Dokumentation war bereits von 2012 … Dann war mit Sicherheit der Kriminalfall mit dem Vermerk ›unbekannter Toter‹ bereits zu den Akten abgelegt worden.

Nun lagerte der Schädel seines ersten Opfers Fritz Bremer also in der Gerichtsmedizin Hamburg. Kerak stellte sich die ratlosen Gesichter der Ermittler vor. Sie hatten sich damals vermutlich vergeblich gefragt, wie eine verschossene Patronenhülse zusammen mit dem Projektil in den Schädel des Toten eingedrungen sein konnte.

Leider war sowohl das Vermögen seiner Eltern als auch das von Fritz Bremer inzwischen verbraucht, und Kerak hatte diesen Job hier annehmen müssen. Er vermisste den Luxus, die Annehmlichkeiten und die teuren Reisen. So konnte es nicht weitergehen.

Zeit für einen neuen Job, eine neue Identität und neuen Reichtum.

Er schaltete den Fernseher aus. »So, Pause beendet, auf zur Arbeit!«

Kerak setzte sich auf sein Fahrrad und fuhr auf der Straße hinter dem Deich an der Mühle vorbei. Links ging es in die Heemskerckstraat mit dem Museum und einigen Geschäften, er fuhr geradeaus weiter und dann rechts über den Deich. Jetzt hatte er einen guten Blick auf den Hafen. Wie immer hielt er kurz an und sah sich um. Rechts befand sich der Historische Hafen, der in den Gemeindehafen überging. Dort lagen Traditionsschiffe wie alte Schlepper und typische Plattbodenschiffe. An der äußersten rechten Hafenseite lagen verschiedene Ausflugsfahrzeuge, kleine Boote und umgebaute Fischereifahrzeuge, mit denen Fahrten zu den Seehundsbänken unternommen wurden. Noch war es ruhig, aber in der Saison war hier richtig was los. Viele Touristen, die mit den Ausflugsschiffen zu den Seehunden wollten. Die breite Treppe über den Deich war dann voller Menschen, die zwischen Hafen und den Geschäften in der Heemskerckstraat pendelten.

Kerak fuhr weiter und bog links ab, vorbei am Trockendock, einigen Fischkuttern und dem Kinderspielplatz. Vor ihm befand sich jetzt sein Arbeitsplatz, das moderne Hafengebäude mit runden Fenstern im Eingangsbereich und einem Dach, das aussah wie eine Welle. Über eine Treppe gelangte man in das Büro der Hafenverwaltung.

Er schloss sein Fahrrad ab, betrat das Gebäude und ging die Treppe zum Büro des Hafenmeisters hoch.

Henk de Graf begrüßte seinen Gehilfen mit Handschlag. »Hallo, Fritz.«

»Hallo, Henk. Na, hast du alles im Griff?«

»Ihr Deutschen seid doch anders als wir«, stellte de Graf gutgelaunt fest.

»Wieso, was haben meine Landsleute denn wieder angestellt?«, wollte Kerak wissen.

»Gerade hatte ich einen Anruf, ein Herr von Hasselt aus Leer möchte wie jedes Jahr seinen Liegeplatz für seine Jacht reservieren.« Henk de Graf zeigte in Richtung des großen Jachthafens, in dem es jede Menge freie Plätze gab. Er schüttelte den Kopf. »Ich sag zu dem Mann, Herr von Hasselt, hier brauchen Sie nicht zu reservieren, weil: Es liegen nur wenige Boote im Jachthafen. Nein, das wäre ihm klar, aber er möchte einen speziellen Liegeplatz haben, weil er den doch jedes Jahr hat und er unbedingt seine Ruhe möchte, der feine Herr. – Ja, Fritz, und da fällt es mir wieder ein, wer da am Telefon ist: Dieser reiche Privatier aus Leer, der jedes Jahr von Texel aus alleine einen Segeltörn in Richtung England unternimmt.«

»Leg ihm doch ein Handtuch auf den Steg vor seinen Liegeplatz«, entgegnete Kerak. »Das machen wir Deutschen doch auch immer am Hotelswimmingpool.«

»Gut, dass du es gesagt hast ...« Henk de Graf grinste. »Aber weißt du, was wirklich komisch ist?«

»Na, mach es nicht so spannend.«

»Dieser von Hasselt sieht dir ähnlich. Vielleicht bist du mir deshalb ja irgendwie ein bisschen bekannt vorgekommen, als du hier ankamst. Hab ich damals nicht weiter drüber nachgedacht, aber du siehst fast aus wie er. Nur dass der weniger Haare auf dem Kopf hat und seine Nase ist irgendwie anders.«

»Ach wirklich, das ist ja witzig«, antwortete Kerak sehr nachdenklich. »Wann wollte er denn hier einlaufen?«

Henk de Graf gähnte und streckte sich. »Ich hab es in die Kladde eingetragen. Jetzt geh ich nach Hause, ein Nickerchen machen.«

»Okay, Henk. Bis später. Schlaf eine Runde für mich mit«, erwiderte Kerak gutgelaunt.

Er beobachtete durch ein Fenster, wie sein Chef mit dem Fahrrad davonfuhr. Dann schlug Kerak die Kladde auf und fand die Eintragung über die Reservierung. Keno von Hasselt wollte nächste Woche einlaufen. Wenn er Stammgast im Sportboothafen war, müssten seine persönlichen Daten im Computer sein.

Kerak grinste, als er die Daten unter den Rechnungen fand. Von Hasselt wohnte in Leer, und zwar in der Groninger Straße. Er gab die Adresse in den Computer ein und stellte fest, dass es sich um ein schönes Einfamilienhaus handelte. Es war von einer Mauer umgeben und grenzte mit der Rückseite direkt an den Hafen. Dort lag an einem eigenen Anleger eine große Segeljacht. Was hatte sein Chef vorhin gesagt? Ein reicher Privatier … und der war allein mit seiner Jacht unterwegs …

Das mit den Haaren war kein Problem, aber die unterschiedliche Nase … Dafür würde Kerak sich noch etwas einfallen lassen müssen. Das eigentliche Problem war die Zeitknappheit. Ihm blieb für die Vorbereitungen nur eine Woche. Kerak ballte seine Hände zu Fäusten. Endlich war diese tödliche Langeweile vorbei. Der Nervenkitzel konnte beginnen.

Er stellte sich vor den Wandspiegel und sagte laut und mit einer Verbeugung: »Angenehm. Keno von Hasselt mein Name!«

Das klang doch viel besser als Peter Hansen oder Fritz Bremer. Nämlich nach Geld. Einer Menge Geld!

Nach Schichtende packte er in seiner Wohnung einen Koffer und verstaute ihn in seinem weißen Kombi. Dann schrieb er einen Entschuldigungsbrief für seinen Arbeitgeber und gab als Grund für seine Abwesenheit in den nächsten Tagen einen Todesfall in der Familie an. Er unterbrach seine Fahrt Richtung Fährhafen kurz, um das Schreiben in den Postkasten des Hafenmeisters zu werfen.

Kerak sah es als gutes Zeichen an, dass er die letzte Fähre von der Insel zum Festland noch erreichte. Als er sie wieder verließ, fuhr er nicht direkt nach Leer, sondern machte einen Umweg über Amsterdam. Im Rotlichtviertel wollte er sich noch spezielle Ausrüstung besorgen: neue Patronen für seine Spezialwaffe und eine Observierungskamera mit Monitor. Sein Kontaktmann nahm die Bestellung ohne Fragen entgegen. Ein Treffpunkt wurde vereinbart und zwei Stunden später verließ Kerak Amsterdam in Richtung Deutschland.

Drei Stunden später fuhr er in Bunde über die Grenze. Seine Schirmmütze zog er dabei tief ins Gesicht. Der Straßenverkehr am Grenzübergang wurde mit Kameras überwacht. Er wollte nicht auffallen und verhielt sich vorsichtig, obwohl er eine Kontrolle nicht zu fürchten brauchte. Sein Transporter war ordnungsgemäß zugelassen und die Patronen sehr gut versteckt.

Hinter dem Emstunnel verließ er an der Anschlussstelle Leer-West die Autobahn und fuhr Richtung Stadtgebiet. Inzwischen war es stockdunkel, für seine Vorbereitungen also optimal.

Als die Stimme aus dem Navi erklärte, dass er sein Ziel

erreicht hatte, fuhr er rechts an den Straßenrand und parkte zwischen zwei Bäumen. Auf der gegenüberliegenden Straßenseite stand zwischen zwei Geschäftsgebäuden das Haus seines Opfers, die Vorderseite zeigte zur Groninger Straße. Es wirkte eigentlich unscheinbar. Nichts wies darauf hin, dass es sich bei von Hasselt um einen reichen Mann handelte. Die Rückseite konnte Kerak nicht einsehen, die Mauer versperrte den Blick.

Er stieg aus und sah sich die Umgebung genau an, um einen geeigneten Ort für eine Kamera zu finden. Die Krone eines Kastanienbaumes direkt vor ihm sah vielversprechend aus. Kerak holte die ferngesteuerte Kamera aus dem Rucksack im Kofferraum und überprüfte sie noch einmal. Die Langzeit-Akkus waren vollgeladen und die Funkverbindung zum kleinen Monitor funktionierte einwandfrei. Er setzte sich in seinen Transporter und fuhr sehr dicht an die Kastanie heran. Leise stieg Kerak aus, hängte sich den Rucksack mit der Spezialausrüstung über die Schulter und stieg aufs Wagendach. Von dort aus kletterte er in den Baum und suchte in der Krone eine geeignete Stelle für seine Kamera. Mit Kabelbindern befestigte er sie an einem starken Ast und sah auf den separaten kleinen Monitor. Ein Zweig war noch im Weg, ansonsten lieferte die Kamera über Funk ein perfektes Bild vom gesamten Grundstück. Kerak entfernte den Zweig und sprühte die Kamera und die provisorische Halterung mit Tarnfarbe ein, insbesondere die rote Kontrollleuchte.

Zufrieden mit seinem Werk kletterte er aus dem Baum und setzte sich wieder in den Transporter. Noch einmal kontrollierte er den Monitor und grinste, weil er sich über das gute Bild freute. Die Restlichtverstärkung der Kamera und die einstellbare Fokussierung waren einfach genial. Sein Kontaktmann aus dem Rotlichtviertel hatte nicht zu viel versprochen und ihm gutes Material geliefert. Auf dem Monitor konnte er jetzt sogar den großen Garten an der Rückseite des Hauses sehen, der direkt an das Hafengewässer grenzte. Dort befand sich der Privatanleger mit der großen Jacht.

Die Vorbereitungen für die Observierung des Hauses in den nächsten Tagen waren abgeschlossen. Kerak rollte die Matratze im Laderaum aus und schlief zufrieden ein.

Die folgenden Tage und Nächte verbrachte er größtenteils im Transporter und starrte auf den Monitor. Keno von Hasselt lebte wirklich sehr zurückgezogen. Wie leichtsinnig die Menschen doch waren ... Mit Hilfe der ferngesteuerten Kamera konnte Kerak direkt ins Büro sehen. Von Hasselt hielt es wohl nicht für nötig, die Vorhänge zu schließen. Sein Tagesablauf lief immer nach dem gleichen Muster ab. Morgens saß er als Erstes im Seidenmantel vor dem Computermonitor und studierte seine Aktienkurse. Dann radelte er alleine durch die Altstadt, wo er auch allein zu Mittag aß. Mit sicherem Abstand folgte Kerak ihm mit einem alten Klapprad. Anschließend lag von Hasselt oft draußen auf dem Teak-Liegestuhl. Offensichtlich genoss er den Blick auf seinen englischen Rasen, seine Jacht und den Hafen. Natürlich ebenfalls allein. Ja, das Leben konnte angenehm sein, wenn man genug Kohle besaß. Kerak stellte sich vor, wie er an Stelle von Hasselt dort saß.

Der Lieferwagen eines Feinkosthändlers hielt vor dem Haus. Kurz darauf wurden Kartons mit Krimsekt und anderen Delikatessen zur Jacht gebracht und verstaut. Vorbereitungen für den geplanten Segeltörn nach Texel, vermutete Kerak. Während der Lieferant die Kartons schleppte, saß von Hasselt im Liegestuhl, öffnete eine Flasche des gelieferten Sekts und überwachte die Verlade-Aktion. Statt eines Trinkgeldes bekam der Lieferant einen Anschiss, weil er vergessen hatte, beim Betreten der Jacht die Schuhe auszuziehen. Kerak beobachtete, wie der Mann mit angesäuertem Gesicht in seinen Wagen stieg.

Keno von Hasselt verschloss hinter ihm das Tor, ging ins Haus und kam mit einer kleinen Dose in der Hand zurück in den Garten. Kerak richtete den Fokus der Kamera darauf. Kaviar! In seinem Mund sammelte sich Speichel.

Seine erste feindliche Übernahme in Hamburg war perfekt vorbereitet gewesen. Für die zweite Übernahme hier in Leer war eigentlich nicht ausreichend Zeit. Aber während von Hasselt seine Fischeier löffelte, nagten Neid und Missgunst an Keraks Bedenken. Er wischte sie beiseite und der Entschluss war gefallen. Die Tage von Keno von Hasselt waren gezählt.

Am letzten Tag der Observierung steuerte von Hasselt seine Jacht in Richtung Schleuse und Kerak murmelte: »Auf Wiedersehen in Texel!«

Kapitel 3

Freitag
unterwegs von Ditzum zur niederländischen Insel Texel

»Papa, ist es noch weit?«

Jan Broning sah schmunzelnd in den Innenspiegel seines alten Mercedes. Hinter ihm saß seine fünfjährige Tochter. »Antje, wir sind doch gerade erst in Ditzum losgefahren!« Maike, neben ihm auf dem Beifahrersitz, grinste ebenfalls.

Die Familie wollte mit den Kollegen Onno Elzinga, Klaas Leitmann und Stefan Gastmann ein verlängertes Wochenende auf der niederländischen Insel Texel verbringen. Drei Stunden Autofahrt und die Überfahrt mit der Fähre von Den Helder lagen vor ihnen.

Jan dachte an die Zeit, bevor er Maike kennengelernt

hatte. Nach dem Tod seiner ersten Frau hatte er am Abgrund gestanden. Damals hätte nur noch ein kleiner Schritt gefehlt ... Maike hatte ihn am Kragen gepackt und ihn gerade noch rechtzeitig zurückgezogen, weg von diesem Abgrund, in den man nicht zu lange hineinschauen durfte.

Ganz behutsam war die gemeinsame Liebe entstanden. Jan empfand tiefe Dankbarkeit, als er seine Tochter Antje im Rückspiegel betrachtete. Maike war viel jünger als er und manchmal machte ihm das Sorgen. Genau wie seine späte Vaterrolle, schließlich war er über fünfzig. Aber diese Sorge war wohl umsonst gewesen. Im Gegenteil, seine Tochter hielt ihn jung.

Antje würde im Herbst zur Schule gehen. Sie hatte große Ähnlichkeit mit ihrer Mutter. Zum Beispiel die dunklen Haare. Maike haderte oft mit ihrem Gewicht, aber sie war nun einmal von der Veranlagung her keine zierliche Gestalt. Sie war eher robust und konnte richtig zupacken. Jan mochte die paar Kilo zu viel, zumal sie sich an den richtigen Stellen befanden. Robustheit, absolute Verlässlichkeit und mit beiden Beinen fest auf dem Boden, das passte zu seiner Frau.

Eigentlich eher gegensätzlich zu seiner Persönlichkeit. Jan kannte seine eigenen Dämonen. Insbesondere seine stark ausgeprägte Sensibilität. Inzwischen war ihm klar geworden, dass diese Schwäche manchmal auch seine Stärke ausmachte. Zum Beispiel bemerkte er sofort die Stimmung, wenn er einen Raum mit mehreren Personen betrat. Aber Hochsensibilität war für einen Polizisten oft ein Fluch. Jans empathische Fähigkeiten waren ebenfalls sehr ausgeprägt – auch dieser Dämon ein Fluch und ein Segen gleichzeitig. Bei Vernehmungen von Opfern litt er mit und bei der Vernehmung von Tatverdächtigen ahnte er schnell, wann gelogen wurde, und erkannte die wahren Motive hinter der Lüge.

Unter dem Strich war es so, dass Jan zu viele Eindrücke und Emotionen aufnahm. Maike half ihm mit ihrer Robustheit, die dicke Haut zu ersetzen, die ihm so völlig fehlte. Nicht nur im Familienleben, sondern auch dienstlich bei der Kriminalpolizei. Sie ergänzten sich bei den gemeinsamen Ermittlungen. Ein Erfolgsrezept, das sich schon oft bewährt hatte. Die extremen Situationen, der gemeinsame Blick in dunkle Abgründe menschlichen Handelns und zuletzt auch gemeinsam überstandene Lebensgefahr schweißten sie immer fester zusammen.

»Sind Opa Johann und Oma Karin auch noch hinter uns?«, holte ihn Maikes Stimme in die Gegenwart zurück.

»Ja, sie folgen uns unauffällig«, antwortete Jan. »Schön, dass sie mit uns nach Texel fahren.« Er fügte leise hinzu: »Dann haben wir mal ein paar Stunden ungestört für uns.« Antje war total vernarrt in Maikes Vater Johann de Buhr und dessen Freundin Karin. Opa Johann und Karin verwöhnten die Kleine manchmal zu sehr, fand Jan, aber dies war das Vorrecht der Groß-eltern, vermutlich ein Naturgesetz.

»Sind Onno und Klaas auch schon auf der Insel?«, fragte Maike gut gelaunt.

Klaas hatte im Ferienpark ein großes Haus orga-nisiert. »Wahrscheinlich sitzen die beiden schon mit einem Bier in der Hand im Wohnzimmer und warten auf uns«, antwortete Jan. »Mein Gott, wie die Zeit vergeht …« Er dachte an spektakuläre Kriminalfälle in der Vergangenheit. Zusammen mit den zwei ehemaligen Autobahnpolizisten galten sie als bewährtes Ermitt-lungsteam. Dazu gehörte auch Stefan Gastmann, der ewige Junggeselle, wie ihn Maike nannte. »Stefan wohnt übrigens nicht mit uns im großen Haus im Norden, der hat sich eine Ferienwohnung in de Koog genommen.«

»Er wird sich bestimmt noch ins Nachtleben stürzen wollen«, vermutete Maike. »Er ist ja auch noch jünger und möchte sicher ein bisschen mehr Action, als er von den Alten im ruhigen Norden erwarten kann.«

Während sich Stimmen von kleinen Hexen und nied-
lichen Elefanten im Autoradio mit dem Gesang seiner
Tochter auf dem Rücksitz abwechselten, flog draußen
die niederländische Landschaft vorbei. Die Fahrt war
dank des Tempolimits bedeutend entspannter als in
Deutschland.

Vor dem Verkehrskreisel in Joure klingelte Maikes
Handy. Sie nahm den Anruf entgegen. »Ja, Karin, ist
gut, wir machen Pause beim Schnellimbiss.«

Jan nickte, ordnete sich rechts ein und nahm die erste
Ausfahrt.

Kapitel 4

unterwegs zur Insel Texel, Abschlussdeich

Nach der Pause setzte Maike sich hinter das Steuer des
alten Mercedes. Ihr war aufgefallen, dass Jans rechtes
Knie wieder schmerzte, weil er seine Lippen fest auf-
einanderpresste.

»Maike, nicht so schnell, das hier ist ein Oldtimer«,
murmelte er auf dem Beifahrersitz.

»Meinst du dich oder deine alte Karre?«, fragte sie
mit einem Grinsen.

»Von wegen alte Karre, das ist ein Klassiker ...«, pro-
testierte Jan.

»In den nichts reinpasst! Echt unpraktisch, dein Klassi-
ker, und kein Familienauto. Außerdem wäre eine höhere
Sitzposition für dein Bein auch besser.« Oha, dachte
Maike, als er schwieg, und sah ihn kurz von der Seite an.
Jetzt grübelt er gleich wieder. Sie liebte ihren Mann über
alles. Eine stattliche Erscheinung nannten die Älteren so

einen Typ. Jan war fast einen Meter neunzig groß, mit breiten Schultern und einem leichten Bauchansatz. Seine mittelblonden Haare wiesen bereits Grautöne auf. Seine beginnenden Geheimratsecken störten aber nur ihn. Sie legte nicht so viel Wert auf das Äußere, bei ihrem Mann waren die inneren Werte entscheidend. Jemanden mit so ausgeprägter Sensibilität und Empathie hatte sie nie zuvor getroffen.

Allerdings war es manchmal auch ein Fluch. Jan neigte zum Grübeln und war oft in seiner eigenen Welt. Dort versuchte er die große Informationsmenge zu sortieren, die ihm seine sensiblen Antennen ständig übermittelten. Je nach Tagesform gelang es ihm sehr gut oder nur langsam. Als sie sich kennengelernt hatten, war er auf dem Tiefpunkt gewesen. Seine Frau war verstorben und er hatte sich gehen lassen und das Gefühlchaos in seiner Seele mit Alkohol zu dämpfen versucht.

Inzwischen konnte er mit seinen Dämonen umgehen und seine angebliche Schwäche in eine Gabe umwandeln. Nur manchmal brauchte er Hilfe, um von Wolke sieben herunterzukommen. Wenn er sich mal wieder Sorgen machte, ob er zu alt für sie war oder ob es vernünftig gewesen war, mit über fünfzig Vater zu werden, wurde es Zeit für sie, seine Sorgen liebevoll zu vertreiben. Wenn nötig, mit einem Tritt vors Schienbein.

Inzwischen befanden sie sich auf dem Abschlussdeich. Links lag das Ijsselmeer und rechts die Nordsee.

»Jetzt wollen wir alle zusammen singen«, beschloss Antje und stimmte laut ihr Lieblingslied aus dem Kindergarten an.

Jan sah seine Maike liebevoll und mit etwas gequältem Gesichtsausdruck von der Seite an. »Ist es noch weit?«, fragte er mit Unschuldsmiene.

»He! Ihr sollt mitsingen«, forderte Antje auf dem Rücksitz.

Kapitel 5

Insel Texel, Ferienpark Den Bos im Norden der Insel

Onno Elzinga und Klaas Leitmann saßen sich, jeder mit einer Flasche Bier in der Hand, im geräumigen Wohnzimmer des großen Ferienhauses gegenüber. Onno sah sich um. »Eine feine Herberge hast du für uns ausgesucht.«

»Für meine Kollegen nur das Beste«, erwiderte Klaas. »Normalerweise ist es hier um diese Zeit noch ruhig, aber gerade findet ein großer Kongress statt. Irgendwelche Ornithologen treffen sich in der Anlage.«

»Die sollen ja so gut zu Vögeln sein.« Onno kniff ein Auge zu. »Man beachte … ›Vögeln‹ groß geschrieben. – Hast du noch viel Kontakt mit unseren Kollegen von der Autobahnpolizei?«

»Du weißt doch, wie es läuft, sobald man die Dienststelle auf Dauer verlässt«, antwortete Klaas. »Aus den Augen, aus dem Sinn!«

Onno nickte. »Stimmt. Und wir sind ja jetzt schon ein paar Jahre im Kriminaldienst. Ewig keine Uniform mehr angehabt …«

Sie schwiegen für einen Moment und dachten beide an die Zeit bei der Autobahnpolizei zurück, als sie oft zusammen rausgefahren waren. Ihre Einstellung zum Beruf war sehr verschieden, sie hatten aber trotzdem immer gern zusammengearbeitet. Onno übertrieb es regelmäßig, weil er einfach nicht wusste, wann es genug war. Die Quittung dafür hatte er schon vor einigen Jahren erhalten. Seine Gesundheit war stark angegriffen und nun versah er nur noch halbtags Dienst. Beide waren fünfundfünfzig und die Pensionierung rückte näher. Im Gegensatz zu Onno kannte Klaas seine Grenzen.

Trotzdem war er den Anforderungen des Nachtdienstes bei der Autobahnpolizei schließlich auch nicht mehr gewachsen gewesen und Onno schweren Herzens zur Kripo gefolgt. Nun arbeiteten die beiden wieder zusammen, halbtags im selben Büro.

Die Sitzposition im Sofa zeigte sehr unvorteilhaft Klaas' dicken Bauch. Fehlen nur noch eine Mönchskutte und für das Bier ein Krug in der Hand, dachte Onno.

Klaas konnte wohl Gedanken lesen. Oder er hatte den Blick bemerkt. »Entschuldigung, Onno! Ja, das Essen und das Bier schmecken mir immer noch. Außerdem hast du auch schon mal besser ausgesehen. Kapitän Störtebeker mit schwarzen Augenringen und Falten im Gesicht wie ein Waschbrett.«

»Danke, Bruder Tuck!«, erwiderte Onno.

Beide lachten und prosteten sich zu.

Kapitel 6

Insel Texel, Ferienhausanlage De Koog

Stefan Gastmann war sehr aufgeregt. Was der Kriminalpolizist niemals für möglich gehalten hatte, war tatsächlich eingetroffen. Er konnte nur noch an sie denken. Ihre dunkle, rauchige Stimme, die langen pechschwarzen Haare und dann ihr Lächeln …

Der prüfende Blick in den Spiegel zeigte ihm einen vierzigjährigen Mann mit Geheimratsecken. Seine schönen rot-braunen Haare – fast alle weg. Zu viele Bekanntschaften, falsche Ernährung und ein ausschweifendes Nachtleben hatten Tribut gefordert.

Sie dagegen war eine echte Schönheit. Erst hatte er es

gar nicht glauben wollen, dass sie sich für ihn interessierte. Normalerweise war er es, der den ersten Kontakt aufnahm. Diesmal war es umgekehrt, die Initiative war von ihr ausgegangen. Als er sie das erste Mal gesehen hatte, war ihm die Luft weggeblieben. Wie ein Teenager hatte er vor ihr gestanden, unfähig, einen vernünftigen Satz von sich zu geben.

Sie trug nur schwarze, altmodische Kleidung wie aus dem Mittelalter und war auch entsprechend düster geschminkt. Als Stefan Anfang 1990 zum ersten Mal die Anhänger der schwarzen Szene aufgefallen waren, hatte er die ›schwarzen Vögel‹ noch belächelt. Bei dieser Frau war es anders, ihre Ausstrahlung und Körperhaltung passte zu ihrem Outfit. Sie faszinierte ihn und wenn ihre tiefblauen Augen ihn musterten, schien sie direkt in seine Seele zu schauen. Als sie ihn mit ihrer tiefen Stimme angesprochen hatte, war ihm ein Schauer über den Rücken gelaufen.

Ja, Stefan Gastmann war schwer verliebt. Vor einigen Tagen hatte er ihr erzählt, dass er mit Kollegen ein Wochenende auf Texel verbringen wollte. »Vielleicht komme ich auch, aber nur, wenn du nicht zusammen mit ihnen untergebracht bist«, hatte sie mit rauer Stimme gesagt und dabei an seinem Ohr geknabbert. »Manchmal bin ich etwas zu laut.«

Morgen wollten sie sich in seiner Wohnung treffen. Stefan freute sich auf die geheimnisvolle Dame in Schwarz. Als Polizist störte ihn nur, dass er nichts, aber auch rein gar nichts über sie wusste. Noch nicht einmal ihren Namen.

Kapitel 7

Freitag
Fährhafen Den Helder

Kerak fuhr in seinem weißen Kombi durch Den Helder und folgte den Hinweisschildern zum Fährhafen. Er ordnete sich vor den Kassenhäuschen ein und bezahlte die Überfahrt. Die Fähre sollte in zehn Minuten fahren. Reservierungen waren nicht nötig und der Preis für die Hin- und Rückfahrt war moderat. Außerdem brauchte man sich keine Sorgen wegen eines möglichen Ausfalls aufgrund Niedrigwassers zu machen. Diese Fähren hier fuhren immer, das war im Vergleich zu anderen Inseln an der Nordseeküste nicht selbstverständlich. Jetzt in der Vorsaison kamen sie im Stundentakt und in der Hauptsaison sogar noch öfter. Er wartete vor den Schranken und stellte den Motor aus. Noch etwas Zeit, um über seine Recherche in Leer nachzudenken.

Ja, die Zeit war eigentlich zu knapp, aber die Umstände extrem günstig und diese Gelegenheit wollte er sich nicht entgehen lassen. Gestern, am Donnerstagmorgen, hatte Kerak beobachtet, wie Keno von Hasselt mit seiner Jacht vom Privatanleger ablegte und in Richtung Seeschleuse Leer fuhr, sein Reiseziel war Texel. Zwei Tage, so schätzte Kerak, würde von Hasselt für die Fahrt zur Insel benötigen. Damit war seine Überwachungsaktion in Leer beendet gewesen, er hatte seine Ausrüstung verstaut und war zurück in die Niederlande gefahren. Den Rest des gestrigen Tages hatte er in Amsterdam verbracht. Heute, am Freitag, würde Keno von Hasselt mit seiner Jacht in Texels Sportboothafen einlaufen.

Langsam drang das Hupen von Autos in sein Bewusstsein. Erschrocken stellte er fest, dass die Schranken

geöffnet und die Autos vor ihm längst losgefahren waren.
Kerak startete seinen weißen Kombi und fuhr schnell
über die Rampe in die Fähre. Er hielt hinter einem
Bulli aus Emden, zog die Handbremse an und stieg aus.
Vor dem Bulli stand ein alter Mercedes mit Leeraner
Kennzeichen. Eine kleine Gruppe von Passagieren ging
in Richtung des Treppenaufgangs. Ein kleines Mädchen
schien es dabei besonders eilig zu haben. Es wollte unbedingt die Treppe zu den Aussichtsdecks hinaufrennen.

Kapitel 8

Überfahrt von Den Helder zur Insel Texel

»Sehr geehrte Fahrgäste! Wir legen in Kürze an, bitte
gehen Sie zurück zu Ihren Fahrzeugen«, sagte die freundliche Stimme aus dem Bordlautsprecher. »Wir wünschen
Ihnen einen schönen Aufenthalt auf der Insel Texel.«

Die Bronings standen auf dem Vordeck und genossen
den Ausblick auf das Meer. »Na, dann los, meine Damen!«, sagte Jan gut gelaunt. Gemeinsam gingen sie die
Treppen hinunter zum Autodeck. Im Wagen drehte er
sich zu dem Bulli hinter ihnen um. »Na, dein Vater hat
die Ruhe weg. Die sind noch nicht im Auto.«

»Karin wollte unbedingt noch einen Kaffee trinken«,
sagte Maike. »Die werden sich doch wohl nicht verlaufen haben?«

Ein leichter Ruck ging durch die Fähre. »Ich glaube,
wir haben angelegt«, vermutete Jan.

»Wo bleiben die denn?« Maike drehte sich immer wieder zum Bulli um. Inzwischen öffnete sich die Bugklappe
und die ersten Autos vor ihnen fuhren los.

In diesem Moment sah Jan seinen Schwiegervater und Karin mit hochrotem Kopf und atemlos von der anderen Treppenseite her, quer über das Parkdeck, zu ihrem Bulli laufen. Er stieg kurz aus und fragte, ob alles in Ordnung sei.

»So was Blödes – wir haben uns doch tatsächlich verlaufen!«, antwortete sein Schwiegervater, und Jan lachte. »Außerdem habe ich gedacht, wir sind länger nach Texel unterwegs als zwanzig Minuten.«

Der Fahrer des weißen Transporters hinter dem Bulli drückte ungeduldig auf die Hupe. Jan Broning und Johann de Buhr stiegen rasch in ihre Fahrzeuge und kurz darauf fuhren der Bulli und der Mercedes ebenfalls von der Fähre.

»Damit werde ich meinen Vater noch eine Weile veräppeln«, feixte Maike. »»Der kleine Johann hat sich verlaufen, bitte an der Info melden!‹«

Auf dem Anleger wurde es für einen Moment hektisch, weil mehrere Fahrstreifen jetzt zusammenliefen. Nach einer Ampel wurde der Verkehr auf einer normalen zweispurigen Straße weitergeleitet.

»In der Hauptsaison ist hier sicher öfter ein Stau«, sagte Jan, als er die Autoschlange vor ihm sah.

Maike hielt eine Karte von Texel in der Hand. »Die Insel ist sehr groß.« Sie zeigte auf die Autos vor ihnen. »Platz genug für alle. Du brauchst eigentlich immer nur geradeaus zu fahren, erst einmal Richtung de Koog.« Sie sah auf ein Schild mit der Nummer zwei und fand die Kreuzung auf der Karte. »Das ist ja praktisch, die haben die Kreuzungen von Süden nach Norden aufsteigend nummeriert.«

Jan bemerkte an der Kreuzung Nummer vier, dass der Transporter, den sie auf der Fähre aufgehalten hatten, hinter dem Bulli nach rechts in Richtung Oudeschild abbog. Als Jan den Mercedes kurz darauf durch einen Verkehrskreisel lenkte, lag rechts von ihnen der

Hauptort der Insel. »Na, Maike, schön shoppen gehen in Den Burg?«

»Aber sicher, nur später. Erst mal möchte ich etwas von der Insel sehen. Sieben Orte und dreißig Kilometer Strand, da weiß man ja gar nicht, wo man anfangen soll.« Maike schloss die Augen. »Ich spür schon das Insel-Feeling.« Die Hinweisschilder an den Kreuzungen waren vielversprechend. Besonders die zu den Stränden.

Dann fuhren sie durch De Koog. »Hier wollte doch Stefan übernachten«, stellte Jan fest.

»Klaas erzählt auch immer ganz begeistert von diesem Ort«, sagte Maike.

Nach der Ortschaft fielen Jan die Radfahrer auf, die nach links in Richtung der Dünen von der Hauptstraße abbogen. »Ich glaube, hier gibt's es auch richtig schöne Fahrradwege.«

»Rad fahren! Rad fahren!«, rief Antje vom Rücksitz aus.

»Ja, Antje, das machen wir bestimmt«, beruhigte er seine Tochter. Im nächsten Kreisel nahmen sie die Ausfahrt in Richtung der Ortschaft De Cocksdorp. Die Fahrt ging vorbei an einem Flugplatz und dem Naturschutzgebiet De Slufter.

Maike sah auf ihre Karte. »Es ist nicht mehr weit, an der nächsten Kreuzung bitte links abbiegen.«

Kapitel 9

»Aber natürlich können Johann und Karin mit hier wohnen. Ist ja genug Platz«, sagte Onno Elzinga. Er saß mit Maike, Jan, Antje und Klaas im Wohnzimmer ihres großen Hauses in der Ferienanlage Den Bos.

Johann und Karin waren spontan mit zur Insel gefahren und hatten deshalb keine Unterkunft gebucht. So früh in der Saison wäre dies normalerweise kein Problem gewesen, aber nun waren aufgrund der Großveranstaltung der Vogelbeobachter alle Unterkünfte belegt.

»Ist ja auch nur für den Notfall«, erklärte Maike. »Johann ist noch in der Rezeption und versucht, eine Unterkunft zu finden.«

Es klingelte an der Haustür, und Klaas ging öffnen. Mit Johann und Karin im Schlepptau erschien er wieder im Wohnzimmer. Jan Broning konnte am säuerlichen Gesichtsausdruck seines Schwiegervaters erkennen, dass die Suche erfolglos verlaufen war.

»Hier in der Anlage ist auch nichts mehr frei«, sagte Johann, »die Ornithologen haben alles besetzt.«

»Okay.« Onno sah Klaas an. »Dann werde ich mein Zimmer räumen und bei dir einziehen, oder was meinst du, Klaas?«

Der grinste. »Nur, wenn du nicht schnarchst, ich bin da etwas sensibel!«

Kapitel 10

Die riesige Ferienanlage Den Bos war in verschiedene Bereiche eingeteilt. Es gab mehrere große Rasenflächen für die Campingplätze. Die größeren Häuser standen weiter hinten zusammen. Dazwischen verliefen schmale Straßen mit kleinen Ferien-Chalets. In einem davon saßen sich die Eheleute Nantje und Habbo Denkela an einem Tisch gegenüber.

Habbo war seit einem Jahr in Pension. Das Einfamilienhaus der Denkelas lag am Stadtrand von Leer. Der ehemalige Fernmeldetechniker hatte es versäumt, sich rechtzeitig Gedanken um die Zeit nach dem Ausscheiden aus dem Dienst zu machen. Nantje beschwerte sich nun regelmäßig, weil ihr Mann sich neuerdings in die Hausarbeit einmischte. Ständig saß er gelangweilt in ihrer Küche herum und gab bissige Kommentare ab. Als er dann auch noch angefangen hatte, ungebeten beim Kochen die Schalter am Herd herunterzudrehen, hatte sie ihm ein Ultimatum gestellt: Entweder er suchte sich ein Hobby, oder er dürfe die Hausarbeit übernehmen und zwar allein.

Habbo hatte sich ein Hobby ausgesucht, die Ornithologie. Vogelkunde konnte überall und zu jeder Zeit betrieben werden. Endlich hatte er eine Aufgabe und der Frieden zog wieder ein bei den Eheleuten Denkela. An diesem Wochenende wollte Habbo an einem Kongress über seltene Vogelarten auf Texel teilnehmen. Zur Versöhnung hatte er ein kleines Chalet in der Ferienanlage Den Bos und eine Wellness-Behandlung für seine Frau gebucht.

»Nantje, ich werde in der Nacht auf Vogelschau gehen«, sagte er. »Ich will endlich meine neue Ausrüstung ausprobieren. Dabei bin ich lieber allein. Möchte mich ja nicht vor den Kollegen blamieren, wenn ich mit der Ausrüstung Probleme kriege.«

Nantje war das eigentlich nicht recht, aber andererseits war sie froh, dass ihr Mann endlich beschäftigt war. Nichts fand sie schlimmer als einen gelangweilten Habbo. »Aber sei vorsichtig – und nimm dein neues Handy mit!«

Also trennten sich ihre Wege. Während Nantje zur Wellness ging, fuhr Habbo in seinem Caddy Richtung Süden. Hinter ihm stand, in Alukisten verstaut, seine neue Ausrüstung: ein starkes Fernglas mit Stativ, eigentlich eine Art Teleskop, ein Spektiv, das besonders geeignet für die Vogelbeobachtung war, und außerdem eine neue Kamera, die man an das Fernglas anschließen konnte.

Sein Fahrtziel war das Naturschutzgebiet de Geul. Dort befand sich eine alte Bunkeranlage aus dem zweiten Weltkrieg. Eine einsame Landschaft, in der er seine Ausrüstung ungestört ausprobieren konnte und einen Unterschlupf hatte, falls es regnen sollte. Die Sonne würde erst gegen 21.20 Uhr untergehen. Bis dahin wollte er den Bunker noch bei Tageslicht finden und seine Ausrüstung vom Auto zum Beobachtungspunkt transportieren.

Er fuhr an De Koog vorbei in Richtung Den Burg. Dort bog er nach rechts ab in Richtung des Ortes Den Hoorn. Schon von weitem konnte er den markanten weißen Kirchturm sehen. Vor dem Turm bog er rechts ab nach Loodmansduin und folgte der Straße in Richtung des Strandzuganges Nummer 10. Irgendwo in der Nähe musste er abbiegen.

Habbo hielt in Höhe des Ortsschildes an und sah auf die Karte. Die Bunkeranlage musste von seinem Standort aus gesehen links voraus in den Dünen liegen. Laut Karte verlief die Straße, De Hoornderslag, durch die Dünen, durchtrennte ein schmales Gewässer namens De Vlak und endete auf einem Parkplatz am Strand. Habbo sah, dass er wohl schon weit vorher an einer Kreuzung in den Weg zur Bunkeranlage abbiegen musste. Er legte den

Gang ein, gab Gas und fuhr an der nächsten Kreuzung links ab. Im Weiterfahren hielt er Ausschau nach dem in der Karte eingezeichneten Aussichtspunkt, bei dem es sich wahrscheinlich um die alte Bunkeranlage handelte.

Bei einem Hinweisschild, das auf einen schmalen Fußweg in die Dünen zeigte, fuhr er auf den kleinen Parkplatz. Er griff nach seinem handlichen Fernglas, stieg aus und verschloss sorgfältig sein Auto. Habbo ging durch eine Pforte und folgte dem geklinkerten Fußweg, der durch die Dünen verlief. Den Bunker konnte er noch nicht sehen. War er auf dem richtigen Weg? Er ging eine Dünenkuppe hinauf und suchte mit dem Fernglas nach dem Gebäude. Dann sah er eine graue rechteckige Erhebung auf einer hohen Düne. Er fokussierte sein Fernglas darauf und konnte nun klar den von Holzzäunen umgebenen Bunker erkennen. Zufrieden folgte er weiter dem langsam ansteigenden Weg und stand schließlich vor dem Bunkereingang.

Vorsichtig trat er ein. Innen gab es keine Türen, alle Räume waren frei zugänglich. Zunächst befand Habbo sich in einer Art Flur. Von dort ging es geradeaus in den großen Raum, in den über die gesamte Länge vielleicht dreißig oder vierzig Zentimeter hohe Schießscharten in etwa 1,60 m Höhe eingelassen worden waren. Sie ließen viel Licht herein. Links und rechts vom Flur befanden sich kleinere Räume ohne Fenster. Vermutlich hatte hier früher Material und Munition gelagert.

Abgelenkt von dem Muster des durch die Schießscharten fallenden Lichts, achtete Habbo nicht auf einen Absatz im Fußboden der Eingangsöffnung zum großen Raum, der vermutlich verhindern sollte, dass Wasser in die Lagerräume lief. Er blieb mit dem Fuß an der Kante hängen, stolperte in den Raum und konnte nur mit Mühe den Sturz auf den Betonboden gerade noch verhindern. Glück gehabt, dachte er. Er ging zu den Schießscharten und schaute hinaus.

Links konnte er auf die Dünen des Naturschutzgebietes De Geul sehen, rechts lag das Naturschutzgebiet Bollenkammer. Er konnte teilweise die Straße zum Strandzugang Nummer 10, den Hoornderslaag, und auch das kleine Gewässer De Groote Vlak erkennen. Mit dem Fernglas sah er zum Strand. Rechts standen Fahnenmasten am befestigten Zugang. Er erkannte das Dach eines Gebäudes, vermutlich ein Strandcafé, und einen Parkplatz, auf dem viele Strandhütten standen. Habbo vermutete, dass es sich um ein Winterlager für sie handelte. Links davon konnte er einen zertrampelten Sandweg zwischen zwei Dünen sehen, der vermutlich direkt ans Meer führte. Die hohen Dünen in diesem Bereich verdeckten den direkten Blick auf den Strand.

Habbo trat vorsichtig nach draußen, bloß nicht wieder über so einen verfluchten Absatz stolpern ... Er konnte um den ganzen Bunker herumlaufen und nun auch Den Hoorn im Osten sehen und den Fußweg zum Parkplatz, wo sein Auto stand. Neben dem großen Bunker befand sich noch ein kleinerer. Er lag etwas tiefer und war für Habbo nicht so interessant.

Habbo Denkela war schlicht begeistert von diesem Aussichtspunkt. Einsam gelegen mit einer phantastischen Aussicht von oben auf die Naturschutzgebiete. Er beschloss, hier die ganze Nacht zu verbringen. Sollte es regnen, konnte er seine Ausrüstung in den Bunker bringen. Habbo ging zu seinem Auto zurück, um sie zu holen.

Das Schicksal drehte die Sanduhr von Habbo Denkela um und der Sand begann langsam nach unten zu rieseln. Die Menge im oberen Teil des Glases entsprach den noch verbleibenden Lebensstunden.

Kapitel 11

Freitagabend
Waddenhaven Oudeschild

Kerak saß auf einer Bank auf dem Seedeich und beobachte, wie Keno von Hasselts Segeljacht die Hafeneinfahrt von Oudeschild in Richtung Sportboothafen passierte. Seinen Vollbart hatte er inzwischen abrasiert, er trug eine dunkle Sonnenbrille und eine Schirmmütze. Er setzte sich auf sein Fahrrad und fuhr ebenfalls zu den Sportbootanlegern. Vom Deich aus schaute er zu, wie von Hasselt seine Jacht zum reservierten Liegeplatz steuerte. Erleichtert stellte Kerak fest, dass er sie ohne Hilfe am Anleger festmachte. Es lief gut: Der Mann war tatsächlich alleine angekommen und in unmittelbarer Nähe des Liegeplatzes lagen auch keine anderen Boote.

Von Hasselt ging zum Büro des Hafenmeisters um sich anzumelden. Kurz darauf verließ er das Hafenbüro wieder und ging in Richtung Ortsmitte. Kerak folgte ihm und sah ihn ein Fischrestaurant betreten. Er wartete einige Minuten und ging dann ebenfalls hinein, kaufte ein Fischbrötchen und setzte sich auf eine Holzbank, von der aus er von Hasselt beobachten konnte. Sein Opfer saß an einem runden Tisch und wartete, immer wieder gähnend, auf das bestellte Essen. Ja, Seeluft machte hungrig und müde, und die Überfahrt nach Texel war lang gewesen. Von Hasselt würde sicher früh schlafen gehen.

Kerak radelte nach Hause. Bis zum Einbruch der Dunkelheit musste er noch seine Ausrüstung in dem weißen Transporter verstauen und danach sein altes Surfbrett zum Strand bringen. Außerdem einige Steine von einem Lagerplatz organisieren und ebenfalls, zusammen mit einem Netz, zum Strand schaffen.

Kapitel 12

Ferienanlage Den Bos, im Norden der Insel

Die kleine Gesellschaft, bestehend aus Jan, Maike, Onno, Klaas, Johann und Karin, saß noch bei einem Gute-Nacht-Drink im Wohnzimmer des Ferienhauses zusammen und plante den Ablauf des morgigen Tages. »Ich freu mich schon auf das Kart-Rennen in der Halle«, sagte Klaas Leitmann. »Ist ja wohl klar, wer am schnellsten ist.«

Onno Elzinga lachte. »Erstens, lieber Klaas: Passt du überhaupt in dieses kleine Renngefährt? Zweitens muss ja die enorme Masse auch erst einmal beschleunigt werden.«

Jan Broning mischte sich ein. »Ihr als ehemalige Autobahnpolizisten seid doch an schnelles Fahren gewöhnt und klar im Vorteil.«

»Sind die beiden nicht immer im Bulli unterwegs gewesen?«, frotzelte Johann de Buhr.

»Jedenfalls habe ich fünf Flitzer gebucht«, sagte Klaas. »Hoffentlich lässt uns Stefan nicht hängen.«

»Männer!« Maike sah Karin verschwörerisch an. »Wenn ihr euer Rennen austragt, gehen wir Frauen shoppen in De Koog, bis die EC-Karte glüht.«

»Oha«, sagte Maikes Vater. »Das wird teuer. Und denkt bitte daran: Irgendwann ist auch ein Bulli voll.«

Maike stand auf und ging die Treppe zu den Schlafzimmern hoch. »Ich sehe mal nach Antje, die ist verdächtig ruhig.«

Jan Broning gähnte ausgiebig, und Onno tat es ihm nach. »Ich bin auch müde«, stellte er fest.

»Wahrscheinlich die Seeluft und der Alkohol«, ergänzte sein Kumpel Klaas. »Lass uns in die Heia gehen.«

»Nochmals besten Dank dafür, dass ihr ein Zimmer für uns geräumt habt«, sagte Johann de Buhr.

»Kein Problem«, erwiderte Onno und warf einen zweifelnden Blick auf Klaas. »Jedenfalls hoffe ich das ...«

»Bis morgen früh dann in alter Frische«, verabschiedete Jan Broning die beiden.

Onno und Klaas gingen die Treppe zu den Schlafzimmern hinauf, und Onno holte seine Sachen aus seinem Zimmer. In dem von Klaas stand nur ein Doppelbett. Onno hoffte, dass man das Gestell auseinanderziehen konnte. Lieber etwas Abstand zu seinem Kumpel ...

Klaas beobachtete vergnügt, wie er vergeblich an dem Bettgestell hantierte. »Das wird nix, Onno. Wirst wohl an meiner Seite schlafen dürfen.«

Eine Stunde später lag Onno immer noch hellwach neben Klaas, von dem bei jedem Ausatmen eine Brise Alkohol und Knoblauch herüberwehte. Vor allem aber schnarchte Klaas. Unregelmäßig und sehr laut. Es weckte Erinnerungen an die Nächte auf dem Küstenboot der Wasserschutzpolizei. Wohl dem, der vorbereitet ist! Onno nahm seine Ohrenstöpsel und seinen Flachmann aus der Reisetasche. Erst ein ordentlicher Schluck Rum, und dann die Stöpsel in die Ohren.

Er war gerade eingeschlafen, als er das Gefühl hatte, jemand hätte ihn am Fuß gekitzelt. Da – schon wieder! Er zuckte zusammen und versuchte zu sehen, was sich am Bettende befand. In diesem Moment erhob sich undeutliche eine weiße Gestalt und wurde immer größer. Als Onno die Ohrstöpsel herausgenommen hatte, konnte er zwei Stimmen hören: vom Bettende ein unterdrücktes Kichern und vom Flur her Maike Broning. »Antje, wo steckst du? Du machst doch wieder irgendeinen Unsinn!«

Die Spukgestalt am Bettende riss sich das weiße Laken vom Kopf, sprang vom Hocker und flüchtete aus dem Zimmer.

In diesem Moment setzte auch Klaas' Schnarchen wieder ein und Onno sah resigniert an die Zimmerdecke.

Kapitel 13

Nacht von Freitag auf Samstag
Kerak

Kerak kannte sich gut aus im Sportboothafen Oudeschild. Insbesondere mit den Stromsicherungen für die Außenanlage. Mit einem Spezialschlüssel öffnete er den Verteilerkasten und schaltete den Strom für die Beleuchtung des Anlegers und die verschiedenen Kameras aus. Nun lag der gesamte Sportboothafen im Dunkeln. Mit seinem Transporter fuhr er direkt bis zum Anleger, an dem von Hasselts Segeljacht lag. An Bord war alles dunkel, vermutlich schlief der Eigner bereits.

Kerak ging an Bord und klopfte an die Tür zur Kajüte. »Herr von Hasselt, hier ist der Hafenmeister!«

Kurz darauf öffnete ein verschlafener von Hasselt und sah ihn fragend an.

»Entschuldigen Sie bitte die Störung, ich bin der Hafenmeister von der Nachtschicht. Wir haben einen totalen Stromausfall hier, und wir vermuten, dass Ihr Anschluss die Ursache ist.« Er zeigte in Richtung des Verteilers, an den auch die Jacht angeschlossen war. »Vielleicht können wir uns das gemeinsam kurz ansehen.«

Von Hasselt gähnte. »Warten Sie, ich zieh mir nur kurz was an.«

Kerak wartete an Deck. Mit einem Trainingsanzug bekleidet, kam von Hasselt wenig später aus der Kajüte. »Folgen Sie mir doch bitte zum Verteiler«, forderte Kerak ihn auf. Sie gingen den Holzanleger entlang. »Bitte ziehen Sie den Landanschlussstecker heraus, und ich versuche dann, die Sicherung wieder einzuschalten«, sagte Kerak, als sie vor dem Verteiler standen.

»Okay.« Von Hasselt bückte sich zum Stecker. Kerak griff nach dem Eisenrohr, das er unter seiner Jacke versteckt hatte, holte aus und schlug ihn auf den Hinterkopf. Von Hasselt stürzte wie ein gefällter Baum auf den Anleger. Kerak packte ihn von hinten unter den Achseln und zog ihn zu seinem Transporter. Im Fahrzeuginneren fesselte und knebelte er ihn gründlich. Kerak ging zurück zur Jacht, durchsuchte sie und fand einen Schlüsselbund und persönliche Dokumente seines Opfers. Die Eintrittskarten für ein neues Leben im Luxus.

Er verriegelte die Eingangstür und ging zurück zu seinem Transporter. Sein Opfer lag noch bewusstlos im Laderaum. Kerak begann gutgelaunt eine Melodie zu pfeifen, startete den Motor und fuhr hinter den Deich. Dort ließ er den Wagen stehen und ging zurück zum Schaltkasten. Er schaltete alle Sicherungen ein und der Sportboothafen war nun wieder beleuchtet.

Er lief zu seinem Transporter und fuhr los. Zunächst in Richtung Den Hoorn und dann weiter zum Strandzugang Paal 10. Dort stand seine alte Strandhütte auf dem Parkplatz. Im Winter wurden dort viele Strandhütten zwischengelagert. Der ideale Ort für eine Befragung. Außerdem war es von der Hütte nicht weit bis zum Strand, und dort lagen bereits ein altes Surfbrett und ein Netz mit Steinen zum Beschweren.

Keraks Plan sah so aus: Transport seines Opfers zum Strandparkplatz, dort würde die Befragung erfolgen. Er benötigte die Geheimzahlen und die Passwörter für den Zugang zu den Online-Banken. Wahrscheinlich würde von Hasselt die Herausgabe verweigern, aber die Gasflamme unter den Füßen würde sicher den Widerstand brechen. Das hatte ja bei seinem ersten Opfer Fritz Bremer in Hamburg schon einmal gut funktioniert. Die Schmerzensschreie würde auf dem einsamen Parkplatz niemand hören. Danach würde er am nächsten Geldautomaten einen Test durchführen, anschließend zurück

42

zum Strandparkplatz fahren und den Mann mit seiner Spezialwaffe ins Jenseits befördern.

Die Leiche wollte Kerak mit einer Schubkarre über den zweiten unbefestigten Übergang zum Strand transportieren. Der Zugang am Pfahl Nummer 10 war ideal, weil er einen relativ kurzen Weg bot von der Hütte zum Strand, der dort recht schmal war, so dass man schnell ins Wasser der Nordsee gelangte.

Lief alles nach Plan, dann wollte er die Leiche von der Schubkarre auf sein Surfbrett umlagern und das Netz mit den Steinen an von Hasselts Körper befestigen. Das Wasser war noch arschkalt, es würde unangenehm werden, dort hineinzugehen, aber bis zum tiefen Wasser war es nicht weit. Dort würde der Mann sein nasses Grab finden.

Bis jetzt ging alles ohne Probleme. Der schwierigste Teil war die Entführung gewesen, und der Abtransport seines Opfers in Oudeschild war perfekt abgelaufen. Kerak war glücklich, endlich war die Langeweile vorbei und der so lang vermisste Nervenkitzel versetzte ihn in Hochstimmung.

Gutgelaunt befuhr er die Straße von Den Hoorn in Richtung Strand. Rechts lag das Naturschutzgebiet Bollekamer und links das Naturschutzgebiet de Geul mit einer alten Bunkeranlage.

Kapitel 14

Habbo Denkela fror im alten Bunker. Er war etwas enttäuscht, weil ihm noch keine besonderen Aufnahmen von Vögeln gelungen waren. Außerdem bereitete ihm die neue Ausrüstung erhebliche Probleme. Er war davon ausgegangen, dass er die langen Gebrauchsanweisungen nicht benötigen würde. Besser alles in der Praxis ausprobieren, hatte er gedacht. Bis jetzt hatte das immer funktioniert, aber die Geräte waren inzwischen komplizierter geworden. Immer wieder fluchte Habbo, während er die verschiedenen Einstellungen überprüfte. Seit seiner Pensionierung haderte er mit seinem Selbstwertgefühl. Niemand brauchte ihn mehr, niemand fragte ihn mehr um Rat. Die reichliche Freizeit und dann kein vernünftiges Hobby ...

Er hörte einen Wagen aus Richtung Den Hoorn kommen und griff nach dem Fernglas. Ein weißer Transporter hielt auf dem Parkplatz neben einer Strandhütte an. Für einen Moment verlor er den Fahrer aus den Augen. Dann sah er ihn hinter der Hütte mit einer Schubkarre auftauchen, auf der ein Surfbrett lag. Die Person schob die Karre jetzt über den linken Strandzugang die Steigung der Düne hinauf, hinter deren Kamm er schließlich verschwand.

Merkwürdig, um diese Zeit zu surfen. Außerdem musste das Wasser doch noch eiskalt sein. Vielleicht wollte der Mann ja alleine üben, um sich nicht vor den Kollegen zu blamieren? Habbo machte es ja im Moment genauso.

Er verlor das Interesse an dem Surfer und richtete sein Nachtsichtgerät wieder in die Dünenlandschaft links von ihm. Sorgfältig suchte er die Dünen ab, aber es zeigte sich kein einziger Vogel. Sollte er abbrechen und zurück zum Ferienhaus fahren? Nein, er hatte ja nichts vorzuweisen! Zur Not würde er die ganze Nacht hier verbringen.

Sein Blick durch das Nachtsichtgerät schwenkte von links nach rechts und plötzlich sah er wieder den Surfer mit der Karre, der – diesmal ohne das Surfbrett – vom Strandübergang zu einer Hütte ging. Kurz darauf sah er ihn in seinen weißen Transporter steigen und in Richtung Den Hoorn davonfahren. Na, dem war es doch wohl zu kalt, dachte Habbo und schaute wieder konzentriert in die Dünen. Wo war sie, seine Eule?

Nach einer Stunde holte er sich einen Campingstuhl und eine warme Decke aus seinem Auto und machte es sich im Bunker bequem.

Habbo Denkela wachte auf. Er war tatsächlich eingeschlafen. Mit ihm war aber auch wirklich nichts mehr los …! Noch nicht einmal wach bleiben konnte er. Was, wenn er die Nachtflüge der Eule verpasst hätte?!

Er bemerkte auf der Strandstraße ein Auto und schaute durch das Nachtsichtgerät. Es war wieder dieser weiße Transporter, der auf den Strandparkplatz fuhr und erneut bei der Strandhütte stehen blieb. Die Hütte versperrte Habbo dann die Sicht, und er richtete seine Aufmerksamkeit wieder auf die Dünenlandschaft des Naturschutzgebietes links von ihm.

Nach kurzer Zeit rieb er sich die Augen. Dieses Nachtsichtgerät war ungewohnt. Er setzte sich wieder auf seinen Stuhl und schreckte auf, als er erneut Motorengeräusch hörte. Schon wieder der weiße Transporter, diesmal in Richtung Den Hoorn. Der Fahrer ging Habbo langsam auf den Geist. Der verschreckte doch jedes Mal die Vögel. Was trieb dieser Kerl denn hier?

Eine Stunde später setzte Habbo gerade sein Blitzlicht auf die neue Kamera, als der weiße Transporter zurückkehrte. »Das gibt's doch nicht …!« Verärgert stand Habbo auf und versuchte diesmal zu erkennen, was im toten Winkel hinter der Hütte geschah. Er sah erst rechts im Bunkerraum durch die schmalen Schießscharten, dann probierte er es mit den anderen. Fehlanzeige! Der Bereich hinter der Hütte war aus dem Bunker heraus nicht einzusehen und er ging zurück zu seinen Stativen. Was ging ihn diese Hütte an, er war schließlich hier, um Eulen zu fotografieren.

Ein dumpfer Knall ließ ihn zusammenzucken. War der Kerl etwa ein Wilderer? Das hatte sich ja wie ein Schuss angehört. Habbo war jetzt hellwach und sein Blick durch das Nachtsichtgerät blieb bei der Hütte. Nach einiger Zeit erschien der Mann, den er vorhin mit dem Surfbrett beobachtet hatte, in einem Neoprenanzug in seinem Sichtfeld. Wieder schob er eine Karre, und es lag auch wieder ein dunkler, länglicher Gegenstand darin, aber ein Surfbrett war es diesmal nicht. Was konnte das sein? Jedenfalls war der Gegenstand schwer, das ließ sich an den Bewegungen des Mannes erkennen, und oben auf der Düne blieb er erschöpft für einen Moment stehen.

Habbo drehte an der Sehschärfe des Nachtsichtgerätes und plötzlich sah er einen Arm aus der Karre hängen. Mein Gott, dachte er, in dem Ding liegt ein Mensch.

In diesem Moment verschwand der Mann mit der Schubkarre hinter der Kuppe der Düne. Ich muss die Polizei anrufen, war Habbos erster Gedanke. Er griff zu seinem neuen Smartphone und sah auf das Display. Keine Netzverbindung. Was hatte ihm seine Frau noch gesagt? »Du musst das Roaming einschalten.« Nervös fummelte er im Menü herum. Die kalten Finger waren dabei nicht hilfreich. Dann fahre ich eben zur Polizei, dachte er.

Diese Geschichte würde ihm aber doch keiner glauben! Er brauchte Beweise. Habbo sah auf seine leistungsstarke Kamera. »Ich hab doch alles hier, vielleicht kann ich ein gutes Bild machen.« Er würde der Held sein – was war schon ein Bild von einer Eule gegen die Aufklärung eines Mordes!

Irgendwann musste der Fahrer ja zu seinem Auto zurückkommen. Habbo Denkela wartete geduldig. Es dauerte länger als erwartet, aber plötzlich stand der Mann mit der Karre, in der sich diesmal nun wieder das Surfbrett befand, auf der Düne. Jetzt, dachte Habbo und besiegelte sein Schicksal, als er den Auslöser der Kamera drückte.

Ein Blitz erhellte den Innenraum des Bunkers. Das blanke Entsetzen stand Habbo im Gesicht. »Mein Gott ...« Er hatte vergessen, dass das Blitzlicht noch angeschlossen war. Mit zitternden Fingern setzte er das Nachtsichtgerät an und sah zur Düne. Der Mann war verschwunden! Habbo versuchte sich zu beruhigen. Vielleicht war der Blitz ja gar nicht bemerkt worden.

Sein Entsetzen verwandelte sich in Panik, als er die verlassene Karre auf der Düne entdeckte und den Mann sah, der zum Wagen lief und dabei ständig in seine Richtung schaute. Der Motor des weißen Transporters wurde gestartet, und mit durchdrehenden Reifen fuhr der Wagen ohne Scheinwerferlicht los.

Flucht!, dachte Habbo. Du musst sofort verschwinden. Du hast wahrscheinlich einen Mörder bei der Entsorgung seines Opfers beobachtet. Ob der einen umbringt oder zwei, wird ihm egal sein. Nur weg!

Er ließ seine nagelneue Ausrüstung im Stich und stürmte hinaus. Prompt stolperte Habbo ein zweites Mal über den Absatz im Boden, verlor das Gleichgewicht und knallte mit dem rechten Knie gegen die spitze Betonecke einer Bunkerwand. Er schrie auf, stürzte und wand sich auf dem Boden. Das Adrenalin und der Überlebenswille kämpften mit dem zerstörten, grausam schmerzenden Knie. Er versuchte aufzustehen, aber als er sein rechtes Bein belastete, stürzte er wieder zu Boden.

Auf allen vieren kroch Habbo dem Bunkerausgang und seinem Schicksal entgegen.

Kapitel 15

Kerak

Kerak schlug wütend auf das Lenkrad. Alles war so gut gelaufen – die Entführung, die Erpressung der Daten in der Strandhütte, der Test am Geldautomaten und die Tötung und Entsorgung seines Opfers. An alles hatte er gedacht, sogar daran, die Leiche vor der Beseitigung im Meer zu entkleiden und sich den Körper genau anzusehen. Keine Tattoos oder sonstige Auffälligkeiten. Nur dass Keno von Hasselt bis auf die Kopfbehaarung keinerlei Körperhaar aufwies. Keine Brust- oder Schambehaarung.

»Alles unwichtig, Kerak«, sprach er mit selbst, »konzentrier dich.« Dieses grelle Licht, das er kurz gesehen hatte, als er auf der Stranddüne stand, war aus Richtung des alten Bunkers in den Dünen gekommen, schmale Lichtstreifen, als fielen sie aus den Schießscharten. Was konnte das sein, ein Blitzlicht vielleicht?

Egal, was es genau gewesen war, auf jeden Fall war ein Mensch dafür verantwortlich. Ein Zeuge, der vielleicht alles beobachtet hatte. Nun musste Kerak sich beeilen. Er kannte die Zuwegung zur Bunkeranlage: an der nächsten Kreuzung rechts, eine Sackgasse. Er gab Gas, raste in Richtung Den Hoorn und bog mit quietschenden Reifen zum Bunker ab. Tatsächlich, dort stand ein Auto auf dem kleinen Parkplatz. Was zum Teufel hatte hier jemand um diese Zeit zu suchen?

Kerak stellte seinen Wagen direkt vor dem anderen ab und versperrte damit den Weg. Dann griff er seine Spezialwaffe, nahm die abgefeuerte Patronenhülse aus dem dünneren Rohr und steckte eine neue Patrone hinein. Er sprang aus seinem Auto und rannte mit der Waffe los. Zeit, aufzuräumen!

Kapitel 16

Habbo hatte es aus dem Bunker heraus geschafft und kroch auf allen vieren in Richtung seines geparkten Autos. Dann hörte er, dass sich ein anderer Wagen schnell näherte. Nur runter vom Weg, dachte er, vielleicht kann ich mich verstecken. Mühsam schleppte er sich seitlich in die Dünen. Schon hörte er Schritte auf dem Weg zum Bunker, und kroch weiter durch Sand und Gras.

Plötzlich verlor er im losen Sand den Halt, sein verletztes Knie verdrehte sich und der Schmerz war so heftig, dass er aufstöhnte. Er rollte die Düne hinab und blieb in einer Bodensenke liegen. Eine Eule, die dort ein erbeutetes Nagetier in den Klauen hielt, stieß einen Protestschrei aus und flog auf. Aus den Augenwinkeln sah er sie schreiend davonfliegen.

Kapitel 17

Kerak

Kerak blieb stehen, als er zu seiner Linken ein Stöhnen aus den Dünen hörte, eine Eule aufstieg und schreiend davonflog. Der Bunker konnte warten, er wollte wissen, was den Vogel aufgeschreckt hatte. Er fand Schleifspuren im Sand, folgte ihnen und schaute schließlich vom Rand einer Düne in eine Senke, wo ein Mann auf dem Boden lag. Ihre Blicke trafen sich. Kerak sah sich in der Umgebung um. Alles ruhig. Keine Menschenseele weit und breit. Bis auf den Mann hier. Der wollte flüchten, stand auf und fiel sofort wieder hin. Er musste sich das Knie verletzt haben.

Kerak ging hinunter. Der Mann sah verzweifelt zu ihm auf. »Bitte tun Sie mir nichts, ich habe nichts gesehen von Ihrer Aktion am Strand«, bettelte er weinerlich. »Meine Freunde sind auch gleich da, besser, Sie verschwinden sofort!«

»Ihre Freunde lassen Sie hier verletzt durch die Dünen kriechen?«, sagte Kerak kalt. »Nein. Sie sind alleine.«

»Bitte, ich werde nichts sagen«, flehte der Mann.

»Ich weiß«, sagte Kerak und steckte die beiden Rohre zusammen.

Der Mann versuchte, die Düne hinaufzukriechen. Kerak bückte sich, um ihm die Mündung der Waffe auf den Hinterkopf zu setzen. Der Mann trat hinterrücks aus und erwischte ihn am Bein. Kerak verlor kurz den Halt, die Mündung der Waffe verrutschte und traf den Mann im Rücken. Der Knall hallte durch die Dünenlandschaft.

Der Mann am Boden fasste mit einer Hand nach der Verletzung im Rücken. Kerak fluchte und wollte seine Waffe nachladen, aber die abgefeuerte Patronenhülse steckte im Rohr fest. Dann mach ich es wie in Hamburg, dachte er und drehte das Rohr um. Er steckte eine neue Patrone hinein, schob die Rohre ineinander und stieß die Mündung mit der festsitzenden Hülse auf den Hinterkopf des Verletzten. Das abgefeuerte Projektil drang zusammen mit der leeren Hülse durch die Schädeldecke. Der Sterbende verkrampfte seine Hände in den losen Sand der Düne.

Kerak sah auf sein lebloses Opfer hinab und überlegte. Es begann bereits zu dämmern und der Weg von hier aus zum Strand war weit. Er musste improvisieren, die Entsorgung einer weiteren Leiche war ja nicht eingeplant gewesen.

Dann fiel ihm ein, dass er sich unbedingt im Bunker umsehen musste. Wenn es ein Blitzlicht gewesen war, was er gesehen hatte, musste die Kamera ebenfalls verschwinden. Kerak rannte durch die Dünen zum Bunker. Vorsichtig betrat er ihn und war erleichtert, als er feststellte, dass sein Opfer tatsächlich allein unterwegs gewesen war. Er fand zwei Stative, auf denen eine Kamera und ein Nachtsichtgerät befestigt waren. Auf der teuren Kamera steckte ein Blitzgerät. Das musste es sein, was er vom Strand aus gesehen hatte, vermutlich nur versehentlich ausgelöst.

Auf dem Boden des Bunkers lag an einer Schwelle ein Smartphone. Außerdem fand er ein aufgeschlagenes Vogelerkennungsbuch auf einem Campingstuhl. Ein Vogelbeobachter, na klar, wer sonst würde sich zu dieser Zeit hier rumtreiben? Ironie des Schicksals, dass dem Mann ausgerechnet eine Eule zum Verhängnis geworden war. Hätte sie Kerak die Stelle nicht gezeigt, hätte er sein Opfer vielleicht gar nicht gefunden.

Vor dem Bunker riss er ein Brett von einer Umzäunung und lief zurück zum Liegeplatz des Toten. Unterwegs sah er sich nach der Abbruchkante einer großen Düne um und wurde schnell fündig. Direkt unterhalb der Kante grub er mit dem Brett eine längliche Vertiefung. Dann schleppte er die Leiche aus der Dünensenke her und legte sie hinein. In der Hosentasche des Toten fand er dessen Autoschlüssel und nahm sie an sich.

Es wurde immer heller und die Gefahr, entdeckt zu werden, immer größer. Kerak stieg die hohe Düne hinauf und näherte sich vorsichtig der Abbruchkante. In einigem Abstand davon rammte er das Brett in den Sand und grub dann parallel zur Kante weiter.

Endlich begann der Abhang instabil zu werden. Kerak sprang zur Seite. Eine riesige Menge Dünensand brach ab und rutschte auf das Dünengrab.

Kerak war sehr zufrieden. So schnell würden sie sein Opfer nicht finden, das nun unter einem gut drei Meter hohen Sandberg lag. Auf dem Weg zu seinem Auto fiel ihm ein, wie er weitere Zeit gewinnen könnte. Die

Idee war simpel und schnell auszuführen. Er nahm das Smartphone und wischte über das Display, drückte auf die App mit Notizen und schrieb *Sorry, ich kann nicht mehr. Es ist alles so sinnlos geworden. Ich weiß keinen Ausweg mehr.* Er schloss das Auto seines Opfers auf und legte das Smartphone auf die Ablage.

Er verriegelte das Auto wieder, setzte sich in seinen eigenen Wagen und ließ den Motor an. Dann fiel ihm ein, dass der Wagen seines Opfers hier in der Nähe des Bunkers rasch auffallen würde. Die Ausrüstung lag auch noch im Bunker und was war, wenn sie Spürhunde einsetzten?

Kerak fluchte. Sein ganzer Zeitplan geriet durcheinander. Eigentlich wollte er schon längst zurück auf der Jacht sein. Er hatte noch vor dem Dienstbeginn der Kollegen den Hafen Oudeschild verlassen wollen. Er sah auf die Uhr, diesen Plan konnte er vergessen. Ein neuer musste her.

Wie wäre es, wenn man das Auto des Vogelbeobachters in Den Helder finden würde? Die erste Fähre von Texel nach Den Helder konnte er noch erreichen. Und die Ausrüstung musste auch aus dem Bunker verschwinden.

Kerak war außer Atem, als er damit vom Bunker zurück war. Er verstaute alles im Wagen des Vogelbeobachters. Nun gab es noch ein Problem: Sein eigenes Auto musste hier bleiben. Er fuhr seinen Wagen rasch zu dem kleinen Parkplatz am Sportplatz von Den Hoorn und rannte durch die Dünen zurück. Kerak warf einen Blick auf seine Uhr – es würde knapp werden, aber er konnte es schaffen. Mit Vollgas fuhr er den fremden Wagen zum Hafen und tatsächlich als letztes Fahrzeug die Rampe der Fähre hinauf.

Zwanzig Minuten später legten sie in Den Helder an. Kerak stellte das Auto seines Opfers auf dem Parkplatz des Marinemuseums Willemsoord ab. Die frühere Schiffs- und Reparaturwerft der königlichen Marine lag in direkter Nähe zum Fährhafen Den Helder-Texel.

Außerdem war die liebevoll restaurierte Anlage nah an der Innenstadt. Das Parken war kostenlos und viele Touristen stellten ihre Fahrzeuge dort ab, um sich die alten Schiffe anzusehen, zum nahen Seedeich zu spazieren oder in die Stadt zu gehen.

Kerak wollte nur das Auto loswerden. Er achtete darauf, alle Spuren zu beseitigen, die auf ihn hätten hinweisen können. Alle Teile am Fahrzeug, die er berührt hatte, wischte er ab und zog sich danach die Kapuze weit ins Gesicht, bevor er ausstieg. Die Kameraausrüstung und das Handy seines Opfers ließ er an der Kaimauer entlang unbemerkt ins Hafenbecken gleiten.

Sein Ziel war jetzt das Gemini-Krankenhaus, und die Angst wurde stärker, je näher er kam. Das Problem war seine Nase. Ihr Aussehen stimmte nicht mit der von Keno van Hasselt überein, das konnte auffallen. Und es gab für dieses Problem nur eine schnelle Lösung.

Kerak nahm nicht den Weg durch die Innenstadt zum Krankenhaus, sondern den am Deich. Dort war es einsamer und dort standen auch die Holzbänke, die er benötigte. Da war sie, seine persönliche Folterbank. Er schluckte ängstlich, als er vor der hölzernen Sitzfläche auf die Knie ging. Zur Probe beugte er sich nach vorn, prüfte den Abstand zwischen der Sitzbankecke und seiner Nase und rutschte noch etwas nach hinten. Ein letzter Test – nun passte es.

Er sah sich noch einmal um. Keine Zeugen und kein Aufschub mehr. Sein Atem beschleunigte sich und sein Herz schlug ihm bis zum Hals, als er seinen Kopf weit nach hinten bog. Sein Oberkörper schnellte nach vorn und gleichzeitig nach unten. Seine Nase knallte auf die Ecke der Holzbank. Kerak schrie auf, als sein Nasenbein brach. Tränen schossen aus seinen Augen und er fiel zur Seite, als die Schmerzen ihn überwältigten. Aber er rappelte sich auf, schließlich konnte jeden Moment ein möglicher Zeuge auftauchen. Blut lief ihm aus der gebrochenen Nase, als er am Deich weiter in Richtung Krankenhaus ging.

Kapitel 18

Samstagmorgen
Ferienhausanlage de Koog

Die Dame in Schwarz hielt einen verzierten Dolch in der Hand und sah hinunter auf das zerwühlte Bett. Darin lag der Leeraner Kriminalpolizist Stefan Gastmann, der tief und fest schlief. Sie dachte mit Wehmut zurück an die vergangene Liebesnacht und eine Träne lief ihre Wange hinab, als sie sich mit dem rasiermesserscharfen Dolch in der Hand über ihren Geliebten beugte.

Danach verließ sie die Wohnung und stieg auf das ausgeliehene alte Hollandrad. Bis Den Burg, dem Hauptort der Insel, waren es einige Kilometer zu fahren. Die frische Luft tat ihr zwar gut, konnte aber ihre Traurigkeit nicht vertreiben.

Als sie zu dieser frühen Tageszeit im Ort ankam, wirkten die Restaurants und Geschäfte links und rechts der kleinen Fußgängerzone verlassen und leblos. Sie bog in eine Seitenstraße ein, blieb vor einem kleinen Laden stehen und stellte das Fahrrad ab. Im Schaufenster lagen verschiedene Tarot-Kartensätze, eine matte Glaskugel und sehr spezieller Schmuck. In der Mitte des Auslage stand ein kleines Schild mit der Aufschrift: *Erkennen Sie sich selbst und Ihre Zukunft. Aukje von Dijken prüft Ihre Wohnung auf schädliche Erdstrahlen und übersinnliche Einflüsse. Termine nach Absprache.* Es folgte eine Handynummer.

Sie klopfte in einem besonderen Takt gegen die Holztür.

Die Ladentür öffnete sich einen Spalt und eine gähnende Aukje van Dijken sah nach, wer dort stand. »Ach, du bist es«, sagte sie mit müder Stimme und öffnete die Tür ganz. »Komm rein, Bekky. Hast du es erledigt?«

»Hab ich, genauso wie du es gesagt hast.« Bekky klopfte auf ihre schwarze Handtasche und folgte ihr ins Haus.

Drinnen war es sehr dunkel. Bekky folgte Aukje in ihren kleinen Sitzungsraum, der in Schwarz und Violett gestrichen und eingerichtet war. Auf einem runden Tisch mit Samtbezug saß ein schwarzer Kater. Seine grünen Augen waren die einzigen hellen Punkte dort. »Gizmo, wie oft habe ich dir schon gesagt: nicht auf dem Tisch!«, tadelte Aukje ihn. Mit einem leisen Protestlaut sprang er herunter und rieb seinen Rücken an ihren Beinen.

»Aukje, du siehst echt mies aus«, sagte Bekky besorgt. »Hast du nicht geschlafen?«

»Du, ich hatte einen entsetzlichen Albtraum. Vielleicht kennst du ja diese Träume, aus denen man nicht aufwachen kann. Bekky, auf meiner Insel geschehen schreckliche Dinge …«

Bekky wollte darauf jetzt lieber nicht eingehen. Sie öffnete ihre Handtasche und nahm den Dolch und die abgeschnittene Haarsträhne heraus.

Aukje nahm ihr die Sachen ab und legte sie in eine Holztruhe. »Setz dich doch«, sagte sie und ging in ihre kleine Küche. »Ich mache uns erst einmal einen starken Kaffee.«

Der Kater rieb sich jetzt an Bekkys Beinen, und als sie sich auf den Stuhl gesetzt hatte, sprang er auf ihren Schoß und schnurrte. Bekky streichelte ihn, während sie Aukje in der Küche hantieren hörte. Sie war schon oft bei ihr zu Gast gewesen. Hier fühlte Bekky sich wohl und verstanden.

»Na, Gizmo, so hast du es gerne!«, sagte Aukje, als sie mit einem Tablett in der Hand den Raum betrat. »Bekky, verwöhn ihn nicht zu sehr!« Sie verteilte Tassen, Teller und Rosinenbrötchen auf dem Tisch und setzte sich ihr gegenüber.

Bekky schlürfte den heißen Kaffee und griff nach einem Rosinenbrötchen. Dabei hörte sie kurz auf, Gizmo zu streicheln. Sofort spürte sie, wie er seine Krallen ausfuhr, und kraulte ihn rasch hinter den Ohren. Das Schnurren wurde wieder lauter und Bekky beobachtete, wie ihre Freundin jetzt die Tarot-Karten mischte. Konzentriert legte Aukje die Karten nacheinander auf den Tisch. Sie wurde noch blasser. Die Auswertung des Kartenbildes hatte sie also noch mehr verunsichert. Besser nicht danach fragen, dachte Bekky.

Aukje schlürfte ihren Kaffee und sah Bekky fest in die Augen. »Ich habe Angst. Der Traum und die Karten passen zusammen!« Sie stand auf und ging ruhelos in dem kleinen Raum hin und her.

Bekky setzte den Kater sehr vorsichtig auf den Boden, ging zu ihrer Freundin und nahm sie in den Arm.

Aukje schloss die Augen. »Mein Traum war unheimlich intensiv. Ich ging an einem Strand spazieren, an dem sich blutrote Wellen brachen, und dann …« Sie packte Bekkys Arm, als müsse sie sich festhalten, um nicht wieder in den Abgrund des Grauens der vergangenen Nacht zu fallen. »Dann war mein Mund voller Sand, und ich versank, wie im Treibsand. Meine Hände verkrampften sich, Sand rieselte durch meine Finger … Dann ertastete ich einen Ast und wollte mich aus dem Sand rausziehen – und in diesem Moment erscheint ein Vogel mit riesigen Augen und seine Krallen zerreißen meine Hand, ich lass den Ast los und versinke.«

Die beiden Frauen, die sich eine Stunde später vor dem kleinen Laden in Den Burg voneinander verabschiedeten, sahen sich sehr ähnlich. Beide trugen schwarze lange Kleider. Alle ihre Kleidungsstücke waren schwarz, von den altmodischen Schuhen bis zum Seidenschal. Auf dem Kopf thronte ein breiter schwarzer Hut, ihre Gesichter waren blass geschminkt und junge Leute würden sie als Gruftis oder Gothics bezeichnen. Die beiden Damen in Schwarz betrachteten sich jedoch als eine Art moderner Hexen.

Bekky drückte ihre Freundin fest an sich. »Tot ziens, Aukje, ich nehme die nächste Fähre nach Den Helder. Danke für die Hilfe bei meinem Problem, und wenn du mich mal wieder in Leer besuchen möchtest: Ein Bett steht immer für dich bereit. Gizmo kannst du natürlich auch mitbringen.«

»Gizmo? Den lass ich lieber hier«, antwortete Aukje, »der kann auch ein, zwei Tage ohne mich auskommen, macht ja sowieso, was er will. Ins Haus kommt er dank der Katzenklappe und was zum Fressen ist reichlich vorhanden. Tot ziens, Bekky.«

Kapitel 19

Samstagmorgen
Nordholland, Stadt und Fährhafen Den Helder
Kerak

Kerak sah auf seine Armbanduhr. Er war erst seit einer Stunde im Krankenhaus von Den Helder, und seine Nase war bereits behandelt worden. Trotz der Schmerzen triumphierte er. Sein erster Auftritt als Keno von Hasselt war geglückt. Der Dame am Empfang der Notaufnahme hatte er erzählt, dass er, Keno von Hasselt, im Hafen von Texel auf dem rutschigen Anleger gestürzt sei und sich dabei die Nase verletzt hätte. Ein freundlicher Niederländer sei zufällig vorbeigekommen und hätte ihn netterweise mit seinem Auto über die Fähre zum Krankenhaus gebracht.

Die Empfangsdame hatte um seinen Ausweis gebeten, und Kerak hatte zum ersten Mal den von Keno von Hasselt präsentiert. Die Premiere war ohne Schwierigkeiten verlaufen. Die Verletzung, die er sich zugefügt hatte, erfüllte ihren Zweck: Die dick angeschwollene Nase verwischte den einzigen deutlichen Unterschied zwischen dem Gesicht seines Opfers und Keraks eigenem. Gleichzeitig lieferte der angebliche Unfall im Sportboothafen Texel eine plausible Erklärung dafür, dass von Hasselt die Insel verlassen und seine Jacht im Hafen zurückgelassen hatte.

Der Arzt hatte eine Art Stützverband um die gebrochene Nase angelegt, mit einer schwarzen Maske, die das Gesicht unterhalb der Augen bis zum Mund verdeckte. Er sah damit fast so aus wie das Phantom der Oper. Der Arzt hatte ihm geraten, zur Nachbehandlung einen Facharzt in Deutschland aufzusuchen.

Keraks Plan sah anders aus. Die weitere Behandlung würde ein Arzt im Rotlichtviertel von Amsterdam durchführen, der seine Zulassung verloren hatte. Der würde seine Nase mit Hilfe des Skalpells in die von Keraks Opfer verwandeln.

Im Eingangsbereich des Krankenhauses unterhielt er sich noch intensiv mit der Empfangsdame. Mit nasaler Stimme erzählte er ihr von seinem Unfall. »Ja, nun liegt meine Jacht im Hafen von Texel und ich muss zurück nach Deutschland, um mich dort behandeln zu lassen«, jammerte er.

»Rufen Sie doch im Hafenbüro an und erklären die Situation!«, riet ihm die nette Dame.

»Ich weiß ja nicht, ob man mich dort versteht. Meine

Stimme ... Sie hören ja! Und mein Niederländisch ist miserabel«, erklärte Kerak und sah sie bittend an.

»Ach, kein Problem, ich übernehme das für Sie. Ihren Namen habe ich ja schon, jetzt brauche ich nur noch den Namen Ihrer Jacht.«

Für einen Moment geriet Kerak in Panik. Verflucht ... Wie hieß noch mal von Hasselts Jacht?! Dann erinnerte er sich an den seltsamen Namen. »*Lilofee*«, nuschelte Kerak und lächelte die Dame dabei an. »Eine schöne Meerjungfrau, sozusagen. Aber schöne Frauen gibt es ja nicht nur im Meer.«

Eine leichte Röte überzog das Gesicht der Empfangsdame. »Soll ich sonst noch jemanden informieren, Herr von Hasselt?«

»Nein, ich bin alleinstehend. Sozusagen Junggeselle.« Er zwinkerte ihr zu. »Richten Sie bitte dem Hafenmeister aus, dass er auf meine Jacht achten soll. In den nächsten Tagen melde ich mich bei ihm und berichte, wie es weitergehen soll.«

Sie suchte sich die Telefonnummer der Hafenverwaltung aus dem Internet heraus und wählte. Offensichtlich erreichte sie den Hafenmeister direkt und erklärte ihm die Situation. Kerak lächelte sie während des Telefonierens an. Es hatte aber nichts mit ihr zu tun und war nicht für sie bestimmt, sondern spiegelte seine Selbstzufriedenheit. Er hatte das Risiko vermeiden können, dass sein Chef die nasale Stimme trotz der Folgen der Verletzung erkannte. Und die Dame am Empfang würde sich bestimmt an ihn erinnern. Das war ein Teilstück von seinem Plan B und könnte vielleicht einmal sehr wichtig werden.

Sie legte den Hörer auf. »Gute Besserung lässt der Hafenmeister ausrichten, und er kümmert sich um Ihre Jacht. Kann ich sonst noch irgendetwas für Sie tun?« So, wie sie das Wort ›irgendetwas‹ betonte, bekam es einen leicht erotischen Klang.

»Ja, ein Taxi besorgen«, sagte Kerak etwas schroff und beendete damit den Flirt. Schließlich hatte er bekommen, was er wollte.

Kapitel 20

Samstagmorgen
Insel Texel, Ortschaft Den Burg

Die Polizeidienststelle lag am Stadtrand von Den Burg und war mit zwei Polizeiagenten besetzt. Der Nordholländer Willem Braakhuis war auf Texel geboren und wohnte auch in Den Burg. Deshalb eignete er sich besonders für die Stelle des Wijkagenten. Der niederländische Wijkagent entsprach in etwa der Funktion des deutschen Kontaktbeamten. Ein Wijkagent kannte jeden Bewohner und alle Besonderheiten seines Bezirkes.

Braakhuis sah hinüber zu seinem neuen Kollegen Thomas van Merkerem und atmete etwas gequält ein und aus. Ausgerechnet einen Friesen hatten sie ihm zur Verstärkung auf die Insel geschickt. Die Friesen waren schon besondere Menschen. Nicht nur, dass sie lieber Tee tranken, auch ihre Kommunikation ließ aus Sicht des Nordholländers zu wünschen übrig. Sobald Thomas sich aufregte oder mit ihm schimpfte, sprach er Friesisch. Willem konnte kein Friesisch verstehen. Das war aber nicht schlimm, weil sein Kollege sowieso sehr selten sprach.

Außerdem hatte Willem Braakhuis den Verdacht, dass der Neue auf ihn achten sollte. Angeblich vergaß Braakhuis nach Ansicht der vorgesetzten Dienststelle manchmal, dass er in erster Linie Polizist war und dann erst Bürger. Die hatten gut reden, wer schlug sich denn den ganzen Tag mit den Insulanern herum?!

Das Verhältnis zwischen den beiden Polizisten war also nicht gerade optimal und gegenseitige Sticheleien waren an der Tagesordnung.

Willem Braakhuis sah aus dem Fenster. Auf den Parkplatz vor der Dienststelle war gerade eine Frau aus einem Taxi gestiegen und stürmte in Richtung Wache. Er stand sofort auf, ging zum gesicherten Eingangsbereich und öffnete die Tür. Die Frau war sichtlich mit den Nerven am Ende und redete in ihrer Aufregung viel zu schnell auf ihn ein.

Obwohl Braakhuis die deutsche Sprache sonst gut verstehen konnte, fiel es ihm schwer, heraushören, was sie von ihm wollte. »Bitte kommen Sie doch erst einmal mit auf die Wache, da können wir uns in aller Ruhe unterhalten.« Er ging voraus und bot ihr einen Stuhl vor seinem Schreibtisch an. Sie setzte sich und er bat sie, möglichst langsam und deutlich zu sprechen.

Sie stellte sich als Nantje Denkela vor und erzählte, dass ihr Mann Habbo verschwunden sei. Angeblich hatte er in der Nacht Vögel beobachten wollen und war mit seinem Auto zu einem Naturschutzgebiet gefahren. Spätestens heute Morgen hatte er zurück in der Ferienanlage Den Bos im Norden der Insel sein wollen, wo die Denkelas untergebracht waren. Sie bestand darauf, dass ihm etwas Schreckliches zugestoßen sein musste.

Braakhuis hörte konzentriert zu und stellte nur ab und zu eine Verständnisfrage. Anschließend nahm er ihre Personalien auf und notierte sich Typ und Kennzeichen ihres Autos und die Handynummer. Er sprach fast perfekt Deutsch. Das verdankte er nicht nur speziellen Sprachkursen, sondern auch dem deutschen Satelliten-Fernsehen. Krimis und Auslandsberichte in deutscher Sprache waren seine Lieblingssendungen.

»Frau Denkela, Ihr Mann ist inzwischen bestimmt zurück und wartet auf Sie in der Ferienanlage.«

»Sie verstehen mich nicht!« Ihre Stimme wurde wieder laut. »Ich weiß, dass ihm etwas zugestoßen ist. Mitten in der Nacht stand er plötzlich vor meinem Bett. Er sah mich mit toten traurigen Augen an und wollte etwas zu mir sagen. Aber er konnte nicht reden, weil ihm Sand aus dem Mund rieselte. Und dann … dann war er verschwunden.« Nantje Denkela schlug die Hände vors Gesicht und weinte bitterlich.

Willem Braakhuis stand auf und setzte sich auf einen freien Stuhl an ihrer Seite. Er zog ein Papiertaschentuch aus der Verpackung und gab es der weinenden Frau. »Frau Denkela, diese Träume kommen sehr oft vor und es gibt eine ganz einfache Erklärung für diesen … sagen wir mal: ›Spuk‹. Der Mensch schläft und träumt dabei, und im Moment, in dem wir wach werden, oder glauben wach zu sein, sehen wir Dinge, die eigentlich noch Teil des Traumes sind. Diese Erscheinungen sind reine Einbildungen unserer Phantasie, aber wir glauben dann, wir hätten es tatsächlich gesehen. Ich halte mich lieber an Tatsachen.«

Dann versuchte er behutsam, ein sensibles Thema anzusprechen. »Frau Denkela, manchmal verschwinden Männer auch ganz bewusst, weil sie mit ihrer momentanen Lebenssituation«, Braakhuis suchte nach den richtigen Worten, »sagen wir: unzufrieden sind.«

Nantje Denkela sah ihm direkt in die Augen. »Ich weiß, was Sie meinen. Mein Mann ist seit kurzem pensioniert und kommt mit der neuen Situation noch nicht zurecht. Verstehen Sie, er weiß nichts mit sich anzufangen. In der Behörde war er sehr engagiert und er wurde immer um Rat gefragt.«

»Gab es denn Streitigkeiten zwischen Ihnen beiden?«, wollte der Polizist wissen.

»Na ja, wir müssen uns ja beide erst an diese neue

Situation gewöhnen. Als mein Mann noch arbeitete, waren die Rollen klar verteilt. Ich führte den Haushalt und er ging zur Arbeit. Jetzt sitzt er gelangweilt in der Küche und erteilt mir ständig Anweisungen!«

»Sie sagen, Ihr Mann oder Ihre Ehe waren in der Krise. Ist es möglich, dass sich Ihr Mann …«

»… etwas angetan hat, sich umgebracht hat?« Sie schüttelte energisch den Kopf. »Nein, so schlimm war es nun auch wieder nicht!«

Willem Braakhuis überdachte die Situation. Es war alles möglich, beginnend mit dem Harmlosen: Habbo Denkela war noch unterwegs, weil er sich so auf seine Vögel konzentrierte. Vielleicht wollte er seine Frau sogar ängstigen, weil sie sich kurz vor seinem Verschwinden noch gestritten hatten. Es könnte aber auch ein Unfall oder ein Herzinfarkt vorliegen. Und es war ebenfalls möglich, dass sich Habbo abgesetzt hatte und unterwegs war, zum Beispiel im Rotlichtviertel von Amsterdam.

Für eine Fahndung war es jedenfalls noch zu früh. Zunächst würde er mit seinem Kollegen die Naturschutzgebiete abfahren und nach dem Auto der Denkelas suchen. Auf dem Weg dorthin konnten sie die Frau Denkela erst einmal in der Ferienanlage absetzen. Vielleicht erledigte das die ganze Angelegenheit dann ja bereits, weil ihr Mann dort auf sie wartete.

Braakhuis begleitete sie wieder zurück in den Wartebereich vor der Wache.

Dabei sah er nach draußen auf den Parkplatz der Dienststelle und unterdrückte einen Fluch, als er Aukje van Dijken aus ihrer mattschwarzen Ente steigen sah. Das konnte doch nicht wahr sein!

Die Hellseherin in ihren schwarzen Klamotten öffnete das kleine Seitenfenster an der Fahrertür. Sie machte sich bestimmt Sorgen um ihren Kater, der sie manchmal begleitete. Abends konnte er immer hören, wie sie in den Straßen von Den Burg nach ihm rief. »Giizmoo, mein

Liebling, Giizmoo, komm zu mir!« Oft saß der schwarze Kater mit den grünen Augen in Bäumen und erschreckte die Touristen und unvorsichtige Vögel.

Aukje war berühmt und berüchtigt in Den Burg. Sie betrieb in einer Seitenstraße einen kleinen Laden. In den dunklen Räumen legte sie den Kunden die Tarot-Karten, las die Zukunft aus Händen und Glaskugeln. Es gab spiritistische Versammlungen bei ihr, und Aukje beriet Hausbesitzer über den möglichen Standort von Wasseradern und Quellen ›schlechter Energie‹.

Willem Braakhuis kannte sie außerdem von zahlreichen Auftritten auf der Dienststelle. Sie warnte dann vor bevorstehenden Katastrophen, schlimmen Ereignissen und sonstigem Unsinn. In ihren altertümlichen schwarzen Gewändern sah die 35jährige aus wie eine Hexe.

Allerdings musste er zugeben, dass es sich um eine schöne Hexe handelte. Sie trug ihr rabenschwarzes Haar sehr lang und schminkte sich immer betont blass. Ihr Gesicht glich ein wenig der berühmten Mona Lisa. Auch ihr Lächeln war geheimnisvoll und tiefgründig. Die Männer drehten sich nach ihr um, nicht nur wegen ihrer seltsamen Erscheinung, sondern auch wegen ihrer offensichtlichen weiblichen Reize. Sein Nachbar hatte es neulich sehr schön formuliert: »Aukje ist heute wieder besonders zeigefreudig.« Damit war die Kombination einer üppigen Oberweite mit dem knallroten Spitzen-BH gemeint gewesen, der nicht selten im tiefen Ausschnitt der Bluse sichtbar wurde. Böse Zungen behaupteten, Aukje wollte mit ihrem Ausschnitt die männlichen Kunden hypnotisieren.

Auch heute trug sie wieder ihr spezielles Outfit, als sie energisch in Richtung Wache ging. Willem Braakhuis verließ in Windeseile den Eingangsbereich und sagte: »Thomas, ich glaube, wir kommen Besuch und jetzt bist du an der Reihe!«

In diesem Moment wurde abwechselnd auf die Klingel gedrückt und gegen die Tür geklopft. Oha, dachte Braakhuis, heute ist sie ja besonders gut drauf. Thomas van Merkerem kannte Aukje van Dijken noch nicht, aber das würde sich gleich ändern. Willem unterdrückte das schadenfrohe Grinsen, als der Kollege zur Tür ging. Kurz darauf hörte er bereits Aukjes aufgeregte Stimme aus dem Wartebereich. »Ihr müsst sofort rausfahren …!«

Aber sie verstummte betroffen, als ihr Blick auf die wartende Frau Denkela fiel. Für einen Moment sahen sich die beiden an und irgendetwas schien Aukje zu erschrecken. Denn als sie den Wachraum betrat, begrüßte sie Willem nur mit einem Kopfnicken. Normalerweise war sie eher laut.

»Was kann ich für Sie tun, Frau …?«, fragte Thomas.

»Aukje van Dijken ist mein Name.« Sie schaute ängstlich durch die Scheibe zu Frau Denkela zurück. Dann sah sie den Polizisten an, der vor ihr stand. »Und wer sind Sie denn, hab Sie ja noch nie hier gesehen?«, fragte sie respektlos und lief offensichtlich langsam wieder zur gewohnten Form auf.

»Polizeiagent van Merkerem.« Willems Kollege bot ihr mit einem Wink an: »Setzen Sie sich doch zu mir an den Schreibtisch.«

»Ein einsamer Friese auf unserer schönen Insel … Wohl gerade angekommen?« Aukje setzte sich ihm gegenüber.

Van Merkerem schwieg und wartete.

Sie wandte sich Braakhuis zu. »Wo hast du denn den her, Willem?«

»Ihr Anliegen …?« Van Merkerems Stimme klang bereits etwas genervt.

Willem Braakhuis biss sich auf die Lippen und griff zum Telefonhörer. Er wollte sich bei den Kollegen in der Leitstelle und beim Krankenhaus nach dem vermissten Habbo Denkela erkundigen.

Während er telefonierte, hörte er Bruchstücke des Gesprächs vom Nebentisch mit. Von blutroten Wellen war die Rede, Gespenstereulen und Händen, die im

Todeskampf im Sand wühlten. Der übliche Unsinn von Aukje. Zuhören und gleich wieder vergessen war die beste Methode, damit umzugehen. Braakhuis bemerkte, dass sein Kollege anfangs noch konzentriert mitschrieb, aber dann immer mehr von etwas abgelenkt zu werden schien. Willem verkniff sich ein Lachen. Aukje hatte sich vorgebeugt, und der Friese versuchte zwar, sich auf ihr Gesicht zu konzentrieren, aber immer wieder fokussierte sich sein Blick ungewollt in ihrem Dekolleté.

Das bemerkte natürlich auch Aukje und sie wurde langsam böse. »Na, gefällt Ihnen, was Sie sehen?«, fragte sie van Merkerem mit bissigem Unterton.

Jetzt lief das Gesicht des Kollegen rot an. »Wenn Sie nicht wollen, dass man dort hinsieht, sollten Sie sich vielleicht etwas zuknöpfen«, sagte er gereizt. »Sie sind doch nicht tatsächlich wegen Ihrer Träume und Kartendeutungen hier ... Oder gibt es noch etwas ...?«

»Dachte mir schon, dass keiner zuhört und mich ernst nimmt!« Aukje blickte die beiden Polizisten abwechselnd wütend an.

Willem beendete sein Telefongespräch. »Aukje, wir haben uns deine Aussage notiert, aber jetzt haben wir beide zu arbeiten.« Er warf dem Friesen einen fragenden Blick zu, aber der verdrehte die Augen in Richtung Decke und hatte wohl ebenfalls keinen weiteren Gesprächsbedarf, sofern es die Hellseherin betraf. Versöhnlich fügte Willem hinzu: »Außerdem, Aukje, wissen wir ja, wo wir dich erreichen können.«

Wütend stand sie auf und verließ mit fest zusammengepressten Lippen die Wache. Als sich die Tür hinter ihr schloss, atmeten die Polizisten erleichtert auf.

»Die ist doch wohl nicht öfters hier?«, fragte van Merkerem.

»Och, einmal die Woche mindestens, ihr werdet euch also noch besser kennenlernen«, antwortete Willem Braakhuis. »Du, lass uns erst einmal Frau Denkela zu ihrem Ferienhaus bringen und dann suchen wir die Vogelschutzgebiete ab. Vielleicht finden wir ja den Wagen von diesem Vogelbeobachter.« Er stand auf.

»Ja, bloß weg, bevor die noch einmal zurückkommmt«, stimmte sein Kollege zu.

»Lass man, Thomas. Aukje kann nerven, aber sie hat mir auch schon mal geholfen. Ist nicht alles Unsinn, was sie von sich gibt«, bemerkte Willem Braakhuis etwas nebulös und erntete einen verständnislosen Blick.

Als die beiden den Wartebereich betraten, saß Aukje van Dijken neben Frau Denkela und hielt deren Hand. In diesem Moment klingelte das Handy von Braakhuis. Beim Fähranleger waren mehrere Ampeln ausgefallen und es drohte ein Chaos. Der Verkehr musste zumindest vorübergehend per Hand geregelt werden. Die Ferienunterkunft von Frau Denkela lag im Norden, der Fähranleger im Süden und Den Burg in der Mitte der Insel ...

»Diese Frau ist in Not und ich werde ihr helfen«, sagte Aukje van Dijken.

»Aukje, wir müssen raus zum Fähranleger«, sagte Braakhuis. »Eigentlich wollten wir Frau Denkela zum Ferienhaus bringen ...«

»Das übernehme ich«, entschied sie. »Ich will mich mit ihr noch unterhalten.«

»Okay. Solltest du etwas erfahren, meine Nummer hast du ja«, sagte Willem. Dann wandte er sich an Frau Denkela. »Glauben Sie mir, alles wird gut. Wir melden uns.«

Aukje van Dijken sah ihn an und schüttelte fast unmerklich den Kopf. Diesen Gesichtsausdruck der Hellseherin kannte Willem Braakhuis und er verhieß nichts Gutes. In der Vergangenheit waren Weissagungen von Aukje auch schon einmal eingetroffen. Nur waren ihre Hinweise so geheimnisvoll und undurchsichtig, dass erst im Nachhinein ihre Bedeutung klar wurde. War dies dann Zufall oder besaß sie wirklich hellseherische Fähigkeiten?

Ansichtssache, fand Willem Braakhuis, aber Hellseher hin oder her: Aukje van Dijken konnte nerven, aber er mochte sie trotzdem. Sie nahm ihre Kunden nicht aus und wenn sie sich geirrt hatte, war sie so ehrlich, es zuzugeben. Er wusste, Frau Denkela war bei ihr in guten Händen.

Als die beiden Polizisten an der Auffahrt zur Dienststelle links zum Fähranleger abbogen, sahen sie die schwarze Ente mit den beiden Frauen rechts in Richtung de Cocksdorp fahren.

Kapitel 21

Samstagvormittag
Insel Texel, Ortschaft De Koog

Jan Broning, Stefan Gastmann, Onno Elzinga, Klaas Leitmann und Johann de Buhr trafen sich wie verabredet vor der Kartbahn in dem Ort De Koog.

Beim Anblick von Stefans Frisur stutzte Jan. »Sag mal, wie siehst du denn aus?!«

Stefan fühlte mit der Hand über eine kahle Stelle in seinem Haar. »Ich hab das heute Morgen selbst erst bemerkt.«

»Sieht aus, als hätte dir jemand ein Haarbüschel rausgeschnitten«, frotzelte Klaas. »Vielleicht deine neue Bekanntschaft, mit der du ja die Nacht verbracht haben sollst ...?«

Jan bemerkte, dass dieses Thema seinem Kollegen unangenehm war. Normalerweise sahen frisch Verliebte glücklich aus. Nicht so Stefan. Sein Gesichtsausdruck ließ vermuten, dass irgendetwas ihn beschäftigte und bedrückte.

Stefan war im Team der Kriminalpolizisten zuständig für IT. Computer, Smartphones und alle möglichen technischen Geräte sollten die Arbeit erleichtern, und Jan konnte grundsätzlich auch damit umgehen, aber er liebte sie nicht. Stefan war da ganz anders, jedes neue Gerät begeisterte ihn und Jan überließ ihm deshalb gerne die Arbeit damit. Der ewige Junggeselle im Team war meist in seiner digitalen Welt und vergaß manchmal, dass es auch ein reales Leben gab.

Stefan machte aber kein Geheimnis aus seinem Liebesleben und Jan war meist auf dem neuesten Stand. Man arbeitete ja fast jeden Tag acht Stunden zusammen und es ergab sich immer eine Gelegenheit, auch einmal über Privates zu reden. Immer wieder gab es bei Stefan kurze Bekanntschaften, aber die Beschreibung ›oberflächlich‹ traf es wohl am besten.

Dieses Mal verhielt er sich jedoch ganz anders. Kein Wort über seine neue geheimnisvolle Freundin und auch auf Nachfragen reagierte Stefan verschlossen und leicht bedrückt. Jan begann sich Sorgen um seinen Kollegen zu machen, und er war fest entschlossen, mit Stefan ein Gespräch von Mann zu Mann zu führen. Aber dies waren nicht der Ort und die Gelegenheit.

Nun fing auch Onno noch an, Kommentare abzugeben. »Na, wann stellst du uns denn deine Freundin einmal vor?«

Stefan atmete tief aus und presste seine Lippen fest zusammen.

»Ihr seid doch bloß neidisch«, stellte Jan Broning fest. »So, die Herren – auf zum Wettrennen! Mal sehen, wer hier den Rundenrekord bricht.«

Kapitel 22

Samstagmittag
Ferienanlage im Norden der Insel Texel

Hand in Hand gingen Maike Broning und ihre Tochter zum Supermarkt der Ferienanlage Den Bos. »Mama, ich brauch einen Drachen, eine Schaufel und Kuchenformen für den Strand«, sagte die Kleine aufgeregt und zog ihre Mutter ungeduldig zum Eingang. Der Einkauf zog sich in die Länge, weil Antje unbedingt einen Drachen mit einem Einhorn als Motiv wollte. So einen gab es jedoch nicht und Maike musste ihre Tochter zu einem anderen überreden. Als sie den Supermarkt verließen, rannte Antje in Richtung der Rezeption. Der Weg dorthin verlief über eine kleine Fußgängerbrücke über einen Teich, wo die Kleine anhielt und von oben fasziniert die Fische beobachtete.

Maike blieb neben ihr stehen und sah ebenfalls hinunter, ließ sich aber ablenken, als eine schwarze Ente auf den Parkplatz fuhr. Zwei Frauen stiegen aus, die sich sehr voneinander unterschieden. Die Fahrerin trug ein schwarzes, altmodisches Kleid und sah aus, als wäre sie aus einer anderen Zeit in die Gegenwart gebeamt worden. Die Beifahrerin dagegen war kaum anders gekleidet als viele Frauen hier und passte nicht zu dieser Erscheinung, und als die beiden näherkamen, sah Maike, dass sie gebeugt lief und sehr müde aussah. Die Dame in Schwarz stützte die andere, als sie gemeinsam über die Brücke in die Rezeption gingen.

»Mama! Das Schaf ist sooo niedlich!« Antje stand inzwischen vor dem Schaufenster eines kleinen Ladens im Gebäude der Rezeption, fasziniert von einem Stofftier. Maike ahnte, was jetzt kommen würde, und wurde nicht enttäuscht. »Mama, kaufst du mir das?« Sie musste lächeln, als sie den Gesichtsausdruck ihrer Tochter sah. Die kleine Dame wusste schon genau, wie man sich durch ein Lächeln die Umgebung gefügig machte. Maikes Vater Johann konnte ein Lied davon singen. Antje hatte ihren Opa fest im Griff.

Heute hatte Antje schon beim Kauf des Drachens einen Kompromiss schließen müssen, da würde die Kleine es wohl kaum gut aufnehmen, wenn Maike ihr bei dem Stofflämmchen nun eine Absage erteilte. Sie entschied sich für die Harmonie und gab nach.

Im Gebäude standen vor dem halbrunden Tresen die beiden Frauen aus der Ente vor einer Empfangsdame. Antje zog ihre Mutter weiter in Richtung des kleinen Souvenir-Ladens. Die Stimmen der drei Damen an der Rezeption wurden laut und Maike hörte ungewollt mit.

»Nein, Ihr Mann war noch nicht hier«, sagte die Empfangsdame gereizt.

»Haben Sie wenigstens schon einmal auf der Anlage nachsehen lassen?«, wollte die Dame in Schwarz wissen. Ihre Frage in deutscher Sprache klang fast schon aggressiv. Die Empfangsdame wollte sich das wohl nicht länger gefallen lassen und wurde ebenfalls wieder lauter. In diesem Moment schrie die dritte Frau auf und sackte in sich zusammen.

»Bleib hier im Laden, ich bin gleich wieder bei dir«, sagte Maike zu Antje und lief zum Tresen. Gemeinsam mit der Dame in Schwarz trug sie die Ohnmächtige auf eine Bank in der Nähe. Maike kontrollierte Atmung und Puls und stellte fest, dass zwar der Herzschlag erhöht, aber die Atmung normal war. »Was hat sie denn?«, fragte Maike.

»Sie hat sich vermutlich zu sehr aufgeregt«, antwortete die Dame in Schwarz.

Inzwischen hatte die Empfangsdame ein Riechsalz besorgt und hielt es der Ohnmächtigen unter die Nase. Langsam kam die Frau zu sich.

»Aukje van Dijken ist mein Name«, sagte die Dame in Schwarz und sah Maike an. »Danke für Ihre Hilfe.«

»Maike Broning.« Die beiden Frauen gaben sich die Hand. Maike stellte erstaunt fest, dass Aukje ihre festhielt und ihr dabei tief in die Augen sah. Als sie schließlich Maikes Hand wieder losließ, sagte sie: »Sie sind genau die richtige Frau, um uns zu helfen.«

Maike sah sie erstaunt an, und Aukje van Dijken erzählte ihr, wie sie Nantje Denkela bei der Polizei in Den Burg kennengelernt hatte.

»Sollen wir einen Krankenwagen kommen lassen?«, fragte die Empfangsdame besorgt.

Nantje Denkela war inzwischen zu sich gekommen. »Nein, auf keinen Fall! Ich warte hier in unserem Ferienhaus auf meinen Mann.«

»Das Beste wird sein, wir bringen Sie jetzt zu Ihrer Wohnung, dort können Sie sich etwas erholen«, schlug Maike vor.

Aukje van Dijken nickte. »Ich begleite sie!«

Antje stand inzwischen neben ihrer Mutter und strahlte die schwarzgekleidete Dame an. »Sind Sie eine Hexe?«

Maike wurde rot. »Entschuldigung ... Darf ich vorstellen: Antje, meine Tochter.«

Aukje van Dijken lachte. »Ja, Antje, eine Hexe, aber eine gute Hexe.«

Kapitel 23

Samstagmittag

Klaas Leitmann war Experte für Texel. Seit Jahren verbrachte er den Urlaub auf seiner Lieblingsinsel. Für den Nachmittag war eine gemeinsame Fahrradtour geplant. Die geliehenen Räder standen schon bereit und Johann de Buhr, seine Freundin Karin, Jan Broning mit seiner kleinen Tochter, Onno Elzinga, Stefan Gastmann und natürlich Klaas selbst hatten sich ebenfalls eingefunden.

Die Männer bewunderten gerade das Lastenrad, das vorn eine lange offene Kiste mit Sitzflächen hatte. Antje war schon eingestiegen, und außerdem sollte ihre Strandausrüstung darin untergebracht werden. Jan wollte es fahren und hatte sich erleichtert gezeigt, dass es über einen knieschonenden Elektromotor verfügte.

Klaas sah auf seine Armbanduhr. »Wo bleibt Maike?«

»Du, sie ist gleich da«, erwiderte Jan. »Sie ist da in eine mysteriöse Geschichte geraten.« Er erzählte von dem Zusammentreffen der drei Frauen an der Rezeption und Nantje Denkelas Zusammenbruch. »Ihr Mann Habbo ist ein Vogelbeobachter. Er ist spurlos verschwunden. Und jetzt wird es schräg: Eine Art Wahrsagerin hat sich der Ehefrau des Vermissten angenommen.«

»Lass mich raten: Aukje van Dijken!«, grinste Klaas.

»Ja, genau. Ist die in Ordnung?«, hakte Jan nach.

»Aukje ist sozusagen eine Inselberühmtheit. Sie hat einen kleinen Hexenzubehörladen in Den Burg. Wie ist die denn an die Frau von dem Vermissten geraten?«, wollte Klaas wissen.

»Sie haben sich wohl bei der Polizei getroffen, als sie Vermisstenanzeige erstattet hat, diese Aukje hatte dort gerade von schrecklichen Visionen berichtet.«

»Na ja, dann sind die Kollegen hier ja informiert«, stellte Klaas fest.

In diesem Moment erschien Maike außer Atem bei der Gruppe. »Hallo, Leute, tut mir leid, dass ihr auf mich warten musstet!«

»Kein Problem. Bis auf diese kleine Dame …« Jan zeigte auf Antje, die ungeduldig auf die Abfahrt wartete.

»Frau Denkela schläft, dank eines Spezialtees von Aukje«, erklärte Maike ihm. »Aukje ist in Ordnung, die ist echt nett. Sie hat mir versichert, dass sie bei Frau Denkela bleibt. Ich habe ihr versprochen, dass wir heute Abend noch einmal vorbeikommen.«

Klaas schwang sich auf sein Rad. »Aufgesessen und mir nach!«

Zunächst ging es durch das kleine Dorf De Cocksdorp in Richtung Leuchtturm. Das Grüppchen musste kräftig in die Pedale treten, um die Steigung zu bewältigen. Antje war von ihrer Sitzgelegenheit begeistert und rief gutgelaunt: »Schneller, Papa, schneller!«

Etwas außer Atem erreichten sie den Abstellplatz für die Räder. Nach einem kurzen Fußweg kamen sie zum Strand und wurden durch einen wunderschönen Ausblick für die Anstrengung belohnt. Rechts zwischen den Dünen stand der rote Leuchtturm und die nördlichste Spitze der Insel lag direkt vor ihnen. Ein frischer Wind wehte vom Meer, der Strand war riesig und schien erst am Horizont zu enden.

Klaas zeigte mit dem Arm nach rechts. »Da geht es zum Fährdienst rüber zur Nachbarinsel Vlieland. Die östliche Seite der Insel Texel geht von hier aus langsam vom Sandstrand ins Wattengebiet über.« Er zeigte nach links. »Die westliche Seite von hier aus ist Strandgebiet. Der Strand beginnt beim Pfahl 4 im Süden der Insel und wir sind jetzt am Pfahl 31. Daran könnt ihr erkennen, mit wie viel Strand diese Insel gesegnet ist. Aber auch die Wattenseite ist sehr schön …«

»Du bist wirklich verliebt in diese Insel«, unterbrach ihn Jan, »und langsam begreifen wir auch, wieso, aber die kleine Dame hier scharrt schon mit den Füßen.«

»Ja, worauf warten wir noch …?!« Klaas ging voraus durch den Sand in Richtung Meer.

Beim Wasser angelangt, wollte Antje direkt in die seichten Wellen laufen.

»Halt!«, rief Maike, »erst wird eingecremt und zwar gründlich, sonst gibt's einen ordentlichen Sonnenbrand.«

Die kleine Gruppe teilte sich auf. Die Frauen blieben an Ort und Stelle. Antje probierte nach einem Fußbad ihre neue Ausrüstung am Sand aus und Maike lag mit Karin in der Sonne. Die Männer liefen nach rechts weiter an der Wasserkante entlang.

Der Leuchtturm lag rechts von ihnen und sie gingen schließlich am Pfahl 32 vorbei. Klaas schwärmte weiter. »Jetzt sind wir gleich am letzten Pfahl, der Nummer 33. Der Strand geht langsam in eine Wattfläche über. Diese Ostseite der Insel ist viel ruhiger als die Westseite mit dem Strand. Außerdem gibt es einen schönen Radweg, immer direkt am Wasser entlang, bis zum Waddenhaven Oudeschild.«

Jan schaute zu dem gemütlich aussehenden Strand-Café direkt vor ihnen. »Wie viel Zeit uns die Damen wohl für Kaltgetränke lassen?«

»Jo, gute Idee!«, lobte Klaas. »Da kann man sehr gemütlich sitzen und wir haben den ganzen Strand im Blick.«

Als Maike, Antje und Karin später ebenfalls dort eintrafen, saßen die Männer bei einem kühlen Bier auf der Terrasse. Der Tisch wurde verlängert, damit alle Platz hatten. Es wurde viel gelacht, die Stimmung war ausgezeichnet, und die Sorgen und Alltagsprobleme wurden dank des Inseleffektes vergessen.

Der schönste Augenblick bis jetzt an diesem Wochenende, fand Klaas, und die geplante Radtour wurde auf den morgigen Tag verschoben.

Kapitel 24

Samstagnachmittag

Jan Broning und seine Frau Maike lagen nackt im Bett. Sie hatten die Gelegenheit genutzt, als Opa Johann und Oma Karin mit ihrer Tochter Antje im Schlepptau zum Kletterpark der Ferienanlage aufgebrochen waren. »Wir sollten hier öfters Urlaub machen«, sagte Jan und knabberte an Maikes Ohr.

»Verflixte Axt!«, fuhr Maike hoch. »Wir haben doch versprochen, noch bei Frau Denkela vorbeizusehen!«

Jan seufzte. »Das war's dann wohl mit der romantischen Stimmung!«

Nach einem Duschbad machten die beiden sich auf den Weg zur Ferienunterkunft von Frau Denkela. Davor parkte ein Streifenwagen der niederländischen Polizei. »Unsere Kollegen sind bereits da!«, stellte Jan fest und klopfte an die Tür.

Aukje van Dijken öffnete.

»Hallo, Jan Broning mein Name, der Ehemann dieser schönen Frau.« Er zeigte auf Maike. »Und Sie sind sicher Frau van Dijken. Wir möchten Frau Denkela sprechen.«

Aukje sah Jan für einen langen Moment in die Augen. »Ja, genau der Richtige.« Sie lächelte. »Kommen Sie doch herein, sie hat sich gerade hingelegt und versucht zu schlafen.«

Im kleinen Wohnzimmer saßen zwei niederländische Kollegen in Uniform. Der jüngere war einen Kopf kleiner als sein Kollege. Beide hatten blondes Haar, wobei das des älteren an den Schläfen schon Spuren von Grau aufwies. Er dürfte in meinem Alter sein, dachte Jan Broning, als er Maike und sich vorstellte. Den Dienstausweis händigte er dem älteren Polizisten aus, in den

Niederlanden war oft der Ältere die richtige Adresse.

»Angenehm, Willem Braakhuis mein Name und mein Kollege Thomas van Merkerem, wir sind hier die zuständigen Polizisten auf der Insel.« Sie gaben einander die Hand. Willem Braakhuis sah sich Jans Dienstausweis genau an, bevor er ihn wieder aushändigte.

Jan war erleichtert, dass der Niederländer gut Deutsch sprach, das würde ihr Gespräch erheblich erleichtern. Ein bisschen schämte er sich, dass er nur sehr wenig Niederländisch sprach. »Meine Frau Maike hat heute zufällig in der Rezeption mitbekommen, dass der Mann von Frau Denkela vermisst wird.«

»Ja, Aukje hat uns davon berichtet«, antwortete Willem Braakhuis. »Ehrlich gesagt bin ich froh, dass Sie hier sind.«

»Haben Sie denn schon Neuigkeiten über den Vermissten?«, wollte Jan wissen.

»Wir haben gehofft, dass Herr Denkela inzwischen wieder bei seiner Frau ist, aber dies ist nicht der Fall«, erwiderte Braakhuis. »Den Wagen haben wir zur Fahndung ausgeschrieben und die Insel nach dem Fahrzeug abgesucht. Bis jetzt negativ. Keine Spur von Herrn Denkela oder dem Auto.«

Maike kam wieder herein, sie war inzwischen zum Schlafzimmer gegangen und hatte Frau Denkela im Bett liegen sehen. Aukje van Dijkens Spezialtee wirkte offensichtlich noch. »Sie schläft im Moment«, informierte sie Jan.

Er nickte und konnte nun eine heikle Angelegenheit ansprechen, die Maike vorhin mitbekommen hatte. »Es scheint Probleme bei den Denkelas zu geben. Sie sind womöglich im Streit auseinandergegangen.«

»Sie glauben, sie hat ihrem Mann etwas angetan?« Willem Braakhuis klang skeptisch. »Sie war ja bei uns auf der Dienststelle und hat den Vorfall gemeldet. Ihre Verzweiflung war echt und nicht gespielt. Diese Möglichkeit halte ich für sehr unwahrscheinlich. Ich habe lange mit ihr gesprochen und befürchte …« Er beendete seinen Satz nicht.

»Sie vermuten, dass sich Herr Denkela abgesetzt, oder schlimmer: Suizid begangen hat?«, ergänzte Jan.

»Es ist leider eine Tatsache, dass viele Ehen gerade im Urlaub …«, Braakhuis suchte nach dem richtigen Wort, »… zerbrechen?« Jan nickte, und der Kollege fuhr fort: »Als Inselpolizisten erleben wir das sehr oft. Man kann sich im Urlaub nicht aus dem Weg gehen und ist den ganzen Tag zusammen, da knallt es dann schon mal. Erst letzte Woche hatten wir so einen Fall. Nach einem Ehestreit setzt sich der Mann in seinen Wagen, fährt rüber zum Festland und weiter direkt zum Rotlichtviertel nach Amsterdam. Dort hat er sich eine Nacht rumgetrieben und ist am nächsten Tag reumütig zurückgekehrt.«

»Sie glauben, hier ist es genauso?«, vermutete Jan.

»Ich hoffe es!«, sagte Braakhuis.

»Höre ich da einen leichten Zweifel heraus?«

»Na ja, da wären noch unsere Aukje van Dijken und ihre seltsamen Träume.« Willem presste die Lippen aufeinander.

»Was ist mit mir?« Die Hellseherin erschien im Wohnzimmer.

Willem Braakhuis wartete ab. Eine bewährte Polizeitaktik.

Gestenreich erzählte Aukje von ihren blutigen und gewaltsamen Träumen.

Jan hörte nur mit einem Ohr zu und überdachte die Lage. Er teilte die Einschätzung seines niederländischen Kollegen. Der Mann war ihm ohnehin sofort sympathisch gewesen, weil er ihn an seinen alten Polizeiausbilder erinnerte. Braakhuis befand sich in einer unangenehmen Lage. Er war hier der zuständige Beamte und würde entscheiden müssen, was nun geschah. Die Entscheidung wurde nicht leichter dadurch, dass zwei Deutsche betroffen waren, und nun hatte er auch noch zwei ihm unbekannte deutsche Kriminalbeamte am Hals. Eine blöde Situation.

Aukje van Dijken war inzwischen zurück in die Küche gegangen.

Kapitel 25

Samstagnachmittag
Ferienhaus der Familie Denkela

Willem Braakhuis hörte Aukje ebenfalls nur mit einem Ohr zu, während er die aktuelle Lage einzuschätzen versuchte. War ein gewalttätiger Streit zwischen den Eheleuten Denkela mit tödlichem Ausgang, wie der deutsche Kollege es angedeutet hatte, vielleicht doch möglich? Die Leiche des Ehemannes samt Auto verschwinden lassen und anschließend zur Polizei gehen, um eine Vermisstenanzeige zu erstatten ... Wäre das denkbar? War vielleicht das Zimmer hier ein Tatort und sie waren gerade dabei, diesen Tatort zu versauen ...?

Die nächste Möglichkeit: Habbo Denkela hatte einen Suizidversuch unternommen und lag sterbend irgendwo in den Dünen. Oder ertrunken in seinem Auto im Hafenbecken. Oder ... oder ... oder ... Jetzt sitz ich hier und muss entscheiden. Neben mir sitzt ein Kollege, dem ich nicht vertraue, und vor mir zwei deutsche Kriminalbeamte, die ich nicht kenne. Mach ich zu viel, heißt es: ›Wieso haben Sie so überreagiert?‹ Mach ich zu wenig und es liegt ein Verbrechen vor, gibt es auch Probleme.

Die Einschätzung einer polizeilichen Lage konnte man auf keiner Polizeischule lernen. Und das war bei allen Polizisten auf der Welt dasselbe Problem, davon war Willem überzeugt. Es begann bei den Anrufen, die in den Einsatzzentralen eingingen. Die wenigen zur Verfügung stehenden Einsatzkräfte mussten sinnvoll genutzt werden und dazu gehörte, dass der Polizist in der Zentrale entscheiden musste, zu welchem Einsatz er seine Kollegen zuerst entsandte. Gute Instinkte, Menschenkenntnis und eine emotionale Intelligenz waren da unerlässlich. Aus dem Bauch heraus zu entscheiden, konnte man nicht lernen.

Leider hatten die Polizisten vor oder während einer Sofortlage nicht die Zeit, alles abzuwägen. Dies konnten nur die Vorgesetzten nach dem Einsatz oder die Advokaten, die sich dann auf die Gerichtsverhandlung vorbereiteten. Hinterher gackerten die Hühner, aber dann war der Fuchs längst aus dem Stall.

Viele Kollegen versuchten, Entscheidungen aus dem Weg zu gehen, indem sie sich Rückendeckung beim Vorgesetzten zu holen versuchten. Ihr Motto lautete: Melden macht frei! Aber das funktionierte nur selten. Oft erhielten sie die Antwort: »Dies müssen Sie vor Ort selbst entscheiden, weil ich das von hier aus nicht beurteilen kann.« Und damit lag der Schwarze Peter wieder beim Polizisten vor Ort.

Willem Braakhuis gehörte nicht zu diesen ›Zauderern von Oz‹, er hatte keine Angst davor, Entscheidungen zu treffen. Und wenn sich hinterher herausstellte, dass sie falsch gewesen waren, dann konnte er auch damit leben. »Ich gehe davon aus, dass Frau Denkela nichts mit dem Verschwinden ihres Mannes zu tun hat«, erklärte er mit sicherer Stimme. »Sie kann hier in ihrer Wohnung bleiben, weil es kein Tatort ist, und wir warten energisch ab, ob Herr Denkela zurückkommt.« Er sah seine deutschen Kollegen fragend an.

»Ich sehe das genauso«, stimmte Jan Broning ihm zu. »Wir bleiben noch bis Montagmorgen, dann reisen wir allerdings ab.«

»Und wer kümmert sich um Frau Denkela?«, fragte Maike.

»Ich kann von Ihnen nicht erwarten, dass Sie dafür ihren Urlaub opfern«, antwortete Braakhuis, »aber vielleicht hilft uns Aukje aus der Klemme. – Aukje, kommst du mal?«, rief er in Richtung Küche.

Sie ließ ihre Tarot-Karten auf dem Tisch liegen und kam herüber.

»Aukje, wir haben uns gedacht ...«, begann Braakhuis.

»... dass ich mich um Frau Denkela kümmern soll«, vollendete sie den Satz, bemerkte seinen erstaunten Gesichtsausdruck und lächelte. »Na, Willem, ich bin schließlich Hellseherin, was erwartest du? Ich habe auch herausgefunden, dass die Denkelas in Leer eine Tochter haben. Mit der habe ich schon Kontakt aufgenommen.«

»Wie denn? Mit der Glaskugel?«, brachte sich zum ersten Mal der Polizist van Merkerem ins Gespräch ein, mit sarkastischem Unterton. Er erntete böse Blicke von allen Anwesenden und schwieg sofort wieder.

»Nein, mit dem Smartphone, schon mal davon gehört?«, maulte Aukje ihn an. »Jedenfalls ist die Tochter informiert und kann sich um die Mutter kümmern, aber sie kann von zu Hause in Leer nicht weg.«

Willem Braakhuis schüttelte leicht den Kopf. »Aukje, das wäre eigentlich unsere Arbeit gewesen, aber trotzdem danke dafür.« Eigentlich, dachte er, wäre sie doch eine wunderbare Frau für einen Polizisten ... Er atmete tief durch und verdrängte die Bilder, die in seinem Kopf-Kino entstanden waren. Entscheidungen mussten getroffen werden. Braakhuis räusperte sich. »Ich schlage vor, dass Aukje sich hier weiter um Frau Denkela kümmert, wofür ich ihr sehr dankbar wäre.«

»Aber nur bis Montagmorgen«, unterbrach sie ihn, »ich hab Termine einzuhalten.«

»Was für Termine denn«, fragte van Merkerem bissig. Ein Blick von Braakhuis brachte ihn zum Schweigen.

»Aukje, du bist die Allerbeste und ich wüsste im Moment nicht, wie wir ohne dich zurechtkommen sollten. Falls wir bis Montag nichts von unserem Vermissten hören, wären die Bronings dann bereit, Frau Denkela mitzunehmen und zu ihrer Tochter zu bringen?«

Jan wechselte einen kurzen Blick mit Maike. »Sie könnte bei meinem Vater im Bulli mitfahren«, schlug sie vor.

»Okay, dann machen wir das so!«, sagte Jan.

»Wunderbar«, freute sich Braakhuis. »Wir halten Kontakt. Und jetzt bitte genießen Sie ihre restliche Zeit auf der Insel. Ich halte sie auf dem Laufenden. Wie kann ich Sie erreichen?«

Die Polizisten tauschten Visitenkarten aus und verabschiedeten sich.

Kapitel 26

Samstagabend

»Klaas, es war eine gute Idee, den Tisch für uns zu reservieren«, lobte Jan Broning. Das Restaurant in De Koog war voll besetzt.

»Das Fünf-Gänge-Menü am Samstagabend ist hier immer ausgebucht, alles Erfahrungssache«, sagte Klaas mit einer Prise Stolz in der Stimme.

»Sollte man dich mal vermissen, würde ich zuerst in einem Restaurant nach dir suchen«, frotzelte Onno.

Jan schüttelte gutgelaunt den Kopf. »Manchmal erinnert ihr beide mich an ein altes Ehepaar.«

»Ja, sie liegen ja auch schon zusammen im Ehebett«, stellte Stefan fest.

Klaas verzog sein Gesicht. Alle Bäume in der Ferienanlage hatte der Kollege in der Nacht ›abgesägt‹. Er sah Onno an und grinste. »Leute, Jahre gemeinsam im Streifenwagen … Zwölfstundenschichten und ständig bekloppte Situationen, da lernt man sich gut kennen. Ab und zu gibt's ja auch was zum Lachen. Ich sag nur: Fischfrikadelle.«

Onno war das Lachen im Hals stecken geblieben und er sah den Kollegen mit zusammengekniffenen Augen an. »Wehe, Klaas!«

Der bedachte ihn mit einem schiefen Lächeln und begann zu erzählen. »Also, während einer Zwölfstundenschicht musste Onno unbedingt eine Fischfrikadelle von der Imbissbude am Hafen haben. Die Verkäuferin hatte es gut gemeint und ordentlich viel Remouladensoße zwischen die zwei Brötchenhälften gelöffelt. Onno sitzt im Streifenwagen und guckt gierig auf die Tüte mit dem Fischbrötchen in seiner Hand. Ich sag noch zu ihm, nein, nicht hier im Auto. Aber er hört ja nicht, packt das Brötchen aus und beißt genussvoll hinein. Die Frikadelle flutscht hinten aus dem Brötchen, fällt auf die Uniformkrawatte, rutscht runter aufs Uniformhemd und jetzt kommt meine Lieblingsstelle: Onno fängt die Frikadelle geistesgegenwärtig mit den Oberschenkeln auf und hat jetzt auch noch die gesamte Hose eingesaut. Ja, schaut ihn euch an, genau so hat er mich damals angesehen und gesagt: ›Schau, wie ich aussehe … kein Pieps, kein Wort, Leitmann!‹«

Die Stimmung war genauso gut wie das Essen. Nur Stefan blies Trübsal. Seine geheimnisvolle Freundin war noch nicht aufgetaucht.

Es gab noch einige Runden Genever, die mit Bier hinuntergespült wurden.

Kapitel 27

Am Sonntagmorgen erwachte Jan Broning mit Kopfschmerzen. Aus der kleinen Küche hörte er die Stimmen von Maike und Antje.

»Darf ich Papa jetzt endlich wecken, wir wollen doch noch Fahrrad fahren«, quengelte die Kleine.

»Lass Papa noch ein bisschen schlafen«, antwortete Maike.

Jan stand auf und ging mit langsamen Schritten in Richtung Küche. Das Licht auf den Augen schmerzte.

»Ach, guck mal, Antje.« Maike grinste. »Da ist Papa ja schon. Na, haben wir vielleicht doch einen Genever zu viel getrunken?«

»Hast du Kopfschmerztabletten?«, fragte Jan und wollte ihr einen Kuss geben.

Sie verzog das Gesicht, als sie seine Alkoholfahne roch. Maike wühlte in ihrer Handtasche. »Hier, nimm zwei davon.« Sie gab ihm die Tabletten. »Kaffee ist auch fertig und nach dem Frühstück haben wir noch einen Termin mit den anderen.«

»Papa muss sich die Zähne putzen«, stellte Antje fest, als sie ihrem Vater mit ihrer Nutella-Schnute einen dicken Kuss gab.

Jan steuerte das Bad an. »Meine Damen, bin gleich zurück!«

Nach dem Frühstück war von den Kopfschmerzen nur noch ein leichter Druck im Schädel übrig geblieben. Jan und Maike stiegen auf die Fahrräder und fuhren zum Treffpunkt für die geplante Tour, Antje wieder vor ihm im Lastenfahrrad, in dem Maike außerdem die Strandausrüstung verstaut hatte. Zum Glück war die Batterie vollgeladen.

Als Jan die anderen Kollegen vor der Rezeption sah, musste er lachen. Onno, Klaas und Stefan wirkten leicht geschädigt. Offenbar war ihnen die Kombination von Genever und Bier auch nicht bekommen. »Guten Morgen! Wie seht ihr denn aus?!«

Klaas gab den Gruß gedämpft zurück. »Hab die ganze Nacht fast kein Auge zugetan. Onno hat so laut geschnarcht …«

»Ent-schul-di-gung!«, unterbrach ihn Onno. »Ich habe wunderbar geschlafen und du wirst noch sehr traurig sein, wenn ich erst nicht mehr bei dir im Bett liege. Außerdem schnarchst du ebenfalls, lieber Klaas. Vielleicht hast du ja dich selber gehört.«

»Wie bitte?!« Klaas sah ihn böse an. »Jedenfalls bin ich froh, wenn meine Frau ab Montag wieder neben mir schläft.«

»Eine Nacht haben wir aber noch.« Onno zwinkerte mit einem Auge. »Und ich werde mich bemühen, schnell einzuschlafen.«

Klaas atmete tief durch, sah in den Himmel über Texel und sagte: »Also, wollen wir dann?«

Die kleine Gruppe radelte los. Zunächst fuhren sie durch die Ferienanlage bis zum Krimweg und bogen dann links ab zum Strand. Jan war froh, dass Klaas als Wegweiser vorausfuhr. Inzwischen verlief ihr Radweg durch die weite Dünenlandschaft, in der links ein Golfplatz lag. Der Weg führte in Kurven durch die Dünen. Er war breit und Steigungen und Gefälle wechselten sich ab. Jan musste ordentlich in die Pedale treten, um mit dem schweren Rad die langen Steigungen zu bewältigen. Antje feuerte ihn an und jubelte jedes Mal, wenn sie die Gefällestrecken hinabsausten.

Nach einigen Kilometern wurde der Radweg schmaler und führte nun unten am Dünenrand entlang. Jan musste jetzt besser aufpassen, weil das Lastenrad relativ breit war und ihnen immer wieder andere Radfahrer entgegenkamen. Links lagen weite Felder und rechts die Dünen.

Nach einigen Kilometern bremste Klaas am Fahrrad-
abstellplatz vor einem Restaurant direkt am Wegesrand
und wartete auf die Kollegen. »So, stellt die Räder ab,
wir sind jetzt an einem sehr speziellen Strandzugang.
Er heißt De Slufter und ist wirklich einmalig, aber das
werdet ihr gleich selber sehen.«

Sie folgten ihm eine riesige Treppe hinauf. Nach mehr
als fünfzig Stufen stand die Gruppe auf dem Aussichtspunkt und hatte einen großartigen Ausblick auf die
Nordsee. Voraus führten zwei Wege die Düne hinunter
zum Meer. Einer davon war stufenlos und ging in Ser-
pentinen hinab zu den Salzwiesen. Der andere bestand
aus Treppenstufen. Das untere Ende der Wege war
Ausgangspunkt für die Wanderwege zum Naturschutzgebietes De Slufter. Etliche Menschen gingen durch die
Salzwiesen in Richtung Strand. Jan konnte erkennen,
dass der weitere Weg durch hohe Dünen führte.

»So wie hier sah es früher an der Nordsee überall aus«,
erklärte Klaas. »De Slufter ist das einzige Gebiet in den
Niederlanden, in das die Nordsee ungehindert einströ-
men kann. Es ist ursprünglich, quasi naturbelassen.«

Tatsächlich, fand Jan, war es genau dieses Fehlen von
menschlichen Eingriffen, was diese Landschaft so einmalig schön aussehen ließ. Eine Zeitreise mit dem Auge.

Klaas freute sich über das Staunen seiner Kollegen.
»Das Beste habt ihr noch gar nicht gesehen.« Er ging zu
der Treppe, die zu den Salzwiesen führte. »Kompanie
folgen, auf zum Strand!«, rief er gutgelaunt.

»Halt«, rief Antje, »wenn wir zum Strand gehen, müssen auch meine Strandsachen mit!«

»Antje, wir sind doch gleich zurück.« Jan dachte über
die einhundert Stufen nach, die er bewältigen sollte.

»Papa, bitte, wenigstens den Ball. Der ist doch ganz
leicht und ich trage ihn auch.« Die Kleine wollte noch
nicht aufgeben.

Jan sah hilfesuchend zu seiner Frau und deutete Maikes Blick in Richtung der abgestellten Fahrräder richtig. »Okay.« Er hob die Hände und wandte sich der Treppe zu.

»Danke, Jan«, sagte Maike. »Ist auch sicher gut gegen den Kater.«

Er stieg die fünfzig Stufen hinab und holte den Ball seiner Tochter aus dem Lastenrad. Etwas außer Atem kam er wieder oben an.

»Okay, vollzählig«, stellte Klaas fest und begann die Treppe auf der anderen Dünenseite hinabzusteigen.

Der Weg führte zunächst durch die Salzwiesen. Dann lagen die Dünenberge links und rechts und der Weg wurde immer breiter. Wie lang er war, bemerkte Jan nicht, weil die Schönheit der Landschaft ihn ablenkte. Schließlich standen sie an einem Meeresarm und gingen am Wasser entlang weiter. Bis zur Strandlinie war es nicht mehr weit.

Klaas zeigte zum Leuchtturm im Norden. »Aus dieser Richtung sind wir mit dem Fahrrad hierher gefahren. Eigentlich könnte man vom Leuchtturm aus am Strand bis nach de Koog laufen. Aber die Nordsee durchbricht an dieser Stelle zwischen den Pfählen 26 und 25 die Strandlinie. Bei Flut füllen sich die Priele im Gebiet hinter uns und wenn man so will, läuft De Slufter dann voll.«

»Naturbelassen hin oder her ...« Onnos Stimme klang skeptisch, als er mit dem Blick dem Meeresarm folgte. »Was ist bei Sturmflut? Ich sehe hier nur die Dünen und keine Deiche.«

»Der Dünengürtel bildet einen natürlichen Hochwasserschutz«, antwortete Klaas. »Dieser Meeresarm wird von den Wasserbauern genauestens beobachtet, man will dieses einmalige Naturschutzgebiet so, wie es jetzt ist, unbedingt erhalten.«

»Papa ...« Antje zog an der Jacke ihres Vaters, sah ihn bittend an und hielt ihren Ball hoch. »Fußball spielen, hier ist doch so viel Platz.«

Sie bildeten zwei Mannschaften und tobten mit dem Ball über den Strand. Nach einer halben Stunde waren die letzten Alkoholnachwirkungen wie weggeblasen und die kleine Gruppe machte sich auf den Rückweg.

Antje spielte weiter mit ihrem Ball und war sehr zufrieden, weil ihre Mannschaft natürlich gewonnen hatte. Als sie am Fuß der Dünentreppe ankamen, merkte Jan, dass sie immer langsamer lief. Inzwischen war wohl die Luft raus und sie war müde. Er musste seine Tochter die letzten Treppenstufen bis zum Aussichtspunkt oben auf der Düne tragen. Außer Atem kam er endlich oben an, die anderen gingen bereits die Treppe auf der anderen Seite wieder hinab.

Da sagte Antje »Upps!« Sie hatte den Ball fallen lassen, und der rollte die gerade bezwungene Treppe wieder hinunter. »Papa, ich glaube, ich komme wieder alleine die Treppe runter zu Mama«, sagte seine Tochter gönnerhaft und schaute dabei auffordernd in Richtung ihres Balles.

»Okay.« Jan setzte sie ab. »Geh du vorsichtig runter zu Mama, ich hole den Ball.« Er ging die Treppe hinunter, klemmte sich den Ball unter den Arm und ging die Treppe wieder hinauf. Oben auf der Düne atmete er noch einmal durch und ging dann auf der anderen Seite die Treppe hinunter zu den anderen.

So schön De Slufter war, aber diese Treppe würde ihn so schnell nicht wiedersehen. Insgesamt war er sie jetzt achtmal rauf- oder runtergelaufen. Das waren insgesamt 400 Treppenstufen!

Jan sah auf seine Uhr. Wenn sie die Seehundfütterung beim Ecomare nicht verpassen wollten, mussten sie sich etwas beeilen. Es sollte eine Überraschung für Antje werden. Beim Ecomare wollten sie sich auch mit Johann und Karin zum gemeinsamen Kaffeetrinken treffen.

Kapitel 28

Sonntagnachmittag
Leer, Groninger Straße,
Einfamilienhaus des Privatiers Keno von Hasselt

Home sweet Home, dachte Kerak, als er zum ersten Mal die Haustür aufschloss. Sein neues Zuhause, seine neue Identität und der Beginn eines Lebens im Luxus.

Zunächst suchte er den Kasten mit der Alarmanlage. Sein Opfer hatte nicht gelogen, er fand ihn an der beschriebenen Stelle und auch der Code war richtig. Kerak hatte sehr schnell gemerkt, dass ihm von Hasselt falsche Informationen geben wollte, und das hatte der Mann ebenso schnell bereut: Als er die Nummern und Codes wiederholen sollte, hatte er sich verhaspelt. Ja, wer log, musste ein gutes Gedächtnis haben. Die Gasflamme der Lötlampe hatte von Hasselts Fußsohlen und dessen Lügen versengt.

Kerak sah sich im Haus um und was er sah, gefiel ihm sehr. Viel Mahagoni und maritime Messingbeschläge. Sehr geschmackvoll und teuer. Hinter dem Ölbild der *Pamir* an der Wohnzimmerwand war der Safe eingebaut. Er öffnete ihn aber noch nicht, sondern ging zur Bar und sah sich die Flaschen an. Seine Wahl fiel auf einen mit Sicherheit sauteuren Whisky. Mit dem Glas in der Hand ging er zum Safe, nahm einen großen Schluck und tippte den Code in das elektronische Schloss. Der Inhalt erfüllte alle Erwartungen. Goldmünzen, Bargeld und Dokumente über anonyme Nummernkonten in Luxemburg.

Der englische Clubsessel knarzte, als sich Kerak mit einer Dose Kaviar in der Hand hineinfläzte. Sein Blick ging durch das große Wohnzimmerfenster hinaus in den Garten und den daran grenzenden Hafen.

»Herzlichen Dank, Herr von Hasselt«, sagte Kerak zu seinem Spiegelbild in der Fensterscheibe. »Ruhe in Frieden!«

Kapitel 29

Sonntagabend
Niederlande, Insel Texel, Strand-Café am Paal 31 in
der Nähe des Leuchtturms

Die Kollegen saßen an einem langen Tisch des Strand-Cafés zusammen. Dies war ihr letzter gemeinsamer Abend auf der Insel. Nur Klaas würde noch eine Urlaubswoche hier verbringen, zusammen mit seiner Frau. Er hatte auch diesen Abend organisiert und etwas ganz Besonderes versprochen. Klaas hatte sehr geheimnisvoll getan, aber das Plakat am Eingang hatte den Überraschungs-Effekt zerstört. Dort war ein Live-Konzert mit einer bekannten niederländischen Liedermacherin angekündigt. Klaas hatte Karten gebucht. Der Raum war inzwischen voll besetzt. Aus den riesigen Fenstern konnte man hinaus auf das Meer sehen.

Der Auftritt war ein voller Erfolg. Die Kollegen waren begeistert. Es gab am Ende etliche Zugaben von der Künstlerin und ihrer Band. Inzwischen war es dunkel geworden. In regelmäßigen Abständen fiel das blinkende Licht des Turms durch die Fenster.

Onno sah auf seine Armbanduhr.

»Na, Onno …« Klaas grinste in die Runde. »Hast wohl noch eine Verabredung und wirst mir untreu. Soll wohl alleine im meinem Bettchen schlafen.«

Onno sah konzentriert auf die schöne Decke des Cafés und sagte: »Blitz 2 weiß, Wiederkehr 10 Sekunden.«

Jetzt sahen ihn alle fragend an.

»Onno ist wohl wieder in seine maritimen Abgründe versunken«, vermutete Klaas.

»Korrekt.« Onno sah wieder auf seine Uhr. »Der Leuchtturm Eierland hat als Kennung FL, also Flash, übersetzt Blitz, und sendet zwei kurze Lichtsignale – Blitze – pro Zehn-Sekunden-Intervall, also die Wiederkehr oder der Neubeginn der Kennungssignale.«

Klaas sah ihn erstaunt an. »Fragewort ohne W: Häääh?«

Onno betrachtete ihn mitleidsvoll. »Noch einmal für und nur für dich: Zwei Lichtblitze, dann 10 Sekunden Pause, dann wieder zwei Lichtblitze, dann wieder 10 Sekunden Pause!«

»Ja, ich hab es verstanden.« Klaas' Stimme klang gequält. »Wozu braucht man so was?«

»Ist doch logisch: um die einzelnen Leuchtturmkennungen voneinander zu unterscheiden«, erläuterte Onno. »Wenn du draußen auf See bist und siehst diese spezielle Leuchtturm-Signalkennung Fl 2 W 10 Sekunden, dann weißt du, es kann nur der Leuchtturm Texel sein, weil …«

»… alle Leuchttürme verschiedene Kennungen haben«, vervollständigte Klaas.

»Jetzt würde mich noch die Nenntragweite und die Feuerhöhe des Turms interessieren«, sagte Onno und grinste.

»Ja, ich gebe auf!« Klaas hob die Hände.

»Vielleicht kann man ja den Turm besichtigen und mal nachsehen«, ergänzte Maike gutgelaunt. »Ich wüsste auch, wer das machen könnte, quasi gut im Training ist für Treppenstufen.« Dabei sah sie Jan an und grinste.

»Gut, dass wir im Polizeigebäude einen Fahrstuhl haben«, antwortete er mit einem gequälten Gesichtsausdruck.

Kapitel 30

Sonntagabend
Deutschland, Stadt Leer, Groninger Straße

Während die Polizisten auf Texel im Strand-Café zusammensaßen, parkte Wiebke Oldenhove ihren Wagen vor dem Einfamilienhaus ihres Freundes Keno von Hasselt. Die Fahrt von Hamburg hierher nach Leer war stressfrei verlaufen. Eigentlich hatte sie mit dem Auto nicht mehr so spät unterwegs sein wollen, aber sie hatte Keno versprochen, in seiner Abwesenheit auf das Haus aufzupassen.

Ihr Arbeitgeber, eine bekannte Reederei, hatte zwei Standorte in Deutschland. Die Nebenstelle befand sich in Leer, und sie war hier regelmäßig für ein paar Tage beschäftigt. Morgen sollte sie früh mit ihrer Arbeit beginnen, und an einem Montagmorgen von Hamburg nach Leer im Berufsverkehr zu fahren, nein danke, darauf hatte sie verzichtet. Dann lieber Sonntagabend fahren und in Kenos Haus übernachten. Sozusagen zwei Fliegen mit einer Klappe schlagen.

Sie lächelte, als sie ausstieg und sich unwillkürlich an ihre erste Begegnung mit Keno erinnerte. Bei einer Mittagspause in der Altstadt hatte er sie mit seinem Fahrrad fast überfahren. Sie war gestürzt und Keno hatte sich rührend um sie gekümmert. Das war jetzt schon ein halbes Jahr her und trotz der räumlichen Trennung war ihr Verhältnis immer intensiver geworden. Inzwischen konnte sie sich ein Leben ohne Keno nicht mehr vorstellen.

Bei ihrem letzten Besuch vor drei Wochen hatte er ihr einen Schlüssel überreicht. »Mein Haus ist dein Haus und wenn du hier arbeiten musst, darfst du gerne hier

92

schlafen. Außerdem: Wenn ich mal wieder mit meiner Jacht unterwegs bin, kümmert sich dann jemand um das Haus, dem ich vertraue und den ich liebe!«

Es war mit einer hohen Mauer umgeben, und eine massive Pforte versperrte den Zugang zum Grundstück. Sie schloss auf und hinter sich sofort wieder ab. Darauf legte Keno immer sehr viel Wert. Im Hausflur steckte sie den Schlüsselbund in ihre Handtasche und legte sie auf eine Kommode. Dann ging sie direkt zum Kasten für die Alarmanlage. Komisch, die Anlage war nicht eingeschaltet.

Sie ging die Treppe zum Schlafzimmer hinauf, um es zu lüften. Abgestandene Luft hasste sie, insbesondere nachts. Als sie die Tür öffnete, erschrak sie heftig. Keno war ja doch zu Hause! Er lag nackt auf dem Bett und schlief.

Er wurde sofort wach, richtete sich auf und starrte sie an. Ein eiskalter Schauer raste durch ihren Körper. Sie erstarrte, als sie erkannte, dass ein Fremder dort lag. Die Person vor ihr hatte Ähnlichkeit mit Keno, auch wenn das Gesicht durch eine Art Nasenschiene entstellt war, aber ihr Blick richtete sich voller Entsetzen auf die stark behaarte Brust des Mannes. Das war nicht Keno. Der war immer glattrasiert, Körperhaare, insbesondere im Brustbereich, fand er schrecklich. Keno duldete Haare nur auf seinem Kopf.

»Wer sind Sie? Wo ist Keno?«

Kapitel 31

Nacht von Sonntag auf Montag
Kerak

Kerak war nackt auf der Seidenbettwäsche im französischen Bett eingeschlafen, aber sein vom Whisky umnebeltes Gehirn hatte im Unterbewusstsein das Geräusch der sich öffnenden Schlafzimmertür wahrgenommen. Blitzartig hellwach, schaute er in das erschrockene Gesicht einer schönen Frau. Als ihr Blick auf seine nackte Brust fiel, wechselte ihr Gesichtsausdruck sofort von Erschrecken zu Entsetzen.

»Wer sind Sie? Wo ist Keno?«

Instinktiv wusste Kerak, dass er sofort handeln musste. Er griff nach dem Stilett unter seinem Kopfkissen, eine Vorsichtsmaßnahme, die er sich angewöhnt hatte. Die Frau sah das Messer und wusste, was ihr bevorstand. In Panik drehte sie sich um und rannte aus dem Zimmer. Kerak sprang aus dem Bett und verfolgte sie die Treppe hinunter. Die Frau schrie laut um Hilfe und riss die Eingangstür auf. Kerak war ihr dicht auf den Fersen. Aus den Augenwinkeln sah er, wie sie an der Klinke der Mauerpforte riss. Diese ließ sich nicht öffnen und die Frau flüchtete an der Mauer entlang Richtung Garten und Hafen.

Da hast du Pech, dachte Kerak grimmig, dort gibt es keinen Ausweg, nur das Wasser. Die Frau schrie wie am Spieß, es wurde Zeit, sie zum Schweigen zu bringen.

Es platschte laut. Entsetzt stellte Kerak fest, dass die Frau ins Wasser gesprungen war und in Richtung Hafenmitte schwamm. Er presste das Springmesser fest zwischen die Zähne und sprang ebenfalls. Im Wasser war Kerak, der Krake, im Vorteil, weil er nackt war. Ihre inzwischen mit Wasser vollgesogene Kleidung ließ die Frau nur quälend langsam vorankommen. Sein Abstand zu ihr verringerte sich schnell.

Als er sie erreichte, waren sie bereits in der Hafenmitte. Er umklammerte sie von hinten wie ein Krake. Seine Beine umschlossen ihren Körper, und er legte seine linke Hand auf ihren Mund. Seine rechte schloss sich fest um das Stilett. Die Frau wehrte sich heftig gegen die Umklammerung. Als die ineinander verschlungenen Körper untergingen, stieß Kerak der Frau das Messer direkt ins Herz.

Ihr Körper zuckte heftig und erschlaffte. Kerak packte die leblose Frau am Mantelkragen und wollte mit ihr zum Grundstück zurückschwimmen, als er plötzlich Musik hörte und sich umdrehte. Ein bunt beleuchtetes Fahrgastschiff steuerte direkt auf ihn zu. Mit einem lauten Fluch ließ er den Kragen los und schwamm schnell zum Ufer. Im Dunkeln wartete Kerak, bis das Schiff auf seiner Höhe war. Würden sie den Körper der Frau im Wasser entdecken? Er hatte den Eindruck, als wäre das Schiff gerade direkt darübergefahren. Nichts geschah, das Schiff stoppte nicht.

Er wartete, bis das Schiff weit genug weg war, und schwamm wieder zurück in die Hafenmitte. Kerak wollte die Leiche unbedingt bergen, durchsuchen und weit genug vom Haus entfernt beseitigen. Aber nach einigen Minuten der Suche gab er auf, die Leiche war verschwunden. Fluchend schwamm er zurück zum Grundstück und stieg dort total ausgekühlt aus dem Wasser.

Mit klappernden Zähnen ging er zur Eingangstür und blieb erschrocken stehen, als er hinter der Mauer, auf der Groninger Straße, Stimmen hörte: »Du, ich hab mit den Nachbarn gesprochen, die meinen, es wäre vermutlich diese durchgeknallte Dame, die mit dem Rad unterwegs ist und überall rumschreit!«

Eine andere Stimme, vermutlich aus einem Funkgerät, knarzte: »Die Frau ist in Behandlung – Borderline – und wohnt in der Moormerland-Siedlung, könnte also passen. Aber sucht zur Sicherheit noch einmal kurz die Gegend ab. Ich hab hier noch eine Alarmauslösung, beeilt euch bitte. Die anderen sind wieder bei Iwan und Olga – Lohntütenball. Kann sein, dass ihr die Kollegen unterstützen müsst. Geht dort wohl heftig zur Sache.«

Die Schreie seines Opfers waren gehört worden. Vermutlich waren die Polizisten deshalb hier. Lange Minuten vergingen, in denen ihm das Herz bis zum Hals schlug. Endlich hörte er den Einsatzwagen mit quietschenden Reifen davonfahren.

Als er den Flur betrat, fiel sein Blick auf die Handtasche, die auf der Kommode lag. Sie enthielt Autoschlüssel und Ausweispapiere. Auf dem Passbild erkannte er die Frau, die er soeben verfolgt und im Hafen getötet hatte. Eine Wiebke Oldenhove aus Hamburg, seiner alten Heimat. Wahrscheinlich die Freundin von Keno von Hasselt. So einsam hatte der Mann dann doch wohl nicht gelebt. Na ja, dachte Kerak, jetzt sind sie wieder vereint.

Er überlegte fieberhaft, wie er diese neue Situation kontrollieren könnte. Bis jetzt hatte er unwahrscheinlich viel Glück gehabt. Aber auf sein Glück sollte man sich nicht zu lange verlassen.

Die Leiche von Wiebke Oldenhove würde sicher demnächst gefunden werden. Alle Spuren, die zu ihm führen konnten, musste er sofort beseitigen.

Ihr Wagen stand bestimmt in der Nähe. Kerak zog sich dunkle Kleidung an, verließ mit dem fremden Auto-schlüssel das Haus und schloss die Mauerpforte auf. Leise öffnete er sie und sah sich draußen vorsichtig um, bevor auf die Straße trat. Tatsächlich stand zwischen Kastanien-bäumen ein weißer Mini mit Hamburger Kennzeichen. Er drückte den Knopf der Fernbedienung und die Warnblin-ker leuchteten kurz auf. Wohin mit dem Wagen? Kerak erinnerte sich an die Jann-Berghaus-Brücke und eine Nebenstraße an der Bingumer Seite, die direkt an die Ems führte. Der Weg nach Bingum war kurz.

Der Motor sprang sofort an, und zum Glück war auf den Straßen nichts mehr los. Hinter der Brücke bog er links ab und fuhr auf der gepflasterten Nebenstraße über den Deich in Richtung Ems. Der Wasserstand reichte für seinen Plan. Er hielt auf der Straße an, die zum Fluss hin ein starkes Gefälle hatte, und stieg aus. Die Wagenbeleuchtung hatte er ausgeschaltet, alle Fenster geöffnet und das Getriebe befand sich in der Leerlaufstellung. Die Handbremse war noch angezogen. Kerak sah sich um. Alles ruhig, kein Verkehr im Moment. Von außen löste er die Handbremse und schob den Wagen etwas an.

Langsam rollte das Auto Richtung Ems und wurde schneller. Der Wagen rollte in den Fluss, trieb noch kurz mit der Strömung auf die Brücke zu und ging dann langsam unter.

Kerak ging zu Fuß zurück zu seinem Haus. Dort trank er den Rest aus der Whiskyflasche.

Kapitel 32

Montagmorgen
Niederlande, Insel Texel, Ferienanlage Den Bos

Jan Broning verstaute das Gepäck im Kofferraum und dachte über die Rückreise nach Deutschland nach. Gerade hatte er noch einmal mit seinem niederländischen Kollegen telefoniert. Die Hoffnung, dass Habbo Denkela wieder wohlbehalten zurück war, hatte sich nicht erfüllt.

»Was ist los?«, fragte Maike. »Du siehst besorgt aus.«

»Du, bei diesem Vermissten habe ich ein ganz mieses Bauchgefühl«, antwortete er.

Ihre Stimme klang ebenfalls besorgt, als sie sagte: »Wir können hier aber im Moment nichts mehr ausrichten. Frau Denkelas Sachen haben wir ja bereits in Johanns Bulli verstaut. Johann und Karin nehmen sie mit nach Leer zu ihrer Tochter. Allerdings könnten wir …«

»Was könnten wir, was meinst du?«

Maike presste die Lippen etwas zusammen, als sie nachdachte, und sagte dann: »Klaas bleibt doch noch auf der Insel. Könnte er nicht unser Kontaktmann zu den niederländischen Kollegen sein? Falls die Holländer einverstanden sind.«

»Gute Idee!« Jan nickte. »Ich ruf noch einmal den Kollegen Braakhuis an und frage. Falls unser Vermisster nicht auftaucht, werden wir von Leer aus den Sachverhalt übernehmen müssen. Ein deutscher Kollege als Kontaktmann zu den Niederländern, hier auf der Insel, würde dann vieles vereinfachen.«

Er telefonierte mit Braakhuis und war erleichtert, als der Niederländer mit der unorthodoxen Vorgehensweise einverstanden war. Wenig später standen Jan und Maike Broning in der Rezeption und halfen Johann und Karin beim Auschecken. Frau Denkela saß bereits niedergeschlagen auf der Rückbank des Bullis.

Auf dem Parkplatz verabschiedeten sich die Kollegen von Klaas Leitmann.

»Danke für die Organisation unseres gemeinsamen Wochenendes hier auf der Insel«, sagte Jan. »Und insbesondere noch dafür, dass du dich als Kontaktmann zur Verfügung stellst.«

»Hauptsache, es hat euch gefallen, trotz dieser traurigen Geschichte«, erwiderte Klaas.

»Es war schön.« Maike umarmte den Kollegen zum Abschied. »Das müssen wir unbedingt wiederholen.«

Kapitel 33

Montagmittag
Deutschland, Stadt Leer, Haus des Keno von Hasselt
Kerak

Kerak schaute aus dem Wohnzimmerfenster auf den Hafen und kaute nervös an seinen Fingernägeln. Er verfluchte seine schlampige Vorarbeit für diese Übernahme und schüttelte den Kopf, als er die letzten Ereignisse noch einmal Revue passieren ließ. Langeweile hasste er, aber diese ungeplanten Aktionen waren mehr als genug Nervenkitzel. Zwei Stunden, mehr hatte er nicht geschlafen, und jetzt stand er hier und überlegte, wie es weitergehen sollte.

Die Leiche im Hafen war ein erheblicher Risikofaktor. Wie lange würden sie brauchen, um diese zu bergen? Noch einmal verfluchte er das plötzliche Auftauchen des Fahrgastschiffes. Ohne diese Begegnung hätte er nicht nur das Auto, sondern auch noch die Leiche verschwinden lassen können.

Wie lange würden sie brauchen, um die Identität der Frau festzustellen? Lag dann schon eine Vermisstenanzeige aus Hamburg vor? Diese Wiebke Oldenhove würde man sicher bald vermissen.

In Gedanken sah er schon einen Polizisten vor sich stehen, der ihm Fragen stellte. Frau Oldenhove ist doch Ihre Freundin? In Hamburg war man sich sicher, dass sie zu Ihnen wollte, was können Sie uns zu dem Verschwinden von Frau Oldenhove sagen?

Ja, sie würden sich sofort auf ihn einschießen. Nicht gut!

Eine Ablenkung musste her. Wenn zum Beispiel auch noch andere Menschen tot im Hafen treiben würden, lenkte das ganz sicher von ihm ab. Ein Serienkiller, der im Bereich des Hafens sein Unwesen trieb … Die Tötungsart musste natürlich auch identisch sein. Dann sähe es doch so aus, als sei Wiebke Oldenhove nur zufällig zur falschen Zeit am falschen Ort gewesen.

Sicher würden die Ermittler ihn trotzdem irgendwann befragen, aber bis dahin hätte er die falsche Fährte bereits ausgelegt. Kerak fand immer mehr Gefallen an seiner Idee. Der Plan könnte funktionieren, nur musste er schnell handeln.

Sein Magen knurrte. Er holte das Fahrrad aus der Garage, mit dem Keno von Hasselt immer unterwegs gewesen war, und fuhr durch die Neue Straße. In der Nähe des Rathauses befanden sich gleich zwei Restaurants, die einen Mittagstisch anboten. Während der mehrtägigen Observierung hatte von Hasselt oft in dem gegenüber vom Rathaus gegessen. Keraks Gesicht war zwar durch die Nasenschiene zum Teil verdeckt, aber er wollte im Moment kein unnötiges Risiko eingehen. Deshalb entschied er sich für das andere. Dort waren außerdem viele Tische besetzt und er vermutete, dass er dadurch weniger beachtet würde.

Trotzdem starrten ihn einige Gäste an. Seine Nasenschiene war zwar eine gute Tarnung, nur fiel sie sofort auf. Er konnte sie aber nicht ablegen, bevor die Nase operiert war und aussah wie die von Keno von Hasselt. Er musste noch warten, bis die Schwellung durch die Verletzung zurückgegangen war. Dann würde er für die Operation in das Rotlichtviertel von Amsterdam fahren.

Kerak setzte sich an einen freien Tisch und studierte die Speisekarte. Er wusste, dass er eine Fehlentscheidung bei der Wahl des Restaurants getroffen hatte, als die Kellnerin freudestrahlend auf ihn zukam und sagte: »Hallo, Keno, wie siehst du denn aus?!«

Die junge Frau selbst sah gut aus. Blonde kurze Haare, ein schönes Gesicht und eine sehr weibliche Figur. An ihrer weißen Bluse war ein kleines Schild mit ihrem Namen – Sina – befestigt. Ein bisschen ähnelte sie der inzwischen toten Freundin von Keno von Hasselt. Kerak vermutete, dass es sich bei ihr ebenfalls um eine Freundin handelte.

»Wir haben uns ja so lange nicht gesehen!«, sagte sie mit Bedauern in der Stimme.

Aha, wahrscheinlich keine aktuelle Liebesbeziehung, oder Keno hatte zwei Eisen im Feuer gehabt. »Ich bin während eines Segeltörns in Holland gestolpert und auf dem glatten Anleger gestürzt«, erklärte er. »Ich nehme die Bratkartoffeln mit den Frikadellen.«

Sie sah ihn verliebt an. Er legte seinen Schalter für den Charme um, begann ein scheinbar harmloses Gespräch mit ihr und lieferte dabei ganz nebenbei auch eine Erklärung für ein, aus ihrer Sicht, eventuell ungewöhnliches Verhalten, nämlich eine Gehirnerschütterung. Dann lenkte er das Gespräch geschickt in die Richtung, die ihm wichtige Informationen liefern sollte. Sie lebte noch immer allein und hatte keinen aktuellen Freund. Ihr Blick sagte ihm dabei, dass er diesen freien Platz einnehmen könnte, wenn er wollte. Ihre Wohnung lag in der Nähe des Hafens, quasi gleich um die Ecke.

Er hatte das nächste Opfer für den ›Serienkiller‹ gefunden.

Als sie wenig später sein Essen an den Tisch brachte, waren zwei Knöpfe ihrer Bluse geöffnet. Sie ließ sich beim Servieren ungewöhnlich viel Zeit, bemerkte seinen Blick in ihr Dekolleté und zwinkerte mit einem Auge. Unter dem Kassenstreifen der Rechnung, die sie ihm nach seiner Mahlzeit an den Tisch brachte, lag ein Zettel mit ihrer Handynummer und den Worten: *Heute Abend?* Sie sah ihn erwartungsvoll an.

Er lächelte Sina an und steckte den Zettel schnell ein. Als er den fälligen Betrag zusammen mit einem unanständig hohen Trinkgeld bezahlt hatte, verließ er das Restaurant.

Draußen stieß er mit einer Frau zusammen. Einer ganz in Schwarz gekleideten jungen Frau. Sie war groß und hatte lange, tiefschwarze Haare. Als sie ihn verärgert mit ihren großen blauen Augen ansah, blieb Kerak die Luft weg. Mein Gott! Was für eine Schönheit, dachte er und ging ihr automatisch hinterher. Ihr altmodischer schwarzer Mantel war mit Sternzeichen verziert.

Die Schöne betrat ein kleines Geschäft in der Altstadt und Kerak tat so, als bewundere er die Schaufensterauslage. Tatsächlich konnte er aber seine Augen kaum von der Frau abwenden. Die Verkäuferin, die er durchs Fenster sah, war ähnlich altmodisch gekleidet. Was waren das für Leute? Sie wirkten ja wie dem Mittelalter entsprungen. Nun sah sich Kerak das Schaufenster doch etwas genauer an. Amulette, Tarot-Karten und Bücher über moderne Hexen. Er zwang sich weiterzugehen und plötzlich kam ihm die passende Idee für den Serienkiller ...

Besser gesagt: die Serienkillerin.

Kapitel 34

Montagnachmittag
Niederlande, Stadt Groningen

Kerak stand im Geschäft für Wassersport und probierte den Neoprenanzug an. Der saß wie angegossen, aber das Anziehen erschien ihm etwas gewöhnungsbedürftig.

»Und?«, fragte der Verkäufer. »Sieht doch gut aus. Brauchen Sie sonst noch etwas?«

»Ja, eine Tauchermaske, einen Schnorchel und Schwimmflossen.«

Als Kerak das Geschäft mit seinen Einkäufen verließ, überlegte er, was er außerdem benötigte. Zwei dunkle Jogginganzüge fehlten noch. Er würde den Neoprenanzug darunter tragen, deshalb mussten sie etwas zu groß sein.

Zu Hause in Leer prüfte er seine Ausrüstung für die nächste Aktion. Kerak war zufrieden und setzte sich an den Computer, um einen Bekennerbrief für die Polizei zu schreiben.

Inzwischen hatte er sich im Netz über die neuen Hexen informiert. Den Brief setzte er aus den einzelnen Information zusammen und war damit ebenfalls sehr zufrieden, als er ihn noch einmal durchlas:

Hekate, Hekate, Hekate!
Göttin des Sumpfes und der Weide. Göttliche, weise alte Bringerin des Todes. Königin der Nacht, des dunklen Mondes, Meisterin der Schatten. Ich bringe dir Menschenopfer. Zeig uns dein dunkles Gesicht. Ich rufe dich. Steh mir bei! An die Ungläubigen!

Heute habe ich den alten Glauben wiederauferstehen lassen.

Zwei Menschenopfer habe ich dem Wassergott Nuada dargebracht.

Die Opfer habe ich mit meinem Athame-Dolch in die Anderswelt gesandt. Seid gewiss, dass die Opfer an einem Wegekreuz mit drei Abzweigungen gestreng der Zeremonie dem Wassergott übergeben wurden. Ich warne euch: Entweiht nicht diese Menschenopfer. Sonst haben diese vergeblich ihr Opfer dargebracht.

Solltet ihr meine Zeremonie stören, so wird euch die Rache der Todesgöttin Morrigan treffen.

Bedenkt, ich stehe unter dem Schutz der Hekate und des Raben.
Melana

Melana bedeutete ›die Schwarze‹. Sofort hatte er das Bild der schönen Frau aus der Altstadt vor Augen. Bei den zwei angekündigten Menschenopfern musste er noch etwas nacharbeiten. Eine Tote schwamm bereits im Hafen. Wenn sein Plan erfolgreich war, würde morgen früh auch das zweite Opfer tot im Hafen treiben.

Zwei waren für eine Serienkillerin allerdings eigentlich zu wenig. Für die von ihm beabsichtigte Ablenkung benötigte er weitere Menschenopfer.

Kapitel 35

Nacht von Montag auf Dienstag

Am Handelshafen Leer verläuft eine lange hölzerne Promenade. Der etwa zwei Meter breite Steg ist auf einer Unterkonstruktion aus Betonpfählen aufgebaut. Der Abstand zwischen der Wasseroberfläche des Hafens und der Unterseite des Holzsteges beträgt etwa fünfzig Zentimeter.

Als es dunkel wurde, zog sich Kerak den Neoprenanzug an. Sein Stilett steckte in einer Messerscheide an seinem Gürtel, an dem er vorerst auch die Schwimmflossen befestigen würde. Er zog den schwarzen Trainingsanzug über sein Outfit und ging zu Fuß durch die Neue Straße bis zum Garrelschen Garten, wo die hölzerne Promenade begann. Er betrat sie und ging am Museumshafen vorbei. Die Promenade endete dort und er ging über den Parkplatz der Waage weiter, überquerte die Rathausstraße und ging eine kleine Treppe hinunter. Nun befand er sich wieder auf der Promenade, die in Richtung Bücherei führte.

In einer dunklen Ecke zog er sich die schwarze Kapuze tief ins Gesicht. An dieser Stelle befand sich kein Geländer zwischen Promenade und Hafenwasser. Kerak nahm ein Wegwerfhandy aus der Tasche und wählte die Nummer der Kellnerin aus dem Restaurant. Sie meldete sich sofort, vermutlich hatte sie bereits auf den Anruf gewartet.

»Hallo, Sina, hier ist Keno«, sagte er mit leidender Stimme. »Kannst du mir helfen? Ich bin gerade auf der Promenade beim Kulturspeicher und mir ist schwindelig.«

»Vermutlich Nachwirkungen der Gehirnerschütterung, ich komme sofort«, sagte sie. Einige Minuten vergingen, dann hörte er schnelle Schritte auf der Promenade und ihre Stimme. »Keno, wo bist du?«

»Hier!«, rief Kerak und machte sich bereit. Der Zeitpunkt war günstig, keine anderen Passanten auf der Promenade. Er legte die Tauchermaske mit dem Schnorchel an und wartete im Dunkeln. Sina war jetzt vor ihm, hinter ihr das offene Geländer. Kerak lief auf sein Opfer zu, umklammerte die Frau, und durch den starken Vorwärtsschwung fielen sie gemeinsam ins Hafenwasser. Er drückte sie unter die Oberfläche, bevor sie schreien konnte. Noch einmal atmete er tief durch den Schnorchel ein und versuchte dann, mit der Frau vom Anleger wegzuschwimmen, aber sie wehrte sich zu heftig. Wenigstens schaffte er es, sie weiterhin unter Wasser zu drücken. Trotzdem, die Kampfgeräusche konnten jeden Moment Passanten auf sie aufmerksam machen. Die Sache musste jetzt schnell zu Ende gebracht werden.

Er stieß ihr das Messer direkt ins Herz.

Für einen Moment ließ er sie leblos in seiner Umklammerung hängen. Der Kampf hatte ihn sehr angestrengt. Erst als er laute Stimmen von der Promenade hörte, die sich näherten, ließ Kerak die Frau los und tauchte ab. Mit Abstand zum Ufer schnorchelte er zurück zur Rathausbrücke. Darunter wartete er ab, orientierte sich und zog die Schwimmflossen an. Im Moment war alles wieder ruhig. Keine Gefahr, entdeckt zu werden. Er entschloss sich, im Wasser zu bleiben und den Weg zu seinem Haus schwimmend und tauchend zurückzulegen.

Unterwegs machte er sich Gedanken über die Tatausführung. Kerak war begeistert, dank der Tauchausrüstung konnte er sich unentdeckt im Hafen bewegen. Die lange Uferpromenade würde sein Jagdgebiet werden. Wie der Krake würde er sich getarnt seinen Opfern nähern, sie ins Wasser ziehen und dort töten.

Das Schnorcheln war noch etwas ungewohnt. Außer Atem stieg er bei seinem Grundstück an Land.

Kapitel 36

Dienstagmorgen
Ditzum, Haus der Familie Broning

Nur langsam drang das Klingeln des Telefons in Jan Bronings Bewusstsein. Gerade hatte er sich auf die Seite gedreht und war wieder eingeschlafen, da wurde er von hinten angestoßen. »Jan!« Maikes Stimme klang verschlafen. »Telefon!«

Er stöhnte, als er auf die Uhr sah: gerade sechs. Jan griff zum Telefon und sah auf das Display. Die Dienststelle in Leer. »Broning!«, meldete er sich.

Die laute Stimme des Wachhabenden Klaus Hensmann dröhnte ihm ans Ohr. »Guten Morgen, Jan! Ich muss dich mal wieder aus dem Bett schmeißen.«

Jan verzog das Gesicht. Klaus würde wichtige Gründe haben, ihn so früh anzurufen. »Was gibt's denn?« Er stand auf und ging in die Küche.

»Wir haben eine weibliche Leiche im Hafen«, erklärte Hensmann und schwieg für einen Moment.

»Das ist noch nicht alles, oder?«, hakte Jan nach.

»Ich weiß gar nicht, wie ich es erklären soll. In der Altstadt und an der Promenade sind sehr merkwürdige Briefe aufgetaucht. Dem Zeitungsausträger sind sie als Erstem aufgefallen. Es ist immer derselbe Inhalt.« Hensmann räusperte sich. »Ich les ihn dir am besten mal vor: *Hekate, Hekate, Hekate! Göttin des Sumpfes und der Weide* ...«

Jan hörte ungläubig zu. Am Ende angekommen, räusperte Klaus sich erst einmal. »Ja, da ist man erst einmal sprachlos«, stellte er fest. »Unterschrieben ist der Brief mit: *Melana*. Ist doch echt gruselig!«

»Allerdings«, erwiderte Jan. »Du glaubst, der Fund der Leiche und dieser Brief stehen in Zusammenhang und deshalb hast du gleich angerufen?«

»Ja, Menschenopfer und Wassergott, das passt doch!«

»Ist die Leiche noch im Wasser?«

»Nein, die Kollegen haben sie inzwischen rausgezogen und auf der Promenade abgelegt. Alles weiträumig abgesperrt!«

»Sehr gut, Klaus«, lobte ihn Broning. »Was ist mit der Spurensicherung?«

»Albert und Egon sind unterwegs.«

»Okay, Kannst du noch bitte Stefan Gastmann anrufen? Wir können uns bei dir auf der Wache treffen. Ich fahr dann zusammen mit Stefan von der Dienststelle aus zum Tatort. Bis gleich!« Er legte auf.

Fünfzehn Minuten später war er in seinem alten Mercedes unterwegs zur Dienststelle in Leer. Maike würde nachkommen, wenn sie Antje zum Kindergarten gebracht hatte. Für die Strecke von Ditzum nach Leer, zur Dienststelle in der Georgstraße, benötigte er etwa eine halbe Stunde. Zeit zum Nachdenken. Jan ließ noch einmal alle Informationen, die er von Klaus erhalten hatte, Revue passieren. Eine Leiche im Hafen Leer als Menschenopfer, und im Bekennerbrief war die Rede von einem zweiten ... War hier jetzt ein Serienkiller unterwegs? Serienkiller waren in den meisten Fällen männlich. Der Bekennerbrief war aber angeblich von einer Frau. Mit Okkultismus kannte Jan sich nicht gut aus, aber der Inhalt des Briefes und die darin verwendeten Begriffe deuteten auf einen Hexenkult.

Inzwischen befand er sich in Höhe des Emstunnels und bog rechts ab zur Autobahn in Richtung Oldenburg. Nach nur einem Kilometer durch den Tunnel verließ er sie an der nächsten Anschlussstelle wieder und fuhr über die Deichstraße ins Stadtgebiet. Es war noch früh, und so gelangte er ohne Behinderungen schnell zur Dienststelle. Im Innenhof stellte er seinen Wagen ab und ging durch die Nebentür ins Gebäude. Als Erstes begrüßte er die Kollegen in der Wache. Klaus Hensmann zeigte ihm den Bekennerbrief und einige Fotos vom Fundort der Leiche.

»Das ist die Promenade in Höhe des Amtsgerichtes«, stellte Jan fest.

»Ja, du kannst am besten beim Amtsgericht parken«, bestätigte Klaus.

Stefan Gastmann erschien nun ebenfalls und wirkte etwas verschlafen. »Guten Morgen zusammen!«, sagte er mit einem Gähnen.

Jan klopfte ihm mitfühlend auf die Schulter. »Holst du schon mal den Einsatzwagen? Wir müssen zu einem Tatort. Unterwegs erklär ich dir die Lage.«

Jan Broning war in Leer geboren und liebte seine Heimatstadt, insbesondere die Altstadt. Leer galt als fahrradfreundlich, aber für die Autofahrer war die Verkehrsführung insbesondere in der Altstadt eher unfreundlich. Er selbst hatte damals, als er noch in Leer wohnte, lieber das Rad genommen, wenn er in die Innenstadt gewollt hatte.

Das Polizeidienstgebäude befand sich am Ende des

langgezogenen Handelshafens. Zu Fuß oder mit dem Fahrrad war der Tatort von hier aus bequem zu erreichen, zum Beispiel über die Promenade. Mit dem Auto wurde es allerdings kompliziert. Für die Ermittlungsarbeit am Tatort benötigten die Kriminalbeamten aber ihren Einsatzwagen mit der speziellen Ausrüstung.

Zunächst steuerte Stefan den Dienstwagen in Richtung Ledastraße. Dann ging es weiter zur Friesenstraße, über die Kreuzung Bummert in die Heisfelder Straße. An ihrem Ende beim Bünting-Haus bog er links in die Mühlenstraße und nach einer kurzen Strecke rechts in die Norderstraße. Weiter ging es, vorbei an der Mennoniten-Kirche, in die Wörde bis zum Amtsgericht.

Die Zufahrtsstraße zum Parkplatz hatten Kollegen in Uniform mit Flatterband abgesperrt. Der Kollege, der dort wachte, ließ den Zivilwagen mit den Kriminalbeamten passieren. Stefan parkte hinter dem weißen Bulli der Spurensicherung. Sie holten zwei weiße Overalls aus dem Kofferraum und zogen sie an. Jan Broning blieb kurz stehen und schaute zum Hafen.

Zwei Kollegen, ebenfalls in weißen Overalls, knieten neben einem menschlichen Körper, der mit Aluminiumfolie teilweise abgedeckt war. Die Füße zeigten in Jans Richtung. Die Örtlichkeit, an der man die Leiche abgelegt hatte, kannte er sehr gut, schließlich hatte er jahrelang in der Nähe gewohnt. Der Körper lag auf dem roten Pflaster einer kleinen Aussichtsplattform. Sie bildete eine Art Kreuzung aus drei Wegen – zum einen der Zufahrtstraße zum Parkplatz des Amtsgerichtes, auf der Jan stand, außerdem ging es links auf gepflasterter Strecke zum Ernst-Reuter-Platz, und der rechte Weg führte über die hölzerne Promenade zur Rathausbrücke.

Die mit einem Geländer versehene Plattform ragte etwas in den Hafen hinein. Von dort aus sah man auf der gegenüberliegenden Hafenseite die neuen Gebäude der Nesse. Besonders auffällig war ein Balkongeländer mit sieben silberfarbenen Fischfiguren. Links mit einigen Metern Abstand zum Geländer befand sich ein Pfahl im Wasser, auf dem ein Kunstobjekt befestigt war, ein hölzerner Kopf, aus dem ein Dreizack ragte.

Unwillkürlich dachte Jan an den Bekennerbrief. Darin war die Rede von einem Drei-Wege-Kreuz und einem Wassergott. Sollte die Skulptur im Wasser den Gott darstellen? Das wären dann bereits zwei Hinweise im Brief, die mit Gegebenheiten hier vor Ort übereinstimmten.

Auch die Promenade war weitläufig mit Flatterband abgesperrt worden. Die zwei Kollegen vor ihnen hatten die Kapuzen der weißen Overalls übergezogen, trotzdem erkannte Jan die Spezialisten für die Spurensicherung, Albert Brede und Egon Kromminga. Er rief ihnen einen Gruß zu und blieb abwartend mit Abstand stehen.

Kromminga drehte sich als Erster um. »Moin, Jan. Ihr könnt näherkommen!«

Albert machte ein finsteres Gesicht. Er war bekennender Morgenmuffel und sprach ganztags in abgehackten, sehr kurzen Sätzen, weil er der Meinung war, dass sowieso schon mehr als genug gequatscht wurde. Egon war für diesen frühen Morgen der bessere Ansprechpartner. »Was haben wir denn bis jetzt?«, fragte Jan ihn.

»Also … heute Morgen hat ein Zeuge ein treibendes Sofakissen gesehen«, begann Egon. »Dann stellte sich aber heraus, dass es sich um diese Leiche handelte.« Er sah nach unten, auf den Körper vor ihnen. »Die Kollegen der Wache haben den Körper mit einer Stange an das Ufer gezogen.« Er sah nach links in Richtung Ernst-Reuter-Platz. »Das Geländer hört da vorne auf und du siehst ja die kleine Leiter, die ins Wasser führt. Dort haben sie die Leiche herausgeholt und hier auf der Plattform abgelegt.«

»Jede Menge postmortale Verletzungen«, kommentierte Albert mürrisch.

»Ja, Albert, die Leiche musste schließlich irgendwie

aus dem Wasser geborgen werden«, nahm Egon die Kollegen in Schutz.

Jan bückte sich und zog die Folie zur Seite. Vor ihm lag die Leiche einer jungen Frau. Sie war vollständig bekleidet. Die Kleidung war verrutscht, vermutlich war das bei der Bergung geschehen. Für einen langen Moment hielt er stumme Zwiesprache mit der Toten. Ihr Alter schätzte er auf Anfang dreißig. Es machte ihn wütend. Sie hätte ihr Leben noch vor sich gehabt. Jan atmete tief durch und begann ihre Kleidung im Brustbereich zu öffnen. Stefan kniete sich ebenfalls neben die Leiche und half ihm dabei.

»Sind dir die Rötungen im Halsbereich aufgefallen?«, fragte Jan ihn.

»Ja … sind vielleicht Würgemale?«, antwortete Stefan nachdenklich.

Jan knöpfte die Bluse auf und untersuchte oberflächlich die Brust der Toten. Die Wunde im Bereich des Herzens fiel sofort auf. »Eindeutig ein Messerstich!«, stellte Stefan fest. »Danach hast du doch gesucht …?«

»Ja, in dem Bekennerbrief war ja von einem Dolch die Rede«, sagte Jan. »Die Frau ist vermutlich durch einen gezielten Herzstich getötet worden.«

»Also genau so, wie es im Brief angekündigt worden ist«, seufzte Stefan.

Jan wusste, warum sein Kollege bedrückt klang. Bis jetzt hatte noch die Möglichkeit bestanden, dass es sich bei dem Bekennerbrief um einen schlechten Scherz handelte, aber nun … »Es gibt tatsächlich einige Übereinstimmungen«, fasste Jan zusammen. »Die Drei-Wege-Kreuzung«, er zeigte mit dem Finger auf die Wege, die von der Plattform aus in verschiedene Richtungen verliefen, dann auf das Kunstobjekt, den Holzkopf mit dem Dreizack, »unser Wassergott und dann wäre da noch die Art der Tötung, vielleicht mit einer Art Ritualdolch?«

Die beiden Kriminalbeamten sahen sich kurz an und

blickten dann auf die weite Wasserfläche des Hafens. »Ja, Stefan ... zwei!« Auch Jans Stimme klang jetzt bedrückt. »Im Bekennerbrief ist von zwei Menschenopfern die Rede.«

Die weitere Tatortarbeit verlief routiniert. Es wurden Fotos gefertigt, Anwohner befragt und in der Umgebung nach der Tatwaffe gesucht. Außerdem sollten alle Bekennerbriefe, die inzwischen überall auftauchten, eingesammelt werden.

Die Polizisten fanden bei der Leiche keine Ausweispapiere und die Identität der Frau konnte erst einmal nicht festgestellt werden. Inzwischen wurde es unruhig an der Promenade. Pressevertreter und Neugierige sammelten sich an den Absperrungen. Jan Broning war erleichtert, als der schwarze Leichenwagen des Bestatters Erdmann in die Zufahrtstraße einbog. Das Institut lag am Stadtrand von Leer und Erdmann war absolut verlässlich und diskret. Außerdem war das Bestattungsunternehmen aufgrund spezieller Räumlichkeiten und Ausrüstung sehr geeignet für die erste Leichenschau.

»Oh nein, so ein schönes junges Leben!«, sagte Erdmann mit seiner bekannten Singsang-Stimme, als er auf die Tote hinabsah.

»Herr Erdmann, es ist wichtig, dass alle Sachen trocknen können, bevor Schimmel entsteht«, sagte Jan.

»Sie können sich wie immer auf mich verlassen.« Der Bestatter öffnete den Leichensack.

Jan und Stefan sahen zu, wie der Leichenwagen davonfuhr. »Und wie geht's weiter?«, wollte Stefan wissen.

»Wir müssen den gesamten Hafenbereich absuchen. An Land und natürlich den Wasserbereich«, erwiderte Jan nachdenklich. »Wir müssen das angebliche zweite Menschenopfer finden!«

»Das volle Programm?«

»Ja, Stefan. Hubschrauber, Wasserschutzpolizei, Hundeführer und die Taucher aus Oldenburg.«

»Okay, ich kümmere mich um die Alarmierung der Kräfte, sobald wir im Büro sind.«

»Wir machen das zusammen. Außerdem müssen wir uns um die Identifizierung der Leiche kümmern«, sagte Jan besorgt. »Mein Bauchgefühl sagt mir, diese Geschichte hier wird verdammt unangenehm. Besser, wir versuchen gleich, den Deckel draufzubehalten.«

Auf dem Weg zur Dienststelle versperrten Neugierige die schmalen Straßen. Reporter klopften an die Scheiben des Einsatzwagens. Vor dem Haupteingang sammelten sich ebenfalls Reporter. Jan erkannte auch Abordnungen verschiedener Fernsehsender. Einige Journalisten kannten Jan Broning, und als sie ihn im Einsatzwagen sahen, liefen sie zum Tor, durch das er mit Stefan in den Innenhof fuhr. Mit Erleichterung sah Jan, wie sich das Tor rechtzeitig wieder schloss.

»Wie war das mit dem Deckel?«, wollte Stefan mit Sarkasmus in der Stimme wissen.

»Das Feuer unter dem Topf ist jetzt schon auf Maximum«, stöhnte Jan.

Im Flur vor der Wache kam ihnen ihr Chef Renko Dirksen mit rotem Gesicht entgegen. »Gut, das ihr da seid!« Er klang gequält und gleichzeitig erleichtert. »Hier ist der Teufel los. Die Bekennerbriefe haben sich über die sozialen Medien wie ein Lauffeuer verbreitet, die Telefondrähte glühen!« Die kleine Besucherschleuse vor der Wache war bereits komplett mit Medienvertretern gefüllt. »Ich hab ja schon einiges erlebt, aber das hier ist schon heftig« stöhnte Renko. »Wir sollten uns jetzt erst einmal zusammensetzen. Ich brauche Informationen und wir müssen schnell reagieren und uns abstimmen.«

Kurz darauf saßen der Leiter der Polizeiinspektion Thomas Sprengel und der Leiter des zentralen Kriminaldienstes Renko Dirksen mit Stefan und Jan im großen Büro im vierten Stock des Polizeigebäudes zusammen.

Jan berichtete von der Tatortaufnahme an der Uferpromenade und fasste das Ergebnis der bisherigen Ermittlungen zusammen. »Der Bekennerbrief ist ernst zu nehmen, alle Ankündigungen im Brief entsprechen den Tatsachen vor Ort ...«

»Jan«, unterbrach ihn Thomas Sprengel, und seine Stimme klang skeptisch. »Soll das bedeuten, das sich hier in Leer eine Hexe herumtreibt, die Menschen opfert? – Wie nennt sie sich auch noch?«

»Melana«, sagte Stefan mit einem Blick auf das Display seines Smartphones. »Ich habe es gerade in eine Internet-Suchmaschine eingegeben. Melana, die Schwarze, ist ein Beiname der Hekate. Die Hekate stammt aus der griechischen Mythologie und ist die Göttin der Wegkreuzungen und Übergänge. Also auch des Übergangs vom Leben in den Tod.«

Die Kollegen erlebten nun etwas völlig Neues: Thomas Sprengel, bekannt für lange Vorträge, war sprachlos.

Renko Dirksen schmunzelte unwillkürlich. Dann verkündete er entschlossen: »Kollegen, diese Sache ist verdammt ernst, wir müssen schnell handeln. Wir brauchen eine Sonderkommission für diesen Fall!«

Alle Blicke richteten sich nun auf Jan Broning und es war klar, dass er die Kommission leiten sollte. »Okay, aber zu meinen Bedingungen«, sagte er.

»Ja, wie gewohnt! Auch die freie Auswahl der Mitglieder der Soko.« Renko klang erleichtert, weil er wusste, dass diese verdammte Sache bei Jan Broning in den besten Händen war. »Und wie soll sie denn heißen, deine Soko, Jan?«

»Hekate! Wir nennen die Soko Hekate«, entschied er. »Hekate, die Göttin des Überganges, in diesem Fall für den oder die Mörderin den Übergang von Freiheit ins Gefängnis!«

Für die neue Soko wurden zwei nebeneinander liegende große Büros ausgewählt, die mit einer Zwischentür verbunden waren. Während sie eingerichtet wurden, organisierten Stefan und Jan eine Suchaktion aller Polizeikräfte. Uniformierte Kollegen gingen mit einem Bild des Opfers in der Altstadt von Tür zu Tür. Hundeführer suchten die Promenade und die Umgebung ab. Das laute Motorengeräusch des Polizeihubschraubers über dem Hafengebiet drang bis ins neue Büro von Jan Broning. Als er aus dem Fenster auf den Hafen sah, konnte er die Boote der Wasserschutzpolizei, der Polizeitaucher, des THW und der DLRG sehen.

Die gemeinsame Aktion von Polizeikräften, Feuerwehr, THW und DLRG lief auf Hochtouren. Alle Informationen liefen bei Stefan und Jan zusammen. Inzwischen war auch Maike eingetroffen und unterstützte die Kollegen.

Jan hatte bereits über die Zusammensetzung der Soko nachgedacht. Es war kein Geheimnis, dass er kein Büromensch war. Er musste draußen ermitteln und die Eindrücke vor Ort selbst erleben, um sie besser einschätzen zu können. Seine Maike würde er am liebsten vormittags einsetzen, weil ihre Tochter dann im Kindergarten war. Maikes Stärke war es, im Büro die Informationen zu sammeln, Abläufe zu organisieren und die Fäden in der Hand zu halten. Aufgrund ihrer langen Erfahrung im Polizeidienst konnte sie Wichtiges von Unwichtigem unterscheiden. Er konnte sich auf sie verlassen. Sie hielt ihm den Rücken frei, belastete ihn nicht mit unwichtigen Informationen und trat ihm, wenn nötig, vors Schienbein.

Er arbeitete gerne mit zwei Teams zu jeweils zwei Beamten. Das erste Team bestand aus ihm und Stefan. Für das zweite Team hatte er Onno Elzinga und seinen Kumpel Klaas Leitmann vorgesehen. Das Problem dabei war nur, dass Klaas noch auf der Insel Texel seinen Urlaub verbrachte. Ihn dort abzuziehen, brachte Jan nicht übers Herz, er wusste, wie sehr sich Klaas auf den Jahresurlaub dort gefreut hatte. Außerdem brauchten sie ihn noch auf der Insel, als Kontakt zu den niederländischen

Kollegen. Der Fall des vermissten Vogelbeobachters war noch aktuell und nicht gelöst.

Onno Elzinga kam herein und Jan erklärte ihm die polizeiliche Lage. »Ja, Onno, so sieht es aus … Jetzt möchte ich dich bitten, bei der neuen Soko mitzuarbeiten, aber nur, wenn du einverstanden bist. Wir kennen uns schon lange und du weißt, dass du mir alles ehrlich sagen kannst. Zum Beispiel, wenn du wegen deiner gesundheitlichen Probleme nicht dazu in der Lage bist.«

»Du meinst mein Asthma?«, fragte Onno. »Du, im Moment habe ich es im Griff, aber hundert Prozent darfst du nicht erwarten! Der Stapel mit den Internet-Betrugsanzeigen auf meinem Schreibtisch kann immerhin warten. Wäre schön, mal was anderes zu machen.«

Jan freute sich. »Wir versuchen es und wenn es nicht geht, meldest du dich. Wir können dann immer noch tauschen. Du im Büro und Maike draußen.«

»Okay, bin dabei«, erklärte Onno. »Wo soll ich anfangen?«

»Unterstütz erst einmal Maike, sie dreht bestimmt schon am Rad.« Jan zeigte auf das Büro nebenan, aus dem die Stimme von Maike zu hören war, die telefonierte. »Wäre schön, wenn ihr den ersten Ansturm der Medien gemeinsam bewältigen könntet. Du bist geduldig, diplomatisch und genau der Richtige für diesen Job. Das Einsatztagebuch muss geführt und der Vorgang im Computer angelegt werden.«

Maike erschien in der Zwischentür. »Hallo, Onno!« Sie sah ihn fragend an.

»Ja, Jan hat mich gerade angeheuert«, antwortete er grinsend.

»Schön, dass du dabei bist«, sagte sie. »Kollegen, wir haben gerade mehrere übereinstimmende Hinweise zur Identität unseres Opfers hereinbekommen. Die Kollegen von der Wache hatten Erfolg bei der Anwohnerbefragung. Es soll sich bei der Toten um eine Sina Sinning handeln.

Sie wohnt in der Nähe des Tatortes und arbeitet in einem Restaurant in der Altstadt.« Sie reichte Jan einen Zettel. »Hier die Angaben, insbesondere die Adresse.«

Jan warf einen Blick darauf. »Faldernstraße! Ein Katzensprung entfernt vom Auffinde-Ort der Leiche. Wir fahren gleich hin und brauchen die Spurensicherung!«

Kapitel 37

Dienstagmorgen
Insel Texel, Ferienwohnung von Klaas Leitmann

Klaas Leitmann lag mit seiner Frau Renate tief entspannt im Bett, als es an der Tür der Ferienwohnung klopfte. Sein erster Gedanke war, dass die Kollegen vor der Tür standen. Aber die hatten ja gestern die Insel verlassen und Klaas war inzwischen in ein kleineres Ferienhaus auf derselben Ferienanlage umgezogen. Am gestrigen Abend hatte er dann seine Frau von der Fähre abgeholt.

Wieder wurde energisch geklopft. »Moment!«, rief Klaas. »Bin gleich da!« Er zog sich schnell an und ging gähnend zur Eingangstür.

Als er öffnete, stand Aukje van Dijken vor ihm, die Hellseherin. Sie sah müde und erschöpft aus. »Guten Morgen, Herr Leitmann, ich muss Sie unbedingt sprechen. Unser Wijkagent Willem Braakhuis hat mir gesagt, dass ich Sie hier finde.« Und schon war sie durch die Tür in die Wohnung getreten.

Na, Willem, besten Dank auch, dachte Klaas, presste die Lippen zusammen und zeigte auf die Sitzgruppe in der kleinen Küche. »Bitte, nehmen Sie Platz. Ich mach uns einen Kaffee.«

»Ich habe die letzten Nächte fast nicht geschlafen«, sagte Aukje. »Entsetzliche Albträume und dann dieses Kartenbild …«

»Moment, ich komme nicht mit, was für Karten?«, unterbrach sie Klaas.

»Meine Tarot-Karten! Ich lege mir jeden Morgen die Karten und es sind entsetzliche Kombinationen, die ich gezogen und gelegt habe!«, erzählte sie in einem Ton, als wäre es das Selbstverständlichste der Welt.

»Wie bitte?! Sie schmeißen mich aus dem Bett wegen ihrem blöden Kartenspiel?!« Das Gesicht von Klaas Leitmann begann sich rot zu verfärben.

»Sie sollten nicht so von Dingen sprechen, die Sie nicht verstehen«, erwiderte Aukje van Dijken eingeschnappt.

»Haben die Karten vielleicht etwas mit unserem vermissten Vogelbeobachter Habbo Denkela zu tun?«, fragte Klaas resigniert.

»Allerdings! Es waren alles sehr negative Karten und dann diese entsetzlichen Albträume …« Aukje schüttelte sich bei der Erinnerung. »Meine Visionen und Träume stehen im Zusammenhang mit ihm und können nur ein großes Unglück bedeuten. Dann sind da noch Kartenbilder, die ich nicht verstehe, aber so viel kann ich Ihnen sagen: Hier geht ein Teufel in Menschengestalt um! Sie müssen handeln!«

Klaas stellte Tassen auf den Tisch und versuchte Aukjes Gedankengängen zu folgen. Sie berichtete von einer Hand, die sich im Sand verkrampfte. Dem Schrei einer Eule. Aukje glaubte, in jedem Traum die letzten Sekunden eines sterbenden Menschen erlebt zu haben und das schreckliche Gefühl, »etwas Wichtiges versäumt zu haben«.

Sie begann leise zu weinen, als sie weitererzählte. »Dieser Mensch lässt mich nicht in Ruhe. Ein Echo seiner unruhigen Seele als Nachhall in meinem Bewusstsein. Er sucht Frieden!«

Ein kalter Schauer überlief Klaas Leitmann. Die Frau stand offensichtlich kurz vor einem Nervenzusammenbruch.

Inzwischen war auch Renate wachgeworden und stand in der kleinen Küche. »Kümmerst du dich um sie? Ich fahre zur Inselpolizei«, sagte Klaas entschlossen zu seiner Frau.

Kapitel 38

Dienstagmorgen
Insel Texel, Polizeistation Den Burg

Wijkagent Willem Braakhuis saß an seinem Schreibtisch im Wachraum der Polizeistation und starrte noch immer das Telefon an. Vor ihm stand sein Kollege Thomas van Merkerem.

»Was haben sie in Alkmaar gesagt?«, wollte Thomas wissen.

»Sie schicken einen Kollegen von der Kriminalpolizei. Zur Unterstützung«, sagte Willem, wobei er das letzte Wort mit Sarkasmus betonte.

Er fluchte leise vor sich hin. Der Dienstag hatte für die zwei niederländischen Polizisten nicht gut begonnen. Es gab keine Neuigkeiten von dem verschwundenen deutschen Vogelbeobachter Habbo Denkela. Bis zuletzt hatte Willem noch auf gute Nachrichten der deutschen Polizei gehofft, aber seine Hoffnung, dass der Vermisste wohlbehalten zu Hause aufgetaucht war, erfüllte sich nicht.

Seit vergangenem Samstagmorgen galt Denkela jetzt auch offiziell als vermisst. Ihre Suche auf der Insel war vergeblich gewesen. Keine Hinweise auf den Mann und auch die Fahndung hatte keine Ergebnisse gebracht. Habbo Denkela blieb spurlos verschwunden.

Inzwischen lag der Fall dem Inselpolizisten wie ein zu fettes Essen im Magen. Auch die ständigen Anrufe und Besuche der Inselhellseherin Aukje van Dijken zeigten Wirkung. Willem und Thomas waren der Meinung gewesen, dass es jetzt Zeit war, die vorgesetzte Dienststelle offiziell zu informieren. Deshalb hatte Willem heute Morgen als Erstes in Alkmaar angerufen. Man hatte dort versprochen, sich wieder zu melden und das war gerade geschehen.

»Haben Sie gesagt, wer kommt?«, unterbrach Thomas die düsteren Gedanken von Willem Braakhuis.

»Ein Simon Cornelis Drebber«, antwortete er.

Thomas stieß einen Pfiff aus. »Was, Simon Cornelis Drebber höchstpersönlich? Die lebende Legende aus Alkmaar? Welch hohe Ehre für uns Inselpolizisten.« Er bemerkte den fragenden Gesichtsausdruck seines Kollegen. »Willem, du bist wirklich schon zu lange auf der Insel, wenn du Simon Drebber nicht kennst. Der Mann ist berühmt und gleichzeitig berüchtigt. Hochintelligent, und er wird immer für Spezialfälle eingesetzt. Drebber ist gut vernetzt, spricht perfekt mehrere Sprachen und war auch schon öfters im Auslandseinsatz. Sein Vorfahre ist übrigens der berühmte Cornelis Drebber aus Alkmaar.«

Diese untypische lange Zusammenfassung seines Kollegen war nicht dazu geeignet, Willem zu beruhigen. »Thomas, wenn der so berühmt ist, warum wird er dann ausgerechnet für einen Vermisstenvorgang hier auf der Insel eingesetzt?«

»Willem, inzwischen wird der Mann seit 48 Stunden vermisst. Es handelt sich außerdem um einen deutschen Touristen. Ich muss dir ja nicht erklären, dass verschwundene Touristen nicht gerade gut sind für die Tourismusbranche hier auf der Insel. Die Vermisstenfälle werden auf dem Festland grundsätzlich von der Kripo bearbeitet und dieser Drebber kennt sich angeblich gut aus mit ausländischen Ermittlungsbehörden. Vielleicht haben wir ja Glück, er schaut nur kurz herein, gibt uns ein paar Anweisungen und ist gleich wieder zurück auf der Fähre.«

Willem sah zur Decke des Büros. »Du, Thomas, wenn der Mann hier auftaucht, sollten wir uns einig sein, was wir ihm erzählen wollen.«

»Ich weiß nicht, warum du mir nicht traust«, erwiderte Thomas gut gelaunt. »Nur weil ich als Friese nicht so viel quatsche wie ihr Nordholländer, bedeutet das noch lange nicht, dass wir nicht gute Kollegen sein können. Ich stehe hundertprozentig hinter dir und unseren gemeinsamen Entscheidungen. Sollte der Drebber hier rummeckern, wird er ein paar kräftige friesische Flüche von mir hören!« Er klopfte Willem aufmunternd auf die Schulter.

Willem freute sich über diese zweite ungewohnt lange Rede seines Kollegen und war gleichzeitig etwas beschämt. Vielleicht hatte er den Mann komplett falsch eingeschätzt. »Danke, Thomas!« Er bemerkte Bewegung auf dem Parkplatz vor der Dienststelle und schaute aus dem Fenster. »Ich glaube, wir bekommen Besuch …«

»Oh, unser deutscher Kontaktmann, Klaas Leitmann!« Thomas ging zur Eingangstür.

Kurz darauf saßen die drei mit Kaffeetassen vor sich am Tisch. Klaas erzählte von dem sehr frühen Besuch der Hellseherin.

Zerknirscht gab Willem zu, dass er ihr verraten hatte, wo die Leitmanns untergebracht waren. »Ja, Klaas, sorry, meine Schuld. Konnte ja nicht ahnen, dass sie dir so früh auf den Wecker geht!«

»Kein Problem!«, erwiderte Klaas. »Ich bin froh über jede Information, die ich bekomme.«

»Informationen von Aukje?« Thomas klang skeptisch.

»Ich weiß, alles sehr nebulös«, stimmte ihm Klaas zu.

Willem Braakhuis fasste zusammen: »Von unserem Vermissten gibt es keine Spuren und Hinweise. Wir haben gerade die Kollegen in Alkmaar informiert. Unterstützung von der Kriminalpolizei ist hierher unterwegs.« Er sah die Männer vor sich an und überlegte sich offensichtlich seine nächsten Worte sehr genau. »Was kann es denn schaden, wenn wir uns mal überlegen, was Aukje so von sich gibt? Natürlich inoffiziell.« Er erntete skeptische Blicke. »Ich weiß, aber was haben wir denn bis jetzt für Anhaltspunkte? Der Vogelbeobachter verlässt die Ferienwohnung, weil er in der Nacht seltene Vögel beobachten will. Es ist ja kein Geheimnis, dass wir etliche Naturschutzgebiete auf der Insel haben, die sich dafür hervorragend eignen. Leider hat er seiner Frau keinen Hinweis gegeben, wohin er genau wollte.«

»Er ist mit seinem Auto losgefahren, das wir in der Umgebung der Naturschutzgebiete aber nicht gefunden haben«, ergänzte Thomas.

»Die Handysuche ist ja auch ohne Ergebnis verlaufen«, erinnerte Willem. Er sah Klaas bittend an. »Kannst du noch einmal in Leer anrufen? Vielleicht gibt es ja inzwischen dort, beim Wohnsitz der Denkelas, gute Nachrichten.«

Klaas sah auf seine Uhr. »Mach ich. Das Beste wird sein, ich rufe die Bronings zu Hause an.«

Willem reichte ihm das Schnurlos-Telefon hinüber, wartete ab und hoffte inständig, dass der Fall vor dem Eintreffen des Kripokollegen Drebber erledigt war. Nach der Mimik von Klaas während des Gesprächs zu urteilen, schienen sich seine Hoffnungen aber wohl nicht zu erfüllen. Erstaunen und Entsetzen glaubte er im Gesicht des deutschen Kollegen zu erkennen.

»Wie bitte …?! Das gibt es doch nicht! Unglaublich!«, kommentierte Klaas Leitmann die Neuigkeiten aus Leer. Dann erzählte er am Telefon vom Ermittlungsstand zum Fall Denkela. Mit den Worten: »Maike, ich bin hier noch auf der Dienststelle der Insel zu erreichen. Die Nummer ist ja auf dem Display«, beendete er das Gespräch. Danach schien der deutsche Kollege sprachlos. Er schüttelte nur noch den Kopf.

»Neuigkeiten zu unserem Fall?«, fragte Willem ungeduldig.

»Nein, aber bei uns in Leer ist wegen einem anderen Fall der Teufel los! Angeblich treibt sich dort eine Hexe als Serienkillerin herum.«

»Wie bitte?« Willem bekam große Augen und sagte mit Sarkasmus in der Stimme: »Und ich dachte, wir haben hier Probleme …!«

Thomas van Merkerem räusperte sich und zeigte zum Parkplatz. Dort wurde gerade der laute Motor eines Motorradgespannes ausgestellt. Der Fahrer stieg ab und sah zur Wache. Sie staunten ihn an. Er war groß und sehr dünn. Auffällig war der lange, graue Mantel. Die schwarze Lederhose und die Cowboystiefel rundeten das Bild ab. An Stelle des Pferdes ritt er wohl das altmodische Gespann. Eine klassische englische Maschine, da war sich Willem Braakhuis sicher.

In der Hand eine altmodische Arzttasche mit Messingbeschlägen, klingelte der Mann jetzt an der Tür, und Willem ahnte, wer das war. Als er öffnete, bestätigte sich seine Vermutung.

»Guten Morgen, Kollege, mein Name ist Simon Drebber aus Alkmaar.« Er griff in seinen Mantel und präsentierte seinen Dienstausweis.

»Willem Braakhuis, der zuständige Wijkagent auf Texel. – Sind Sie geflogen?«, platzte Willem heraus.

»Nein, ich bin mit der Fähre gekommen«, antwortete der Mann mit einem Lächeln. »War bei der Benachrichtigung gerade in Den Helder und hatte Glück.«

»Ach so. Kommen Sie doch herein.« Willem ging voraus und stellte die Männer vor, die am Tisch der Wache saßen. »Klaas Leitmann, ein deutscher Kollege von der

123

Polizei in Leer, sozusagen ein Kontaktmann nach Leer, wo der Vermisste wohnte.« Er zeigte auf den Friesen. »Thomas van Merkerem ... und der Kriminalbeamte Simon Drebber aus Alkmaar.«

»Guten Morgen, meine Herren!« Drebber verbeugte sich leicht. Sein Blick ging in Richtung der Tassen. »Hätten Sie noch einen Kaffee übrig?«

»Natürlich. Nehmen Sie doch Platz.« Willem zeigte auf einen freien Stuhl, holte Kaffee aus dem Sozialraum und stellte die Tasse vor dem Kriminalbeamten ab, bevor er sich ihm gegenüber setzte.

Drebber griff zur Tasse und Willem Braakhuis konnte seinen Kollegen nun in Ruhe etwas genauer betrachten. Hätte Simon Drebber jetzt aus seiner altmodischen Arzttasche einen großen Schlapphut mit Feder geholt, dann hätte er ausgesehen wie einer der Männer auf dem Gemälde *Die Nachtwache* von Rembrandt van Rijn. Die dunklen schulterlangen Haare waren gepflegt, ebenso wie der Kinnbart und der beeindruckend gestylte Oberlippenbart.

Während Drebber seinen Kaffee trank, musterten seine braunen Augen die Kollegen und die Umgebung. Dann setzte er die Tasse ab und sah in die Runde. »Bevor wir anfangen, möchte ich vorschlagen, dass wir uns duzen. Wir haben ja alle ungefähr das gleiche Lebensalter.« Die Männer nickten. »Also für euch bitte Simon. Willem, bist du so nett und fasst alle Fakten zusammen, die wir bis jetzt zum Fall des deutschen Vogelbeobachters haben?«

Willem Braakhuis nahm die Wachkladde zur Hand, berichtete vom zeitlichen Ablauf der Ereignisse und von den polizeilichen Maßnahmen. Angefangen mit der Fahndung und den Suchaktionen auf der Insel bis zu der Kontaktaufnahme mit den Polizisten aus Deutschland. Ab und zu unterbrach Drebber ihn und erkundigte sich nach Einzelheiten. Kurz vor dem Ende seines Vortrages

124

wappnete sich Willem gegen den Anpfiff, den er mit Sicherheit erwartete.

Es wurde still.

Nun ist es so weit, dachte Willem.

Simon Drebber lächelte. »Willem, ich bin der Meinung, dass ihr alles richtig gemacht habt. Eure Einschätzung der Lage war logisch, angemessen und gut überlegt. Aber jetzt wird es Zeit für eine neue Beurteilung der Situation und dabei möchte ich euch gerne helfen.«

Für einen Moment war Willem sprachlos. Dann entspannte er sich etwas. »Danke, Simon.« Er räusperte sich und merkte, seine Stimme verriet eine gewisse Unsicherheit. »Wir waren gerade dabei, zu überlegen, wie es weitergehen soll, und wir haben da gewisse spezielle Hinweise ...« Er stockte. Sollte er dem Kriminalbeamten wirklich von Aukjes Visionen berichten?

»Ja, und die wären?« Simon Drebber war das Zögern sehr wohl aufgefallen. »Raus damit, Willem, ich möchte alles wissen!«

»Also wir haben da eine Art Hellseherin, Aukje van Dijken, die uns ständig von ihren Visionen berichtet ...« Willem beobachtete genau den Gesichtsausdruck des Kriminalbeamten. Keine abwertende Mimik, kein Augenverdrehen Richtung Decke. Im Gegenteil. Simon Drebber wollte jede Einzelheit von Aukjes Visionen erfahren. Willem wurde wieder überrascht, Simon passte so gar nicht in seine Vorstellung eines Kriminalbeamten. Dieser Kollege konnte sich tatsächlich als Glücksfall herausstellen und Willem begann, sich über diese Unterstützung zu freuen. Er fühlte mit großer Erleichterung, wie sich die Last der Verantwortung langsam von seinen Schultern löste.

»Welche Vogelschutzgebiete gibt es denn hier auf der Insel?«, wollte Simon nun wissen. »Ihr habt doch bestimmt entsprechende Karten. Zwei Whiteboards brauche ich auch und ein separates Büro mit einem Computer.«

»Kümmere ich mich drum.« Thomas stand auf.

»Willem, du kennst doch sicher die hiesigen Vogelspezialisten auf der Insel. Frag doch bitte mal nach, wo wir Eulen finden können.« Simon grinste, als er Willems ratloses Gesicht sah. »Diese Aukje hat doch immer Eulen in ihren Visionen gesehen, vielleicht können wir die Suchgebiete mit diesem Hinweis eingrenzen.«

Willem Braakhuis griff zum Telefon.

Nun wandte sich Simon an Klaas Leitmann und fragte nach den Nachforschungen an der Wohnadresse des Vermissten. Klaas berichtete, dass es auch dort keine Hinweise gab. Auch ihn unterbrach Simon öfters mit Fragen nach Einzelheiten. »Sorry, Simon, in Leer hat sich gerade ein spektakulärer Mordfall ereignet und die Kollegen sind jetzt natürlich sehr damit beschäftigt«, erklärte Klaas etwas zerknirscht, weil er viele Fragen des niederländischen Kriminalbeamten nicht beantworten konnte.

»Klaas, ich habe vor, hier eine große Suchaktion zu starten und du kannst dir sicher vorstellen, was hier los ist, wenn unser Vermisster sich inzwischen wohlbehalten in Leer aufhält.« Simons Stimme war etwas strenger geworden und Klaas verstand die Botschaft.

»Ich kümmere mich darum, dass die Kollegen noch einmal zur Adresse unseres Vermissten fahren ...«

»Die Freunde und die ehemaligen Arbeitskollegen solltet ihr auch nicht vergessen«, ergänzte Simon freundlich. »Ehefrauen wissen auch nicht alles.«

»Mach ich sofort!« Klaas griff nach seinem Handy.

»Ach, Klaas, setz dich doch da hin und nimm das Diensttelefon.« Simon zeigte lächelnd auf einen freien Schreibtisch.

Willem Braakhuis hatte das Verhalten des Kriminalbeamten genau beobachtet. So ganz nebenbei war aus dem Urlauber Klaas ein Mitarbeiter auf der Dienststelle geworden. Das hatte sich der deutsche Kollege bestimmt anders vorgestellt.

Wer in diesem Raum das Alphatier war? Eindeutig Simon Drebber! Er zog geschickt alle Fäden und seine sehr freundliche Art war nichts anderes als das Stück Würfelzucker, mit dem man die bittere Medizin, die er verabreichte, nicht so sehr schmeckte.

Kapitel 39

Dienstagmittag
unterwegs von der Insel Texel nach Leer
Thomas

Thomas van Merkerem stand in seiner Wohnung und überlegte noch einmal, wieso er nun plötzlich dabei war, seinen Koffer zu packen. Alles hatte mit Simon Drebbers Frage begonnen, ob er Deutsch sprechen könnte. Thomas hatte daraufhin vom Deutschunterricht in der Schule und von seiner Verwandtschaft erzählt, die in Deutschland an der Grenze wohnte.

Dann war alles sehr schnell gegangen. Simon Drebber hatte bereits Rücksprache mit der Staatsanwaltschaft der Niederlande gehalten. Ein niederländischer Polizist sollte am Wohnort des Vermissten die deutschen Kollegen unterstützen. Außerdem sollte er als Verbindungsmann für einen regelmäßigen Informationsaustausch sorgen. »Thomas, das ist eine gute Gelegenheit, deinen polizeilichen Horizont zu erweitern. Klaas Leitmann wird hier deinen Posten übernehmen und du übernimmst seinen in Leer.«

Simon Drebber war wohl in Sorge, dass das Hauptinteresse der deutschen Kollegen dem aktuellen Fall der ermordeten Frau galt und die Ermittlungen zu dem Vermissten Denkela nebensächlich werden könnten.

Thomas van Merkerem sah noch einmal auf seine Notizen. Simon hatte ihm verschiedene Einzelaufträge gegeben. Ganz oben auf der Liste stand: *Gebrauchte Kleidung des Vermissten.* Die sollte der Fahrer des Zivilwagens, der ihn nach Leer brachte, dort einpacken und nach Texel mitnehmen, damit die Suchhunde die Geruchsspuren des Vermissten aufnehmen konnten. Außerdem wollte Drebber Informationen zu der Ausrüstung des Vogelbeobachters, zum Beispiel welche Geräte, wie viele und von welcher Marke Denkela mitgenommen hatte.

Als Thomas mit seinem Koffer zur Wache fuhr, kam ihm ein Motorradgespann entgegen. Er glaubte seinen Augen nicht trauen zu können, als er den Kollegen Drebber auf der Maschine und die Hellseherin Aukje van Dijken im Beiwagen erkannte. Der Fahrer grüßte kurz und fuhr weiter Richtung Fähre.

Auf der Wache befand sich nur noch Willem. Thomas berichtete, wer gerade an ihm vorbeigefahren war.

»Der ist gleich nach dir zusammen mit Klaas rausgegangen«, berichtete Willem. »Die wollten zu Aukje.«

In diesem Moment fuhr der Wagen von Klaas Leitmann auf den Parkplatz. »Gleich werden wir mehr erfahren«, sagte Thomas.

»Klaas Leitmann meldet sich zum Dienst!«, sagte der deutsche Kollege mit einem Lächeln, als er hereinkam. »Wir sollen Thomas zur Fähre bringen«, erklärte er und wandte sich an ihn. »Der Kollege für die Fahrt nach Leer wird dich da abholen.«

»Wie war das Treffen mit Simon und Aukje?«, wollte Willem wissen. Etwas irritierte Thomas an der Art, wie er fragte. War da eine Spur von Eifersucht zu hören?

»Die haben sich gleich super verstanden«, antwortete Klaas.

Thomas betrachtete das finstere Gesicht seines Kollegen. Tatsächlich. Willem war eifersüchtig.

»Simon hat sich von Aukje alles erzählen lassen.« Klaas verzog sein Gesicht. »Ich musste mir das alles noch einmal anhören. Das mit der Eule und dem Blut am Strand. Dann hat Simon sie gebeten, ihn bei einer Suche über die Insel zu begleiten, und die beiden sind mit seinem Motorradgespann losgefahren.«

»Damit er schön von oben in Aukjes Dekolleté schauen kann«, murmelte Willem mürrisch. Thomas musste sich beherrschen, um nicht zu lachen. Willem räusperte sich ausgiebig und sah auf seine Armbanduhr. »Dann lasst uns losfahren, damit Thomas noch die Fähre erwischt!«

Kapitel 40

Dienstagnachmittag
Deutschland, Polizeidienstgebäude in der Stadt Leer

Jan Broning saß an einem Schreibtisch im Büro der Soko ›Hekate‹ und dachte über den Tagesverlauf nach. Nachdem die Leiche der jungen Frau aus dem Hafen geborgen worden war, hatte er eine große Suchaktion veranlasst. Schließlich war im Bekennerbrief von einem zweiten Menschenopfer die Rede. Eine weitere Leiche war bis jetzt allerdings nicht gefunden worden. Die Kollegen hatten bei der Anwohnerbefragung den Hinweis bekommen, dass es sich bei der Toten um eine Sina Sinning handelte, und die Ermittlungen in der Wohnung der jungen Frau hatten die vermutete Identität bestätigt. Die Spurensicherung behandelte die Wohnung nun als Tatort.

Dann war der schlimmste Teil des Tages gekommen. Die Benachrichtigung der Mutter der Toten. Sie lebte alleine in einem Wohnblock in Leerort. Der Vater war bereits vor Jahren verstorben. Die Mutter hatte zunächst ruhig gewirkt, war aber plötzlich zusammengebrochen, und Jan Broning war froh gewesen, als ein Notarzt sie versorgte.

Zusammengefasst waren bei der Suchaktion, der Anwohnerbefragung und der Tatortaufnahme nicht viele weitere Anhaltspunkte herausgekommen.

Die Befragung des Arbeitgebers, die Auswertung der Anrufliste der Toten und eines erneutes Gespräch mit der Mutter mussten noch erledigt werden. Als Jan an die bevorstehende Pressekonferenz dachte, atmete er erst einmal tief durch.

Das Telefon auf dem Schreibtisch klingelte, und das Display zeigte eine Vorwahlnummer aus den Niederlanden an. Jan meldete sich und der Anrufer stellte sich als Kriminalbeamter Simon Cornelis Drebber vor. Er würde jetzt die Ermittlungen zu dem vermissten deutschen Vogelbeobachter Habbo Denkela auf der Insel Texel leiten. Der Kollege sprach perfekt Deutsch und Jan ärgerte sich wieder einmal darüber, dass er selber so schlecht Niederländisch sprach.

Aber sie verstanden sich gleich gut. Polizisten überall auf der Welt tickten doch ähnlich, das merkte Jan schnell an den Fragen des Kollegen. Drebber wollte gerne, dass ein niederländischer Polizist als Verbindungsmann an den Ermittlungen hier in Leer mitwirkte. Die Genehmigungen der Staatsanwaltschaften beider Länder lagen bereits vor und Thomas van Merkerem war schon zur Dienststelle in Leer unterwegs.

»Ich wollte es Ihnen schon einmal mitteilen, bevor Sie es von anderer Seite erfahren«, erklärte Simon Drebber. »So haben Sie bei uns den Kollegen Klaas Leitmann als Verbindungsmann und wir haben dafür den Kollegen Thomas van Merkerem bei Ihnen in Leer.«

»Das ist eine hervorragende Idee, die Informationen kommen so schnell und direkt an«, stellte Jan fest.

Drebber bat dann um Unterstützung für den Kollegen, insbesondere was die Kleidungsbeschaffung des Vermissten und die Fragen zur Ausrüstung betraf. »Ich möchte morgen eine große Suchaktion starten und benötige die Kleidung für die Hunde«, erklärte er mit Nachdruck.

»Herr Drebber – oder wollen wir uns duzen?«, fragte Jan.

»Natürlich, dann Simon für dich.«

»Okay. Ich heiße Jan. Ich habe vor, den Kollegen Thomas zusammen mit Onno Elzinga einzusetzen. Die beiden verstehen sich bestimmt und wären ein gutes Team hier in Leer.«

»Danke, das klingt doch schon sehr positiv«, erwiderte Simon. »Es wäre aber wichtig, dass wir für die Aktion morgen früh alles zusammen haben, insbesondere soll der Fahrer ja auf dem Rückweg die Kleidung mitnehmen.«

»Simon, du kannst dich drauf verlassen: Sobald Thomas hier ist, wird er zusammen mit Onno zur Familie des Vermissten fahren und dort die Kleidung besorgen.« Jan sah auf die Uhr. »Das schaffen wir bestimmt noch rechtzeitig.«

Er verabschiedete sich, legte auf und ging rüber in das andere Büro zu Maike, Stefan und Onno. »Wir bekommen Unterstützung aus den Niederlanden.« Er fasste das Telefongespräch mit Simon Drebber zusammen.

»Ich glaube, der Kollege Drebber macht ordentlich Druck.« Onno berichtete von den Telefongesprächen mit Klaas Leitmann auf Texel.

»Das kann uns doch nur recht sein. Onno, kümmerst du dich um den niederländischen Kollegen, sobald der hier eintrifft? Denk bitte daran, der Fahrer soll noch hier warten, bis ihr die Kleidung von den Denkelas besorgt habt. «

»Ich sag auf der Wache Bescheid, dann kann ich ihn dort abholen und wir fahren gemeinsam direkt zu den

Denkelas«, erwiderte Onno. »Außerdem melde ich uns schon einmal telefonisch bei Frau Denkela an. Sie kann ja schon die Unterlagen für die Ausrüstung zusammensuchen. Und auch die gebrauchte Kleidung. Dann geht es schneller und der Fahrer von Thomas kann mit den Klamotten zurück, sobald wir wieder auf der Dienststelle sind.«

»Danke, Onno.« Broning überdachte die neue Situation. »Das Beste wird sein, die Ermittlungen zur Soko und zu dem Vermisstenfall Denkela parallel von diesen beiden Büros aus zu führen. Bis jetzt hatten wir so eine Personalzusammenstellung ja noch nicht, sozusagen gemischte Ermittlungsteams, Klaas in Holland und jetzt Thomas hier bei uns in Leer. Wir probieren es erst einmal aus.«

»Warum sollte diese Premiere nicht funktionieren?«, meinte Maike. »Ich sehe da nur Vorteile. Wir können uns untereinander – damit meine ich die Kollegen auf der Insel Texel und hier in der Soko – auf direktem kurzem Weg austauschen.«

»Und wir können sicher noch voneinander lernen«, sagte Stefan. »Die Holländer sind zum Beispiel, was Technik angeht, immer auf dem neuesten Stand.«

»Aber unser Onno muss jetzt ohne seinen Kumpel Klaas auskommen.« Maike versuchte bei diesen Worten möglichst unschuldig auszusehen, was ihr aber nicht gelang.

»Ihr tut gerade so, als wären wir beide verheiratet«, maulte Onno. »Vielleicht ist es mal ganz gut, mit einem neuen Partner unterwegs zu sein. Dann kann ich ihm alle uralten Witze und Döntjes erzählen.«

Jan Broning ging zu dem Whiteboard, das an der Wand aufgehängt worden war. Darauf befand sich ganz oben eine Zeitschiene. Links stand dort zunächst die Alarmierungszeit. Alle weiteren Ereignisse würden dann später im zeitlichen Ablauf rechts hintereinander aufgeführt werden. Das Verfahren ermöglichte eine gute Übersicht und hatte sich bei anderen Sonderkommissionen schon bewährt. Unter der Zeitschiene hingen ein Foto der toten Sina Sinning und eine Kopie des Bekennerbriefes.

Neben der weißen Tafel hing ein großer Stadtplan an der Wand. Mit bunten Nadeln waren darin die Wohnung der Toten, die Stellen, wo die Bekennerbriefe befestigt gewesen waren, und der Auffinde-Ort der Leiche markiert.

Das Telefon klingelte, und Jan erkannte auf dem Display die Nummer der Staatsanwaltschaft in Aurich. Er nahm den Hörer ab und meldete sich.

»Moin, Herr Broning, hier ist Staatsanwalt Grohlich, wie sieht es bei Ihnen aus?«

Jan fasste die bisherigen Ereignisse auf der Insel Texel und hier in Leer kurz zusammen.

»Herr Broning, Sie können doch sicher noch personelle Unterstützung gebrauchen. Ich habe mit der niederländischen Staatsanwaltschaft vereinbart, dass die Holländer einen ihrer Polizisten zu uns abordnen und wir im Gegenzug einen Kollegen von uns bei den Holländern mit ermitteln lassen.«

»Dann haben wir also offiziell die Genehmigung für die gemischten Ermittlungsteams«, stellte Broning fest.

»Ja, haben Sie. Ich bin gespannt, ob das gut funktioniert. Im Streifendienst an der Grenze gibt es ja schon gute Ergebnisse mit dem gemeinsamen Polizeiteam, GPT.«

»Ich bin da ganz optimistisch, warum soll es im Kriminalermittlungsdienst nicht auch funktionieren«, ergänzte Jan Broning. »Schließlich wohnen wir hier im Grenzgebiet und die länderübergreifende Zusammenarbeit wird immer wichtiger.«

»Genau, Herr Broning, positiv denken«, stimmte ihm Grohlich zu. »Und auch wenn Sie jetzt kurze Informationswege haben, bitte vergessen Sie nicht, mich auch auf dem Laufenden zu halten.«

»Geht klar. Tschüss, Herr Grohlich.« Jan legte den Hörer auf.

»Grünes Licht für den Austausch?«, fragte Maike.

»Ja.« Jan sah auf die Uhr. »Was ist mit Antje?«

»Alles geregelt. Oma und Opa sind unterwegs zum Kindergarten.«

Jan lächelte, weil er wusste, dass es für ihre Tochter ein guter Tag werden würde. Opa Johann und Oma Karin würden keine Gelegenheit auslassen, Antje zu verwöhnen. Eine Sorge weniger und Jan wurde wieder einmal bewusst, wie schön es war, dass die hilfsbereite Familie in der Nähe wohnte.

»Stefan und ich fahren gleich zum Arbeitgeber von Sina Sinning in die Altstadt, und danach noch einmal zur Mutter und sehen, ob wir mit ihr sprechen können«, begann Jan aufzuzählen. »Dann werden wir gemeinsam mit der Mutter wegen der offiziellen Identifizierung zum Bestatter Erdmann fahren. Außerdem wollen wir uns die Tote noch einmal ansehen, bevor sie zur Rechtsmedizin nach Oldenburg gebracht wird.«

Maike presste die Lippen zusammen, Jan Broning sah ihr an, dass sie ihn bemitleidete. Die Identifizierung durch die Angehörigen gehörte genauso wie die Überbringung von Todesnachrichten für Polizisten überall auf der Welt zu den schlimmsten Aufgaben.

»Okay, ich bleib dann hier im Büro und halte die Stellung«, schlug sie vor. »Onno ist ja nachher unterwegs und wir brauchen die Anrufliste der Toten, die fertige Pressemitteilung, und ich halte den Kontakt für die eingesetzten Suchkräfte.«

Jan sah seine Maike dankbar an. »Guter Plan. Ruf doch bitte noch beim Arbeitgeber unserer Toten, dem Pächter des Restaurants *Friesenhus* an, Herrn Hasebroek. Sag ihm, wir sind auf dem Weg zum Restaurant und können uns dort treffen.«

Es war nur eine kurze Autofahrt vom Dienstgebäude an der Georgstraße bis zum Parkplatz an der Waage. Jan Broning und Stefan Gastmann gingen über die Straße in Richtung Rathaus. Der Hafen lag rechts von ihnen und Jan konnte die Suchboote sehen, die dort ihre Runden drehten.

Der Restaurantbetreiber Eilt Hasebroek erwartete sie bereits. Er sah müde aus und seine Stimme klang traurig. »Guten Tag. Die Herren von der Kripo?«

Jan nickte und stellte sich und Stefan vor. »Herr Hasebroek, wir möchten Ihnen einige Fragen zum Tod Ihrer Angestellten Sina Sinnig stellen.«

Hasebroek beantwortete sie mit Trauer und Wut in der Stimme. Jan bekam langsam eine Vorstellung von Sina Sinnings Arbeits- und Privatleben. Ihr Chef war sehr zufrieden mit ihr gewesen. Sie war eine schöne junge Frau gewesen, mit den Gästen immer freundlich und aufmerksam. Er spürte, dass sich ihr Chef ein bisschen wie ein Vaterersatz für sie gefühlt hatte. Deshalb konnte Hasebroek auch Fragen zu ihrem Privatleben beantworten.

»Nein, Herr Kommissar, einen aktuellen Freund hatte Sina nicht«, erklärte er. »Es gab auch kein Stalking oder Ähnliches von einem ehemaligen Freund, das hätte sie mir bestimmt erzählt. Wir standen uns ja sehr nahe.« Hasebroek bemerkte, wie ihn Stefan skeptisch ansah. »Nein, ich hatte nichts mit ihr und wollte auch nichts von ihr!«, stellte er wütend klar. »So einer bin ich nicht! Ich weiß, wie alt ich bin, und meine Frau und ich verstehen uns gut!«

»Wir müssen wissen, wo Sie sich in der Nacht von Montag auf Dienstag aufgehalten haben«, hakte Stefan trotzdem nach.

»Ach so, mein Alibi! Im Bett, fragen Sie meine Frau, ich war todmüde und ich schnarche sehr laut«, antwortete Hasebroek gereizt. »Sie wird meine Anwesenheit bestätigen können, weil sie meistens deshalb nicht schlafen kann.«

In diesem Moment wurde Jan das Gefühl bewusst, beobachtet zu werden. Er drehte sich zur Fensterscheibe um, aber es liefen nur Passanten vorbei. »Herr Hasebroek, dies sind nur Routinefragen«, versuchte er zu beschwichtigen.

»Ich denke, diese Hexe, diese Melana, da war doch dieser merkwürdige Brief, hat unsere Sina umgebracht?«, sagte Hasebroek verzweifelt. »Unsere liebe Sina, ein herzensguter Mensch, endet als Menschenopfer! Wenn ich dieses Weib erwische, dann ...«

»Herr Hasebroek«, unterbrach Jan, »wir stehen noch ganz am Anfang der Ermittlungen, beruhigen Sie sich bitte.«

»Beruhigen ...! Wir brauchen hier eine Bürgerwehr in der Altstadt!«, erwiderte der Restaurantbesitzer aufgebracht. »Hier traut sich doch keiner mehr vor die Tür. Mir bleiben doch die Gäste weg.«

Die Polizisten beruhigten den Mann noch etwas und verabschiedeten sich. Draußen standen aufgeregte Anwohner und diskutierten heftig miteinander. Die Stimmen waren wütend und laut.

»Stefan, die Leute drehen hier am Rad«, sagte Jan besorgt.

»Ja, das fehlt uns noch, eine Bürgerwehr angeführt von Eilt Hasebroek«, stimmte der ihm zu. »Eine Hetzjagd auf Frauen, die aussehen wie Hexen.« Jan bemerkte die Sorgenfalten im Gesicht seines Kollegen.

Sie gingen zurück zum Zivilwagen. »Stefan, nach der Identifizierung der Toten durch die Mutter bringen wir die arme Frau erst einmal zurück zu ihrer Wohnung. Wollen wir dann noch einmal zum Bestatter, um die Leichenschau durchzuführen, oder zwischendurch ins Büro?«

Er erhielt keine Antwort, der Kollege war in Gedanken und weit weg. Als sie eingestiegen waren, stierte Stefan auf das Armaturenbrett. Jan wollte den Motor anlassen, aber tat es dann doch nicht. »Stefan, was ist los mit dir?«

»Meine Freundin habe ich doch hier in Leer kennengelernt«, begann Stefan stockend zu erzählen und lächelte dabei schwermütig. »Ich war ja nie ein Kostverächter, was Frauen betrifft, schnelle Bekanntschaften und schnelles Ende, aber diesmal ist es anders.« Er atmete schwer. »Verstehst du, ich habe mich in sie verliebt und ich weiß nichts von ihr, rein gar nichts. Erst fand ich das ja noch sehr interessant, weil sie so geheimnisvoll tat. Aber dann wollte ich doch gerne wissen, wie sie heißt und wo sie wohnt. Immer wenn ich sie danach frage, macht sie dicht.«

»Falls deine Freundin es nur auf eine kurzfristige Bekanntschaft abgesehen hat, würde das ihr Verhalten erklären, sie möchte dich dann auf Abstand halten«, dachte Jan laut nach. »Es könnte ja sein, dass sie verheiratet ist.«

Stefan stieß ein freudloses kurzes Lachen aus. »Das war auch schon mein Gedanke und deshalb habe ich sie direkt danach gefragt. Ausnahmsweise bekam ich eine Antwort, nein, sie ist solo.«

»Liebt sie dich denn auch?«, wollte Jan wissen.

Stefan schüttelte verzweifelt den Kopf. »Sie sagt ja und wenn ich dann wieder nach ihrem Privatleben frage, fängt sie hemmungslos an zu weinen.«

»Stefan, wenn sie dich liebt und wenn sie ungebunden ist, dann …« Jan überlegte, ob er seine Gedanken laut aussprechen sollte.

»Ja, ich weiß, was du denkst.« Stefan sah ihn traurig an. »Sie ist die Verwandte von einem unserer Kunden, vielleicht die Tochter von jemandem, den wir hinter Gitter gebracht haben.«

»Und wenn es so wäre?«, fragte Jan.

»Es wäre mir egal, auch wenn sie die Tochter eines

Mörders wäre!« Stefan klang jetzt verzweifelt. »Verstehst du, ich liebe sie und will mit ihr zusammen sein.«

»Vielleicht solltest du ihr das noch einmal sagen«, schlug Jan vor. »Was können Kinder für die Sünden ihrer Väter oder Mütter …! Es ist doch euer Leben und wenn die Liebe so stark ist, wie ich sie bei euch beiden vermute, wird sie alle Hindernisse überwinden.«

Stefan sah ihn dankbar an und nickte, als ob er gerade einen Entschluss gefasst hatte. »Jan, da ist noch etwas, was du wissen solltest. Meine Freundin sieht sehr speziell aus. Sie trägt altmodische Kleidung, zum Beispiel einen langen, schwarzen Mantel. Alle Kleidungsstücke von ihr sind schwarz und sie ist auch schwarz geschminkt.«

»Gothic-Style?«, fragte Jan.

»Äh … nein, eher wie eine …« Stefan zögerte.

»Eher wie …?«, hakte Jan nach.

Stefan atmete tief durch, bevor er weitersprach. »Wie eine Hexe. Allerdings eine moderne und wunderschöne Hexe.«

»Verflixte Axt!«, rutschte es Jan heraus.

»Ja, jetzt weißt du, was mit mir los ist«, sagte Stefan. »Meine Freundin ist eine moderne Hexe und hier treibt angeblich eine schwarze Hexe mit Namen Melana ihr Unwesen.«

»Glaubst du, sie hat etwas mit unserem Fall zu tun?« Jan sah ihn eindringlich an.

»Auf keinen Fall!« Stefan klang absolut überzeugt. »Du kennst sie nicht, Jan, sie kann keiner Fliege etwas zuleide tun. Sie bringt Spinnen und Ameisen vor die Tür, weil sie sagt: Jedes Leben ist heilig.«

»Kannst du sie denn irgendwie erreichen?«, wollte Jan wissen.

»Nein, ich habe weder einen Namen noch eine Adresse oder eine Telefonnummer von ihr«, erwiderte Stefan. »Verstehst du, sie erreicht mich und auch nur, wenn sie will. Es ist zum Verrücktwerden.«

»Vielleicht gibt es einen speziellen Treffpunkt oder eine Gruppe dieser modernen Hexen hier in Leer. Könnte doch sein, dass man deine Freundin dort kennt.«

»Nein, so eine Gruppe gibt es hier nicht, allerdings ist es unglaublich, wie viele Einträge von derartigen Gruppen im Internet existieren«, erklärte Stefan. »Momentan ist dieser Wicca-Kult extrem angesagt.«

»So wie diese Hellseherin Aukje van Dijken auf Texel? Sie ist doch auch eine von diesen speziellen ...«, Jan suchte nach der richtigen Bezeichnung.

»Sag ruhig Hexen«, ergänzte Stefan. »Diese Männer und Frauen sehen diesen Begriff nicht als negativ an. Und bevor du danach fragst«, er konnte schon wieder etwas lachen, »ich habe alles, aber auch wirklich alles darüber gelesen und mir jedes Foto angesehen. Keine Spur meiner Freundin.«

»Das ist wirklich mysteriös«, Jan klopfte ihm beruhigend auf die Schulter, »aber egal, ob sie eine Hexe ist oder das Kind eines Verbrechers, wenn du nur glücklich mit ihr bist. Maike und ich werden euch deswegen bestimmt nicht schräg ansehen und das weißt du auch. Trotzdem müssen wir unbedingt mit deiner Freundin sprechen.« Er sah in Richtung des Restaurants *Friesenhus* und zog die Augenbrauen hoch, als er Eilt Hasebroek mit einer Gruppe Männer vor dem Eingang stehen sah.

Jan kurbelte das Seitenfenster etwas herunter und konnte Wortfetzen hören. Die Männer redeten sich in Rage, ihre Gesichter waren rot vor Wut und Hasebroek heizte die Stimmung noch mehr auf. Er rief wütend: »Diese Hexe schnappen wir uns, die machen wir fertig!«

»Wir sollten deine Freundin treffen, bevor sie diesen Leuten über den Weg läuft«, sagte Jan besorgt. Stefan wurde blass. Jan sah auf seine Uhr. »Du, wir müssen zur Mutter von unserer Toten.«

Er startete den Motor und fuhr in Richtung Leerort.

Kurze Zeit später standen sie in der Wohnung von Talea Sinning, der Mutter des Mordopfers Sina. Eine gute Nachbarin leistete ihr Gesellschaft. Frau Sinning war im Gegensatz zu heute Morgen ansprechbar. Jan und Stefan gingen bei der Befragung so schonend wie möglich vor.

Die Mutter bestätigte die Angaben von Sinas Chef. Ihre Tochter war erst vor wenigen Monaten ausgezogen. Nein, kein aktueller Freund, kein Stalking. Nein, Sina hatte keine Feinde gehabt. Im Gegenteil, sie war überall beliebt gewesen. Stefan notierte sich die Personalien ihrer Freunde für deren spätere Befragung.

»Kann ich sie sehen, Herr Broning?« Frau Sinnings Stimme klang unendlich traurig und ihr Leid drückte stark auf sein Gemüt. Er hatte das Gefühl, ein schwerer Stein läge auf seiner Brust. »Ich möchte zu ihr, zu meinem Mädchen.« Sie presste ihre Hände so fest zusammen, dass die Knöchel weiß hervortraten.

Jan legte seine Hände tröstend auf ihre. »Wir fahren gemeinsam. Soll Ihre Freundin Sie begleiten?« Er sah die Nachbarin kurz an und die Frau nickte.

Sie fuhren zum Bestatter. Stefan half Frau Sinning beim Aussteigen und legte behutsam den Arm um sie. Jan wollte gerade den Klingelknopf drücken, als er wieder dieses starke Gefühl hatte, beobachtet zu werden. Er drehte sich schnell um und tatsächlich bewegte sich eine Gardine hinter einem Fenster des Gebäudes. Also doch keine Einbildung. Es war wahrscheinlich der Bestatter selbst gewesen, diesmal.

In diesem Moment wurde tatsächlich die Tür geöffnet und Erdmann stand vor ihnen. »Moin, Herr Broning, Herr Gastmann …« Sein Blick ging zu Frau Sinning.

»Moin, Herr Erdmann. Dies ist Frau Sinning, die Mutter«, stellte Jan vor.

»Oh, mein herzliches Beileid, Frau Sinning! Bitte treten Sie näher.« Erdmann machte eine einladende Geste.

140

Mit winzigen Schritten, so als wollte sie das Unvermeidliche hinauszögern, betrat die Frau das Gebäude. Die Identifizierung von Angehörigen war hoch emotional. Vielen wurde in diesem Moment erst klar, was passiert war. Die kleine Flamme der Hoffnung, es könnte sich doch noch um eine Verwechslung handeln, wurde beim Erkennen des leblosen Menschen durch einen eiskalten Hauch ausgeblasen.

»Können wir?«, fragte Jan und sah den Bestatter an.

»Wir haben alles vorbereitet.« Erdmann ging voraus. Von Stefan und der Nachbarin gestützt ging Frau Sinning mit wackeligen Schritten dem Moment entgegen, den sie fürchtete.

In dem kalten, dezent beleuchteten Raum stand eine mit weißem Tuch abgedeckte Bahre. Zwei Kerzen brannten im Hintergrund. Erdmann hob das Tuch am Kopfende an und Frau Sinning trat in Zeitlupe näher heran. »Ja, das ist sie, meine Sina«, flüsterte sie und plötzlich gaben ihre Beine nach.

Stefan und Jan waren vorbereitet und fingen sie auf. In Windeseile brachte Erdmann einen Stuhl und die Polizisten setzten sie darauf. Die Frau schluchzte und atmete schwer.

Sie blieben an ihrer Seite, ließen ihr Zeit und allmählich beruhigte sich Frau Sinning wieder. Behutsam dirigierten sie die Frau zurück nach draußen in den Zivilwagen.

Die Fahrt zurück nach Leerort verlief schweigend. Was sollte man in solchen Momenten des Elends auch sagen. Frau Sinning war in ihrem eigenen persönlichen Trauerkosmos, weil ihre Welt gerade zusammengebrochen war.

Die Polizisten begleiteten die Frauen in die Wohnung von Frau Sinning. Jan sah die Nachbarin an und fragte: »Bleiben Sie bei ihr? Sie darf im Moment nicht alleine sein.«

»Ich kümmere mich um sie«, antwortete die Frau mit einem traurigen Lächeln.

Kapitel 41

Nacht von Dienstag auf Mittwoch
Haus des Keno von Hasselt

Kerak stand vor dem großen Fenster im Wohnzimmer und sah auf den Hafen hinaus. Sein leichtes Lächeln spiegelte sich im Glas und erweckte den Eindruck von Zufriedenheit.

Tatsächlich war Kerak sehr zufrieden. Seine schnellen Aktionen nach dem ungeplanten Tod von Kenos Freundin Wiebke Oldenhove zeigten Wirkung. Zunächst war er noch sehr verunsichert gewesen, weil er nicht gewusst hatte, welche Leiche gefunden worden war, die von Wiebke Oldenhove oder die von Sina. Am Nachmittag war er durch die Altstadt geschlendert und vor dem Restaurant *Friesenhus*, Sinas Arbeitsplatz, war ihm ein dunkelblauer Pkw aufgefallen, der in der Nähe geparkt wurde. Als sich die Beifahrertür öffnete, hatte er knarzige Stimmen aus einem Lautsprecher im Inneren des Pkw gehört, die sehr nach Polizeifunk klangen. Die zweite Antenne auf dem Dach des Wagens passte zu seiner Theorie: ein Zivilwagen der Polizei. Als der Fahrer ausstieg, war dessen Jacke für einen Moment verrutscht und Kerak hatte eine Pistole in einem Gürtelholster gesehen. Sein Verdacht hatte sich bestätigt, es handelte sich um Polizeibeamte, wahrscheinlich Kriminalbeamte. Durch ein Fenster hatte er dann gesehen, dass sich die Polizisten mit dem Inhaber des Restaurants unterhielten. Dessen Gesicht war anzusehen gewesen, dass über den Tod der Kellnerin gesprochen wurde.

Dann war Kerak, wie viele Schaulustige, zur Promenade am Amtsgericht gegangen. Dort war alles abgesperrt und Reporter versuchten die Polizisten zu befragen. Kerak ahnte, dass dieser Leichenfund morgen früh in den Zeitungen ausgiebig behandelt werden würde. Besonders freute ihn, dass man die Leiche tatsächlich an dieser Stelle geborgen hatte. Ein glücklicher Zufall – ein Ort, wo sich drei Wege trafen. Genauso stand es ja in seinem Bekennerbrief.

»Schau mal«, hatte eine Frau an der Absperrung zu ihrem Freund gesagt und ihm ihr Smartphone gegeben, »diesen Bekennerbrief hat man gefunden. Melana! Eine Hexe, wie gruselig!«

Der Mann hatte fasziniert auf das Display gestarrt. »Eyh – echt krass!«

Genauso hatte es laufen sollen. Hätte Kerak den Brief nur zur Polizei gesandt, wäre die Öffentlichkeit über den Inhalt nicht informiert worden. Eine Panik in der Bevölkerung wäre das Letzte, was die Polizisten gebrauchen konnten. Aber durch die Streuung der Briefe in der Altstadt verbreitete sich der Text wie ein Lauffeuer und die Bürger reagierten mit Besorgnis und Angst.

So hatte Kerak es geplant, und er wollte diese Reaktion weiter anheizen. Mit dem ersten Mordopfer und dem Bekennerbrief hatte er quasi den Topf auf kleine Flamme gestellt. Seine nächsten Aktionen würden dafür sorgen, dass die Flamme voll aufgedreht würde. Der Topf sollte kochen, überbrodeln. Die Polizei wäre mit der dann entstehenden Panik in der Bevölkerung beschäftigt und von seinen Aktionen abgelenkt.

Für den nächsten Mord und die Zurschaustellung der Leiche musste er sich allerdings einen anderen Platz suchen. Die Promenade am Hafen würde jetzt bestimmt verstärkt überwacht.

Es musste natürlich wieder eine Kreuzung aus drei Wegen sein.

Kapitel 42

Mittwochmorgen
Niederlande, Insel Texel
Klaas

Klaas Leitmann versuchte, seine Ehefrau Renate zu beruhigen.

Sie war zu Recht böse auf ihn. Dieser Urlaub hatte so gut angefangen. Zunächst das gemeinsame Wochenende mit den Kollegen, ohne seine Frau, dann der Umzug in das kleinere Haus, das Abholen seiner Frau von der Fähre, alles wie geplant. Danach hatten die Leitmanns noch eine schöne Woche auf der Insel alleine genießen wollen. Aber dann war alles ganz anders gekommen: der mysteriöse Fall mit dem vermissten Vogelbeobachter Habbo Denkela aus Leer.

Jan Broning hatte von Klaas eigentlich nur gewollt, dass er Kontakt zu den niederländischen Kollegen hielt. Doch dann war gestern dieser niederländische Kripobeamte Simon Drebber aufgetaucht und plötzlich hatte sich Klaas als Mitglied der niederländischen Polizei wiedergefunden.

Für heute war die große Suchaktion geplant und er hatte sich den Wecker gestellt. Als der um sechs Uhr in der Früh klingelte, war Renate der Kragen geplatzt. »Klaas, du spinnst wohl, wir haben Urlaub!«

»Ich muss doch zur Polizeistation«, hatte er sehr leise gesagt.

»Wie bitte, schon wieder?«, hatte Renate wütend gefragt.

Bis jetzt hatte er seiner Frau noch nicht mitgeteilt gehabt, dass er nun offiziell die niederländischen Kollegen unterstützen sollte und zwar nicht nur ein paar Stunden, sondern genau wie gestern den ganzen Tag. Nun war ihm nichts anderes übriggeblieben und er berichtete, wie es zur Abordnung gekommen war. »Renate, Thomas van Merkerem ist jetzt bei den Kollegen in Leer und ich übernehme hier seine Stelle auf der Insel.«

Wenn Klaas gehofft hatte, diese Erklärung würde Renate besänftigen, so hatte er sich geirrt. »Hat der Thomas van Merkerem denn auch Urlaub?«, wollte sie wissen und gab sich gleich selbst die Antwort. »Nein, hat er nicht, im Gegensatz zur dir!«

»Stell dir doch mal vor, wenn ich während eines Urlaubes plötzlich verschwunden wäre.« Darauf erhielt Klaas keine Antwort mehr. Er zog eine Schnute und ging in die kleine Küche der Ferienwohnung. Was sollte er seiner Frau auch weiter sagen. Sie war zu Recht enttäuscht.

Er setzte sich alleine an den Tisch und kaute lustlos auf einem Zwieback herum. Renate lag noch im Bett und schmollte.

Klaas Leitmann dachte noch einmal an den gestrigen Tag. Der Tag, an dem Simon C. Drebber auf der Dienststelle der Insel Texel erschienen war. Ein bisschen erinnerte ihn Simon an Jan Broning. Allerdings nicht das äußere Erscheinungsbild. Das war bei Drebber ungewöhnlich, die niederländischen Kollegen achteten sehr auf ihr Äußeres. Thomas hatte ihm dann berichtet, dass der Kollege Drebber sehr oft als verdeckter Ermittler eingesetzt wurde.

Gestern hatte Drebber sich zunächst einen Überblick verschafft und dann Aufträge an die Kollegen verteilt, mit seiner vorgesetzten Dienststelle telefoniert und damit begonnen, zusätzliche Einsatzkräfte für die große Suchaktion anzufordern. Thomas van Merkerem hatte er mit einem Fahrer nach Leer geschickt, um dort quasi den Platz von Klaas einzunehmen. Und er sollte dafür sorgen, dass der Fahrer gebrauchte Kleidung von dem vermissten Habbo Denkela rechtzeitig nach Texel transportierte, damit sie bei der heutigen Suche etwas für die Hunde hatten.

Drebber wollte außerdem, dass Thomas Informationen bei der Familie des Vermissten einholte. Besonders wichtig waren ihm Details zu den Ausrüstungsgegenständen des Vogelbeobachters. Nicht nur die Markennamen und wie teuer sie gewesen war, sondern auch, ob er einen Schlafsack und einen Regenschirm dabeigehabt hatte. Und wie er mit seinen Sachen umgegangen war, eher sorglos oder penibel. Und die Frau des Vermissten sollte auch noch einmal zu dem nächtlichen Beobachtungsziel befragt werden.

Klaas hatte die Ergebnisse der Befragung notiert und an Drebber weitergeleitet, deshalb kannte er sie. Habbo Denkela hatte zu seiner nächtlichen Beobachtungsaktion zwei Stative mit insgesamt fünf Aufsatzgeräten mitgenommen. Dabei handelte es sich um ein Nachtsichtgerät, zwei Spektive und zwei Kameras. Alles sehr hochwertige Geräte der Marke Leica. Die Ausrüstung war neu, weil Habbo gerade erst sein aktuelles Hobby der Vogelbeobachtung begonnen hatte.

Die Gebrauchsanweisungen für die Geräte ignorierte ihr Mann, hatte Frau Denkela berichtet, weil er der Meinung war, das Ausprobieren am Gerät sei effektiver. Einen Schlafsack oder einen Schirm hatte er nicht mitgenommen.

Außerdem war Habbo Denkela ein Pedant, was seine Ausrüstung betraf. Er putzte sie mit Sorgfalt und packte alle Geräte doppelt und dreifach ein, damit sie nicht beschädigt wurden. Diese übertriebene Sorge war bereits mehrfach der Anlass für einen Streit gewesen. Auch vor seinem Verschwinden hatten sie sich gestritten und deshalb wusste sie wenig über seinen nächtlichen Ausflug.

Insbesondere wusste Frau Denkela nicht, zu welchem Beobachtungsgebiet auf der Insel Texel ihr Mann in der

Nacht gewollt hatte. Angeblich hatte er gehofft, einen seltenen Vogel fotografieren zu können.

Einige Ermittlungsansätze waren logisch, bei anderen wusste Klaas nicht, wofür Drebber diese Informationen benötigte. Egal. Drebber führte die Ermittlungen hier in den Niederlanden und was er für wichtig hielt, entschied nur er allein.

Als Klaas seinen Wagen auf dem Parkplatz der Polizeistation am Pondsweg in Den Burg abstellte, stand Drebbers Motorradgespann bereits neben dem Auto von Willem Braakhuis. Ein Lächeln huschte über das Gesicht von Klaas Leitmann, als er daran dachte, wie schlecht gelaunt Willem gestern am Feierabend gewesen war. Klaas ahnte, dass der Kollege heimlich in die Hellseherin verliebt war. Als Simon gestern mit ihr im Seitenwagen des Motorrades kreuz und quer über die Insel gefahren war, hatte Willem Braakhuis plötzlich gereizt und ungnädig reagiert. Als er für den Kriminalbeamten eine Unterkunft auf der Insel besorgen sollte, natürlich nicht zu teuer, hatte er leise gegrummelt: »Er kann ja auch gleich bei Aukje und ihrem blöden Kater pennen, sie sind sich ja bestimmt schon näher gekommen.«

Der Grund für Willems schlechte Laune war also simpel: Eifersucht. Der Kriminalbeamte war aber auch eine starke Konkurrenz. Zunächst einmal sah Drebber, soweit Klaas dies als Mann überhaupt beurteilen konnte, gut aus. Schlank, gepflegt und seine Stimme war tief und angenehm.

Er drückte sich etwas altmodisch aus, zum Beispiel hörte man die modischen englischen Wörter und Abkürzungen bei ihm nicht. Außerdem gab er sich geheimnisvoll, er redete über alles, nur nicht über sein Privatleben. Die Frage von Willem, ob Drebber in festen Händen wäre, hatte er unbeantwortet gelassen.

Klaas ging hinein und begrüßte die Kollegen. Willem sah wieder etwas mürrisch aus. Die kleine Dienststelle war inzwischen in eine Einsatzzentrale umgewandelt worden. Die Telefone klingelten und die Funkgeräte knarzten. Überall hingen Karten der Insel an der Wand. An mehreren Tafeln hingen Fotos des vermissten Habbo Denkela und kurze Notizen von den Ermittlungsergebnissen, die Thomas, Onno und Klaas gesammelt und an Drebber weitergeleitet hatten.

»Na Klaas, hast du gut geschlafen?« Simon wartete die Antwort gar nicht ab. »Es tut mir leid wegen eures Urlaubs, deine Frau wird wohl nicht begeistert sein. Die Kollegen vom Festland sind mit der Fähre unterwegs.« Er sah zum schlecht gelaunten Willem Braakhuis hinüber und eine Augenbraue zuckte ganz kurz in Richtung Decke. Dann wandte er sich wieder Klaas zu. »Ich möchte, dass du heute an meiner Seite bei der Suchaktion dabei bist. Ich würde bei dieser Gelegenheit meine deutschen Sprachkenntnisse gern etwas auffrischen.«

»Okay, kein Problem«, antwortete Klaas. »Was soll ich genau tun?«

Simon überreichte ihm eine digitale Kamera. »Bleib an meiner Seite, mach so viele Fotos wie möglich, notiere dir Zeiten der einzelnen Suchaktionen und die Namen der daran beteiligten Einsatzkräfte«, sagte er mit Unschuldsmiene.

In diesem Moment fuhren verschiedene Polizei-Einsatzwagen auf den Parkplatz. Simon rieb sich erfreut die Hände. »Noch eine gemeinsame Besprechung hier auf der Dienststelle und dann geht es los.«

Die Einsatzkräfte versammelten sich im Dienstgebäude. Die niederländischen Kollegen begrüßten sich, einige kannten sich schon und neue stellten sich vor.

Simon C. Drebber begann mit der Ansprache. Zunächst stellte er sich und die Kollegen von der Dienststelle Texel vor. Einige stutzten, als sie feststellten, dass auch ein deutscher Polizist anwesend war. Drebber zeigte auf Klaas Leitmann. »Klaas ist unser Kontaktmann für

Deutschland. Der Vermisste Habbo Denkela ist ja ein deutscher Tourist und für den heutigen Tag ist Klaas mein Assistent. Ich bitte euch, mit ihm vertrauensvoll zusammenzuarbeiten.«

Klaas brachte ein mühsames Lächeln zustande. Vor einigen Tagen war er noch unbeteiligter Tourist auf der Insel gewesen, und jetzt war er der Assistent des leitenden Kriminalbeamten Simon Drebber.

Bei der Besprechung der Suchaktion gab es eine Überraschung für Willem und Klaas. Simon zeigte auf eine Stelle auf der Karte von Texel und verteilte Skizzen von der Gegend an die Frauen und Männer in Uniform. »Dies ist das heutige Suchgebiet.« Er stand wieder vor der Inselkarte und tippte auf das Gebiet von Loodmannsduin im Süden der Insel.

Willem Braakhuis stand neben Klaas und sagte sehr leise: »Wieso ausgerechnet Loodmannsduin?«

Drebber sah ihn auffordernd an und wartete.

»Es gibt hier auf der Insel sehr viele Vogelschutzgebiete, Kollege Drebber«, hakte Willem jetzt sehr laut nach. »Man könnte auch sagen, die ganze Insel ist dazu geeignet, Vögel zu beobachten, und damit meine ich zum Beispiel auch die östliche Wattenseite. Die westliche Strandseite und die östliche Wattenseite der Insel kommen beide in Frage. Zusammen also ein riesiges Suchgebiet. Wie ist es da möglich, es auf Loodmannsduin einzugrenzen? Vielleicht haben Sie ja in eine Glaskugel gesehen?«

Klaas dachte ganz ähnlich. Jede Wahrheit, zitierte er in Gedanken, braucht einen Mutigen, der sie ausspricht. Allerdings, die Sache mit der Glaskugel hätte Willem sich besser verkniffen. Jetzt war Klaas gespannt auf die Reaktion.

»Irgendwo müssen wir anfangen«, erklärte Drebber gut gelaunt. Dann sah er Klaas und Willem an, kniff verschwörerisch ein Auge zu und erklärte: »Und dieses

149

Suchgebiet erstreckt sich über gleich zwei Vogelschutz-
gebiete: De Bollekamer im Norden und De Geul im
Süden. Das ist doch eine sehr große Fläche. – Also, meine
Herren, bewaffnen Sie sich mit den Funkgeräten. Die
Rufnamen und Kanäle finden Sie auf dem Zettel, den ich
gerade verteilt habe. Grundsätzlich gilt: Gründlichkeit
vor Schnelligkeit. Wir bilden zwei Suchlinien, die vom
Bunker ausgehend in zwei verschiedene Richtung operie-
ren. Eine nördliche und eine südliche Suchmannschaft.
Vor jeder Linie hält sich jeweils ein Hundeführer auf.
Meine Hoffnung ist, dass die Hunde die Witterung des
Vermissten aufnehmen. Wie weit wir in beide Richtun-
gen suchen, entscheide ich vor Ort. Ich werde mich bei
der alten Bunkeranlage aufhalten und von dort aus die
Suche leiten. Hier auf der Dienststelle ist der Kollege
Willem Braakhuis Ihr Ansprechpartner.« Wieder kniff
Drebber ein Auge zu und sah Willem freundlich an. »Er
wird uns sicher auch ein kleines Süppchen für die Pause
organisieren.«

Klaas verkniff sich ein Lächeln. Aha, da war sie ja,
Drebbers Reaktion auf die Glaskugel. Selber schuld,
Willem. Er sah, wie sich dessen Kopf rot verfärbte und
seine Lippen sich fest aufeinanderpressten.

Die Polizisten verließen, bis auf den angesäuerten
Willem Braakhuis, die Dienststelle und gingen zu ihren
Einsatzfahrzeugen. Klaas Leitmann folgte Simon Dreb-
ber nach draußen.

Unschlüssig blieb er vor den Einsatzwagen stehen.
Drebber ging weiter zu seinem Motorradgespann. Dort
drehte er sich zu Klaas um. »Assistent Klaas, bitte ein-
steigen.« Er zeigte auf den Beiwagen.

»Aber ich habe doch gar keinen Helm!«, versuchte
Klaas seinem Schicksal zu entkommen.

Drebber bückte sich vor dem Beiwagen und holte einen
altmodischen Helm mit Schutzbrille heraus. »Siehst du,
alles dabei und passen wird er auch.«

Klaas setzte sich Helm und die Brille auf. Einen Spiegel brauchte er nicht, um zu wissen, dass er nun aussah wie Snoopy auf der Hundehütte. Nicht auszudenken, wenn sein Kumpel Onno ihn so sehen würde. Das könnte er sich jahrelang anhören.

Klaas zwängte sich in den Beiwagen und Drebber startete den Motor. In diesem Moment kam Willem mit einem Fotoapparat aus der Tür. Oh nein, dachte Klaas, aber der Kollege kannte keine Gnade. Und jetzt war Willem auch sichtlich wieder gut gelaunt. »Deine Kollegen in Leer freuen sich bestimmt über diesen schönen Anblick!«, rief er.

Wenn Klaas mit Blicken hätte töten könnten, wäre Willem Braakhuis jetzt auf der Stelle tot umfallen.

Das Gespann führte die Kolonne der Polizeieinsatzfahrzeuge an. Klaas' Anspannung ließ langsam nach und er begann; die Fahrt zu genießen. Er atmete den Frühlingsduft, sah die frischen Farben der Natur und hörte das angenehme Brummen des Motorradmotors. Für einen Moment schloss er die Augen und ahnte, warum so viele Menschen ein Motorrad dem Auto vorzogen. Sein Kumpel Onno wollte ihn schon lang zu einem Motorrad, mindestens aber einem Motorroller, überreden.

Als er die Augen wieder öffnete, steuerte Drebber das Gespann gerade durch einen Verkehrskreisel. Klaas dachte spontan an eine Karussellfahrt, und wenn es nach ihm gegangen wäre, hätte die noch einige Stunden so weitergehen können.

Aber sie befuhren jetzt den Westerweg in Richtung Den Hoorn. Rechts sah Klaas das Waldgebiet De Dennen, dazwischen grüne Wiesen und die für Texel typischen Schafställe. Die Texelschafe mit ihren Zwillingslämmern auf den Wiesen nahmen nur kurz Notiz von den vorbeifahrenden Einsatzfahrzeugen.

Kurz vor der Ortschaft Den Hoorn setzte Drebber den rechten Blinker und bog ab in Richtung Strand. An der nächsten Kreuzung des Witteweges ging es links ab. Der andere Weg führte über den Hoornderslag zum Strand. Die Kolonne der Polizeifahrzeuge hielt an einem kleinen Parkplatz. Rechts davon lagen die Hügel der Dünenlandschaft.

Drebber stellte den Motor aus und stieg ab. Klaas quälte sich aus dem engen Beiwagen. Die anderen Polizisten versammelten sich um Drebber.

»Kollegen, ich werde zunächst nur mit Klaas und den beiden Hundeführern zur Bunkeranlage gehen«, erklärte er. »Bitte teilen Sie sich in zwei Mannschaften auf, ich bin gleich zurück!«

Er gab den Hundeführern ein Zeichen. Die beiden nahmen die gebrauchte Kleidung des vermissten Vogelbeobachters aus der Tüte und hielten sie ihren Hunden vor die Schnauzen. Dann gingen sie voraus zu dem schmalen Weg, der zur Bunkeranlage in den Dünen führte. Drebber hielt den Hundeführern die Wegpforte auf und gab Klaas ein Zeichen, ihm zu folgen.

Der schmale Weg hinter der Pforte führte in mehreren Kurven die Dünen hinauf. Als sie die Bunkeranlage erreicht hatten, sahen sie sich um. Der größere Bunker befand sich auf der höchsten Stelle. Er hatte während des zweiten Weltkrieges als Kommandoposten der deutschen Besatzer gedient. Mit Grauen dachte Klaas an diese schlimme Zeit zurück. Hier auf Texel hatten sich bei Kriegsende fürchterliche Szenen abgespielt. Auf der Insel hatten sich damals georgische Hilfstruppen der deutschen Besatzer befunden. Es war zu einer Revolte der Georgier gekommen und dieser Aufstand hatte die Insel in den letzten Kriegswochen in eine Hölle verwandelt. Auch die Insulaner war hineingezogen worden, und es hatte etliche Todesopfer auf allen Seiten gegeben.

Klaas bemerkte, dass Simon Drebber ihn genau beobachtete und es schien fast so, als könnte er seine

Gedanken lesen. »Ja, Klaas, eine schlimme Zeit für alle Beteiligten«, sagte er.

Die Hundeführer standen vor dem großen Bunkereingang, sahen ihren Einsatzleiter an und warteten. Drebber nickte ihnen zu. »Ja, genau, bitte zunächst in den Bunkern, dann sehen wir weiter.«

Die Hundeführer teilten sich auf und betraten das Innere der beiden Bunker. Klaas und Drebber warteten draußen. Plötzlich hörten sie den Polizeihund im großen Bunker aufgeregt bellen. Der Hundeführer kam heraus. »Ich glaube wir haben eine eindeutige Spur, der Vermisste hat sich hier aufgehalten!«

Klaas sah ungläubig zu, wie Drebber auf diese Feststellung reagierte. Diese coole Socke! Nur ein kurzes Lächeln ... Als wäre es selbstverständlich, dass sie von allen in Frage kommenden Orten auf der großen Insel auf Anhieb ausgerechnet diese Stelle fanden.

»Bevor wir jetzt alle losstürmen«, Drebbers Stimme klang eindringlich, »möchte ich, dass wir uns hier im Bunker und in der nächsten Umgebung umsehen. Wir brauchen zwei Overalls zum Überziehen und starke Taschenlampen. Klaas und ich gehen in die Bunker, die anderen bleiben bitte draußen.«

Er forderte die Ausrüstung per Funk an und wenig später zwängten sich Klaas und er in die Overalls. »Dann wollen wir mal!«

Gleich hinter dem Eingang des Bunkers befand sich ein kleiner Flur. Von dort ging es geradeaus weiter in den großen Raum mit den länglichen Schießscharten. Links und rechts vom Flur befanden sich kleinere Räume.

Der Hundeführer hatte sie vor dem Betreten des Bunkers gewarnt: »Zwischen dem Eingangsflur und dem großen Raum ist ein Absatz, eine gefährliche Stolperfalle!« Die Warnung war berechtigt. Betrat man den Bunker, mussten sich die Augen erst an die Dunkelheit gewöhnen und der Blick fokussierte sich automatisch auf das durch die Schießscharten hereinfallende Licht im angrenzenden Raum. Die gefährliche Schwelle übersah man deshalb leicht.

Möchte wissen, wie viele sich da schon auf die Schnauze gelegt haben, dachte Klaas. Sein Blick richtete sich automatisch durch die langen schmalen Schießscharten nach draußen in Richtung Meer.

Drebber begann sich langsam und konzentriert im großen Raum umzusehen. Dabei ging er sehr gründlich vor. Immer wieder bückte er sich und inspizierte mit eingeschalteter Taschenlampe den Fußboden.

Klaas nahm sich den Flur und die angrenzenden Räume vor. Im Licht seiner Lampe fiel ihm in der Ecke eines Nebenraumes ein kleiner, runder Gegenstand auf. Er bückte sich. Eindeutig, eine Schutzkappe aus schwarzem Kunststoff für das Objektiv einer Kamera. Das Markenzeichen Leica war deutlich zu sehen. »Simon! Das hier solltest du dir ansehen!«

Klaas hörte, wie Simon Drebber in seine Richtung kam und verließ den kleinen Raum. Prompt stolperte Simon über diese verfluchte Schwelle und Klaas konnte ihn gerade noch festhalten, um den Sturz zu verhindern.

»Danke«, sagte Simon. »Das war knapp!«

Klaas zeigte mit dem Lichtkegel der Taschenlampe auf den Objektivdeckel im Nebenraum. Simon ging vor dem Gegenstand in die Knie. Als er wieder aufstand und sich zu Klaas umdrehte, erschien wieder dieses kurze Lächeln. »Gut gesehen, Klaas! Diese Kappe passt zur Ausrüstung unseres Vermissten.«

»Genau!«, bestätigte Klaas. »Er hatte auch eine Leica. Vielleicht hat er sie verloren, oder er ist, wie du gerade, über diese Schwelle gestolpert und gestürzt.«

Simon nickte nur und sah sehr nachdenklich aus. »Wir sehen uns noch den anderen Bunker von innen an.« Er schaute auf die kleine Verschlusskappe hinunter. »Wir lassen hier alles so, wie wir es vorgefunden haben. Vielleicht handelt es sich um einen Plaats delict.« Klaas sah ihn fragend an und Simon fügte hinzu: »Plaats delict: der Tatort.«

Mit den niederländischen Fachbegriffen kannte sich Klaas nicht so gut aus. Er war froh, dass Simon ihn sehr freundlich und ohne jede Spur von Überheblichkeit behandelte. Das hatte er von Kriminalbeamten schon ganz anders erlebt.

Sie durchsuchten zusammen auch den kleineren zweiten Bunker. Dort gab es keine Hinweise oder Spuren. Beide Bunkerzugänge wurden abgesperrt und ein Weg mit Flatterband markiert, der um die Anlage herumführte. Nur dieser Weg wurde für die Einsatzkräfte freigegeben. Auch diese Praxis kannte Klaas von Tatorten in Deutschland. Der ›Trampelpfad‹ sollte unnötige Spuren in der Nähe von Tatorten vermeiden.

Klaas beobachtete, wie Simon die Diensthundeführer losschickte. Die Geruchsspur sollte nicht durch andere Polizisten beeinflusst werden, deshalb wollte Drebber die beiden Suchmannschaften noch nicht einsetzen. Die Diensthunde folgten der Spur durch die Dünen, und bald waren die Hundeführer nicht mehr in Sicht, vermutlich befanden sie sich in einer Senke. Dann konnte Klaas sie wieder sehen, und sein Blick folgte ihnen.

Plötzlich blieben sie stehen. Die Hunde versuchten wohl, die Geruchsspur wieder aufzunehmen. Vergeblich, wie die Hundeführer wenig später über das Funkgerät meldeten, das Simon in der Hand hielt. Er gab Klaas ein Zeichen, dass er ihm folgen sollte. Als sie an eine Senke kamen, blieb Simon Drebber stehen, sah sich um und fokussierte seinen Blick dann wieder auf den Boden.

Klaas sah dort unten nur die frischen Spuren der Hundeführer. Sah Simon Drebber mehr? Dieser Mann blieb für ihn ein großes Rätsel.

Sie gingen weiter am Rand der Senke entlang. Als sie bei den Hundeführern ankamen, zogen beide ratlos die

Schultern hoch. »Wir haben die Spur verloren«, erklärte einer. »Entweder verloren, oder sie endet hier.«

Klaas sah sich um. Links von ihnen befand sich eine große Düne mit einer frischen Abbruchkante. Simon Drebber ging sie seitlich hinauf und Klaas folgte ihm ohne Aufforderung.

Oben interessierte sich Simon sehr für die Abbruchkante und verglich sie offensichtlich mit anderen Dünen in der Nähe. Klaas nutzte die Gelegenheit und machte wieder einige Fotos. Dabei blieb sein Blick am Kollegen Simon Drebber hängen. Ein schönes Motiv, wie der ganz in Gedanken da oben stand. Nur die weite Landschaft der Dünen als Kontrast und die Morgensonne im Rücken … Wenn nur dieser hässliche Overall nicht gewesen wäre. Stattdessen Drebber in seinem altmodischen Mantel. Ja, das wäre ein grandioses Foto geworden.

Simon hielt wieder das Funkgerät in der Hand. Seine Anweisungen waren kurz und klar. Die Hundeführer sollten den Weg bis zu dieser Düne mit Flatterband kennzeichnen. Außerdem wollte Drebber zehn Polizisten mit Schaufeln an der Düne haben. Die restlichen Kräfte sollten jetzt wie geplant mit der Suchaktion beginnen. Eine halbe Stunde später stand Drebber noch immer auf der Düne und dirigierte von dort aus sein Orchester. Anstelle des Dirigentenstabes hielt er das kleine Digital-Funkgerät in der Hand und dirigierte seine Musiker, die Frauen und Männer in Uniform, die anstelle von Musikinstrumenten mit Suchstangen und Metallsuchgeräten ausgerüstet waren.

Zehn kräftige Polizisten schaufelten sich inzwischen von außen an den Kern der Sanddüne heran, an der die Hunde die Geruchsspur verloren hatten.

Vom Hügel der Bunkeranlage aus kam eine lange Linie von Polizisten auf ihren Standort zu, voran wieder die Diensthundeführer. Simon war vom ursprünglichen Plan abgewichen und setzte die Mehrzahl der Einsatzkräfte für diese vielversprechendere südliche Suchlinie ein. Jetzt sah er aus wie ein Heerführer auf einem Hügel, während unter ihm die Schlacht tobt, fand Klaas.

Plötzlich hörten sie den Schreckensruf eines Kollegen, der unten am Rand der Düne schaufelte. Er zeigte auf eine bestimmte Stelle. Alle hörten synchron auf zu graben und sahen hin. Ihre Gesichter waren sehr blass, als sie nach oben zum Einsatzleiter schauten. Drebber brauchte keine Aufforderung, er ging seitlich die Düne hinunter. Klaas folgte ihm. Eine menschliche Hand ragte aus dem Dünensand.

Drebber ließ sich eine Schaufel geben, zog die Kapuze seines Overalls hoch und begann vorsichtig den Sand abzutragen, der den restlichen Körper überdeckte. Klaas half ihm dabei. Die anderen Polizisten entließ Drebber. Sie sollten die Suchmannschaften unterstützen.

Langsam legten Klaas und Drebber den ganzen Körper frei. Es handelte sich um einen erwachsenen Mann in Bauchlage. Zwei mit Sand vermischte große Blutflecke waren zu sehen, einer am Rücken und ein weiterer am Hinterkopf des Toten. Schusswunden. Während Simon vorsichtig die Kleidung des Toten durchsuchte, überschlugen sich Klaas' Gedanken: Tod durch Gewalteinwirkung, das war schon mal klar. Suizid durch Schusswaffe? Nein, die Wunden im Rücken- und Kopfbereich waren dafür untypisch und unlogisch, selbst wenn es hinten nur Austrittswunden gewesen wären. Dieser Mann war von jemand anderem erschossen worden. Ein neuer Gedanke tauchte auf: Vielleicht ein Jagdunfall? War der Mann vor ihm versehentlich erschossen worden?

»Aufgesetzte Einschüsse«, stellte Drebber leise fest. »Eindeutig Schmauchspuren!«

Dieser Mann wurde Klaas immer unheimlicher, konnte der Gedanken lesen?

Jedenfalls hatte sich das mit dem Jagdunfall damit erledigt.

Simon durchsuchte jetzt die Taschen der Kleidung und Klaas machte weiterhin Fotos vom Toten und der Auffinde-Situation. Simon murmelte unverständliche Worte, es klang fast so, als er würde er sich beim Toten für sein Verhalten entschuldigen.

»Hier, seine Brieftasche.« Simon hielt eine schwarze Lederbörse in der Hand, die er jetzt aufklappte. Klaas ließ die Kamera sinken. »Ja, Klaas«, Simons Stimme klang ernst und würdevoll, »wir haben ihn gefunden, unseren vermissten Vogelbeobachter Habbo Denkela! Ermordet und vergraben wie ein totes Tier.«

Die weiteren Maßnahmen erinnerten Klaas an die Tatortarbeit bei der deutschen Polizei. Er stellte keine großen Unterschiede fest. Die Spurensicherung arbeitete an den Bunkern und am Auffinde-Ort der Leiche. Inzwischen hatte man weitere Verletzungen am Toten entdeckt. Ein Knie wies eine schwere längliche Wunde auf und an den inneren Handflächen befanden sich Abschürfungen.

Als die Spurensicherer im Bunker an einer Ecke des Flurs in Kniehöhe Faser- und Blutspuren fanden, fügte Simon Drebber bereits einige Puzzlestücke zusammen. »Klaas, wir haben doch diesen gefährlichen Absatz im Boden des Bunkers und diese Abdeckkappe im Nebenraum. Stell dir vor, unser Vogelbeobachter Denkela befindet sich im großen Raum des Bunkers, er wird durch etwas erschreckt und will schnell den Bunker verlassen. Er stolpert dabei über diesen Absatz im Boden und knallt mit dem Knie gegen die Betonecke. Gleichzeitig verliert er den Objektivdeckel und beim Versuch, den Sturz abzufangen, verletzt er sich die Handinnenflächen.«

»Was hat Denkela denn so in Panik und Schrecken versetzt?«, wollte Klaas wissen.

Ein weiteres Mal überraschte Simon Drebber Klaas Leitmann, als er sagte: »Ich hab keine Ahnung!«

Die Leiche wurde zur weiteren Untersuchung zum forensischen niederländischen Institut NFI in Den Haag abtransportiert. Dort war man, anders als in der Rechtsmedizin in Deutschland, für alle forensischen Untersuchungen in den Niederlanden zuständig. Diese Zentralisierung auf ein Institut machte es möglich, dass 600 Experten in 40 Spezialbereichen effektiv zusammenarbeiten konnten. Das gab es in Deutschland nicht.

Eine Überführung der Leiche nach Deutschland war nach niederländischem Recht noch nicht zulässig, weil der Plaats delict, der Tatort, in den Niederlanden lag. Normalerweise wurde eine Leichenschau im Mortuarium eines Krankenhauses in der Nähe durchgeführt, vor der Untersuchung beim NFI in Den Haag. Die Beweislage, insbesondere die Verletzungen im vorliegenden Todesfall Denkela, waren jedoch mehr als eindeutig. Es lag Fremdverschulden vor, ein Verbrechen und kein natürlicher Tod. Deshalb wurde der Tote direkt zum NFI Den Haag gebracht.

Klaas sollte später zahnärztliche Berichte von Denkelas Gebiss besorgen und zum NFI senden. Erst nach der forensischen Untersuchung, dazu gehörte natürlich auch eine Obduktion, und der zweifelsfreien Identifizierung war an eine Überführung nach Deutschland zu denken. So lange aber blieb die Leiche in den Niederlanden und, da war Klaas sich sicher, mindestens so lange würde auch er weiter im Team des niederländischen Kriminalbeamten mitarbeiten.

Sein Blick fiel auf die Uhr. Es wurde Zeit, seinen Kollegen in Leer zu berichten, wie der Tag hier auf der Insel verlaufen war. Die Ehefrau des Toten musste auch informiert werden.

Ehefrau … Da war doch noch etwas … Blumen! Er musste unbedingt noch Blumen besorgen. Klaas Leitmann hatte das Gefühl, zwischen seiner Ehefrau Renate, den niederländischen Kollegen und den Kollegen in Leer hin und her gerissen zu werden. Er saß nicht zwischen zwei, sondern gleich zwischen drei Stühlen.

Kapitel 43

Mittwoch tagsüber
Deutschland, Soko Hekate
Jan

Jan Broning sah auf dem Display des Telefons, dass es sich bei dem Anrufer um eine niederländische Nummer handelte. Er nahm den Hörer ab und meldete sich.

»Hallo, Jan, hier ist Klaas von der Insel Texel.« Die Stimme klang etwas müde. »Wir haben soeben Habbo Denkela tot in den Dünen bei Loodmannsduin gefunden. Erschossen. Zwei aufgesetzte Schüsse. Einer im Rückenbereich und der andere am Hinterkopf.«

Jan hörte sich den ausführlichen Bericht seines Kollegen an und machte sich dabei Notizen. Am Ende wollte er wissen, ob sie sich sicher waren, dass es sich um den vermissten Vogelbeobachter handelte. »Klaas, du weißt ja, dass wir jetzt zur Witwe müssen, wegen der Todesnachricht, und da sollte es keine Zweifel geben.«

»Es gibt keine Zweifel«, erklärte Klaas, »du kannst dich drauf verlassen.«

»Danke dir«, sagte Jan. »Du bist uns eine sehr große Hilfe. Es tut mir nur leid wegen eures Urlaubs. So wie es jetzt läuft, war es von mir ja auch nicht geplant.«

»Ja, ist nicht einfach!«

»Renate?«, fragte Jan.

»Treffer!«, antwortete Klaas.

Jan konnte sich gut in die Lage hineindenken. »Irgendwie mache ich es wieder gut, Klaas, aber im Moment ...«

»Ja, da müssen wir jetzt durch, ich weiß.« Klaas klang zu Recht resigniert. »Ich schick euch noch Fotos rüber und einen Zwischenbericht.«

Jan stand vom Schreibtisch auf und ging durch die Verbindungstür ins andere Büro, zu Maike, Stefan, Onno und ihrem neuen niederländischen Kollegen Thomas.

Onno und Thomas verstanden sich offensichtlich sehr gut. Sie waren gestern schon gemeinsam unterwegs gewesen. Bei der Frau des Vermissten ... – falsch, nicht vermisst, sondern: des ermordeten Habbo Denkela hatten sie die gewünschte Kleidung besorgt und dem Fahrer mitgegeben, der Thomas nach Leer gebracht hatte. Alle Anfragen der Niederländer waren zusammen mit Frau Denkela, soweit sie dazu in der Lage war, beantwortet und die Ergebnisse per E-Mail den Kollegen auf der Insel zugesandt worden. Auch mit den anderen Kollegen in der Soko Hekate verstand sich Thomas gut und aus den Fragen, die er stellte, hörte Jan heraus, dass der Niederländer gerne weiter mitarbeiten wollte.

Im Moment sahen alle zusammen auf einen Computermonitor und lachten. »Na, ihr habt wohl richtig Spaß an der Arbeit?«, stellte Jan fest.

»Das musst du dir ansehen!« Maike winkte ihn her.

Jan ging um den Schreibtisch herum und schaute ihr über die Schulter. Jetzt sah auch er, worüber die anderen lachten: ein Foto von einem Motorradgespann mit dem Kollegen Klaas Leitmann im Beiwagen, einen altmodischen Helm auf dem Kopf und eine genauso alte Schutzbrille. Der arme Kerl sah aus, als hätte man ihm gerade einen Eimer kaltes Wasser in den Nacken gegossen.

»Wijkagent Willem Braakhuis hat uns das Foto zugesandt«, sagte Maike, »übrigens ohne Kommentar!« Aber sie merkte, dass Jan nicht darüber lachen konnte, und sah ihn fragend an.

»Kollegen, ich habe Neuigkeiten von der Insel Texel«, sagte Jan. »Schlechte Neuigkeiten.« Er berichtete von der Lage auf Texel. »Klaas war die ganze Zeit mit dem Kriminalbeamten Drebber bei der Suchaktion dabei«, fügte er hinzu. »Er war übrigens sehr beeindruckt von diesem Mann. Vom Auto und Denkelas Ausrüstung gibt es keine Spur – bis auf eine kleine Abdeckkappe einer Kamera der Marke Leica.«

Für einen Moment herrschte betroffene Stille.

»Aha, Loodmannsduin!«, sagte Thomas schließlich. »Wie konnten sie die Leiche so schnell finden? Texel ist verdammt groß.«

»Genau diese Frage stellt sich Klaas auch«, antwortete Jan.

»Hexerei, Blick in die Glaskugel oder Glück?«, fragte Thomas. Stefan zuckte zusammen.

»Thomas, du glaubst doch wohl nicht an so einen übersinnlichen Kram?«, wollte Onno wissen.

»Nein, absolut nicht«, antwortete der Niederländer, »obwohl …« Er zögerte.

»Na, raus mit der Sprache, du bist hier unter Kollegen«, ermunterte ihn Jan.

»Ein Urahn vom Kollegen Simon C. Drebber, übrigens Cornelis Drebber, wohnte in Alkmaar und stand im Ruf, ein Magier zu sein.« Seine Stimme klang etwas unsicher. »Ja, ich weiß, Unsinn – aber der Mann war damals seiner Zeit weit voraus und es gab unheimliche Geschichten über ihn und seine Erfindungen.«

»Du willst uns jetzt aber nicht erzählen, dein Kollege Drebber sei ein Magier.« Onnos Stimme klang skeptisch. »Und hat die magischen Gene von seinen Vorfahren geerbt.«

Thomas schüttelte den Kopf. »Ich weiß ja, es ist Unsinn, aber wie sonst kann man seine unglaublichen Ermittlungsergebnisse in der Vergangenheit und jetzt wieder erklären?«

Jan Broning wechselte das Thema. »Wir müssen die Witwe Nantje Denkela informieren. Außerdem brauchen wir die zahnärztlichen Unterlagen des Toten.«

Onno Elzinga atmete tief durch. »Wir waren ja schon gestern bei ihr, uns kennt sie.« Er warf Thomas einen fragenden Blick zu, und der antwortete mit einem Nicken. »Okay, dann übernehmen wir das, und erkundigen uns auch nach dem Zahnarzt.«

Jan freute sich darüber, dass die beiden sich ohne viele Worte verstanden und bereit waren, diesen schweren Gang gemeinsam anzutreten. »Der Tote wird zur forensischen Untersuchung zum NFI nach Den Haag verbracht«, ergänzte er. »Für die Identifikation bräuchten wir noch Informationen über besondere körperliche Merkmale, OP-Implantate, Tätowierungen oder Narben.«

»Okay.« Onno atmete noch einmal durch. »Wir kümmern uns drum.«

»Danke, ihr beiden.« Jan gab ihm einen Zettel mit der Telefonnummer von Klaas. »Bevor ihr losfahrt, setzt ihr euch bitte noch einmal mit Klaas auf der Insel in Verbindung. Frau Denkela wird euch viele Fragen stellen und dann wäre es gut, ein paar Antworten zu haben.«

Maike meldete sich zu Wort. »Jan, wir bearbeiten ja jetzt in der Soko Hekate den Fall der ermordeten Sina Sinning. Bis jetzt waren wir bei Habbo Denkela von einem Vermisstenfall ausgegangen, aber nun haben wir es dabei doch ebenfalls mit einem Mordfall zu tun. Wir bearbeiten dann also zwei verschiedene Mordfälle, oder wollen wir einen davon abgeben?«

»Genau das ist mir auch schon durch den Kopf gegangen«, antwortete Jan. »Der Schwerpunkt der Ermittlungen zum Mordfall Denkela liegt auf der Insel Texel und befindet sich, wie wir ja schon festgestellt haben, beim Kollegen Simon Drebber und Klaas in guten Händen.«

»Wir bearbeiten also beide Fälle von hier aus«, fasste Maike zusammen.

»Wenn es eng wird, brauchen wir eben mehr Personal«, entschied Jan.

»Welche Schwerpunkte wollen wir setzen?«, fragte Stefan.

»Im Fall Denkela sind gleich Onno und Thomas unterwegs«, dachte Jan laut nach, »die Überbringung der Todesnachricht ist jetzt am wichtigsten. Die erforderlichen Informationen für die Kollegen auf der Insel sollten bei dieser Gelegenheit auch schnell eingeholt werden. Morgen fahren wir beide noch einmal zu Frau Denkela, Stefan, aber im Moment lass Onno und Thomas das übernehmen. Die machen das sehr gut zusammen.« Er runzelte die Stirn. »Unser Fall mit der ermordeten Sina Sinning bereitet mir allerdings echt Kopfzerbrechen. Was wir absolut nicht gebrauchen können, ist ein Mob in den Straßen, der Jagd auf dunkel gekleidete Frauen macht. Ich spreche nachher noch einmal mit dem Chef, damit die uniformierte Polizei im Bereich Promenade und Altstadt noch mehr Präsenz zeigt.« Jan Broning sah schon in Gedanken den wütenden Arbeitgeber des Opfers, Eilt Hasebroek, wie er andere Wutbürger bei der Jagd anführte.

»Was ist mit der Suche nach dem zweiten angekündigten Menschenopfer?«, wollte Stefan wissen. »Bis jetzt haben wir im Hafen ja nichts gefunden. Machen wir weiter mit der Suche? Es sind ja auch viele Freiwillige dabei.«

»Wir suchen weiter«, entschied Jan, »aber ohne die Freiwilligen, nur noch Polizeikräfte.« Er drehte sich zu Maike um. »Wie weit sind wir mit der Auswertung der Tatorte an der Promenade und der Wohnung der Frau Sinning?«

Sie sah auf ihre Unterlagen auf dem Schreibtisch. »Die Suche nach der Tatwaffe, einem Messer, ist negativ verlaufen«, begann sie aufzuzählen. »Keine festgestellten Blutspuren in der Wohnung der Toten oder auf der Promenade. Keine Hinweise auf einen Kampf in Sinnings Wohnung. Es ist auch nicht klar, ob der Fundort der Leiche mit dem Tötungsort identisch ist.«

»Wie sieht es aus mit einem Handy des Opfers?«, hakte Jan nach.

»Bis jetzt Fehlanzeige. Entweder der Täter nahm es mit, oder es liegt im Hafen«, erwiderte Maike. »Ihr Arbeitgeber, dieser Hasebroek, wusste, dass sie ein Smartphone hat. Die Nummer habe ich inzwischen und die Anfrage nach den Telefonanruflisten bei der Telekom habe ich gestellt.«

Jan dachte an die Tatortaufnahme in Sina Sinnings Wohnung zurück. »Stefan, wie sieht es aus mit dem Laptop der Ermordeten?«

»Ich setz mich dran«, erwiderte der. »Leider ist er mit einem Passwort gesichert, deshalb dauert es etwas.«

Jan nickte und war in Gedanken schon bei den nächsten Ermittlungsansätzen. »Da ist doch noch diese Freundin von Sina Sinning, konntest du die inzwischen erreichen?«

»Die arbeitet im Krankenhaus in Bremen, ich habe mit ihr am Telefon gesprochen. Sie wird hier morgen auf der Dienststelle vorbeikommen. Während meines Gesprächs mit ihr habe ich vorsichtig nach eventuellen Erklärungen für den Mord gefragt. Das übliche halt: Feinde oder Stalking. Alles Fehlanzeige, es gibt wohl keine Probleme mit Männern. Sie hatte auch keinen aktuellen Freund.«

»Gut dann können wir sie ja morgen noch einmal ausführlich hier befragen«, stellte Jan fest. »Dann wäre da noch die Pressearbeit.« Er sah wieder Maike an. »Wie sieht es damit aus?«

Sie hielt die Zeitung in der Hand. »Hier, der Presseartikel mit den Fragen an die Bevölkerung ist heute erschienen, eine Kollegin nimmt jetzt die Telefongespräche entgegen.« Maike schüttelte den Kopf. »Bis jetzt ist da aber nichts Brauchbares herausgekommen. Die Leute reagieren auch am Telefon höchst emotional.«

Schön formuliert, dachte Jan. Emotional war auch die gestrige Pressekonferenz abgelaufen. Zunächst waren sachliche und vernünftige Fragen gestellt worden, aber dann war die Stimmung gekippt. Es wurde nach Hexenkult und schwarzer Magie gefragt und auf einmal hatte er sich ins Mittelalter versetzt gefühlt. ›Emotionale Reaktion‹ war eine starke Untertreibung für das, was er bei der Konferenz erlebt hatte. ›Massenhysterie‹ passte da schon eher. Er hatte noch schnell die Pressenotiz mit der darin enthaltenen Bitte an die Bevölkerung um Mitarbeit verteilen lassen und dieses unwürdige Schauspiel dann beendet.

»Noch habe ich Hoffnung, dass es kein zweites Opfer gibt«, sagte er voller Sorge. »Stellt euch bloß mal vor, wir finden noch eins …«

»Dann drehen die Leute komplett durch«, murmelte Stefan. Er klang ängstlich und Jan wusste, er dachte an seine geheimnisvolle Freundin.

Onno und Thomas kamen aus dem Nebenraum zurück, sie hatten ihr Telefongespräch mit Klaas auf der Insel wohl beendet. Jan blickte auf seine Uhr und schaute die beiden an. »Ihr zwei fahrt jetzt bitte zur Witwe Denkela und gebt dann anschließend noch die Infos an die Kollegen auf der Insel weiter. Danach ist Feierabend für euch. – Maike, du kannst jetzt schon gehen. Ich hab noch einige wichtige Gespräche zu führen, insbesondere mit dem Staatsanwalt Grohlich wegen des Mordfalles Denkela und mit dem Kollegen Sprengel wegen der Polizeipräsenz an der Promenade.«

Onno, Thomas und Maike verließen das Büro. Stefan saß noch am Schreibtisch, vor sich den aufgeklappten Laptop des Opfers Sina Sinning. Er versuchte offensichtlich, das Passwort zu knacken. Jan ging in den Nebenraum, um zu telefonieren.

Er rief zunächst den Staatsanwalt an und teilte ihm die neue Lage mit.

»Dann bearbeiten Sie ja jetzt zwei Mordfälle, die nicht miteinander in Verbindung stehen«, fasste Grohlich zusammen.

»Ja, das ist korrekt. Die Zusammenarbeit mit den getrennten Teams in den Niederlanden und hier in Deutschland funktioniert übrigens hervorragend«, antwortete Jan.

»Ich verstehe ... deshalb möchten Sie keine Veränderungen in den funktionierenden Teams vornehmen.«

»Genau, Herr Grohlich. Personal zur Verstärkung unserer Soko können wir immer noch hinzuziehen.«

»Und wie sieht es aus mit der Obduktion der Frau Sinning?«, wollte Grohlich wissen.

»Die Leiche wird morgen früh von Erdmann zur Rechtsmedizin nach Oldenburg überführt«, antwortete Jan. »Bei der Obduktion am Nachmittag werde ich anwesend sein.«

Nach dem Gespräch mit dem Staatsanwalt rief er Renko Dirksen an.

»Jan, wir sollten uns kurz mit dem Kollegen Sprengel zusammensetzen«, unterbrach ihn Dirksen, »dann brauchst du nicht alles zweimal zu erzählen.« Der Kriminalbeamte Dirksen war Jans Vorgesetzter und der Schutzpolizist Thomas Sprengel der Leiter der gesamten Polizeiinspektion Leer. »In zehn Minuten bei mir?«

»Okay, bis dann, Renko.« Jan legte auf.

Es wurde ein langes Gespräch. Die zunehmend aggressive Stimmung in der Leeraner Bevölkerung bereitete allen drei Polizisten Sorge. Die neuen Medien wurden leider auch immer öfter missbraucht. Es bestand die Gefahr, dass die wütende Bevölkerung sich auf diese Weise schnell organisieren könnte.

»Wir bringen mehr sichtbare Polizisten zum Einsatz«, sagte Sprengel. »Außerdem werde ich die Bereitschaftspolizei zur Unterstützung anfordern. Das Beste wäre allerdings, den oder die Täter zu erwischen, bevor uns das Ganze um die Ohren fliegt.«

Dirksen und Sprengel sahen beide Broning an.

Im Büro saß Stefan immer noch am Laptop und probierte eine neue Software aus, als Jan von der Besprechung zurückkehrte. »Onno und Thomas sind auf dem Rückweg, sie haben gerade angerufen«, sagte er. »Mit diesem verfluchten Laptop komme ich einfach nicht weiter, aber so schnell gebe ich nicht auf.«

Kurz darauf standen Onno und Thomas wieder im Soko-Büro und berichteten, wie es bei der Witwe Denkela abgelaufen war. Zum Glück war die Tochter da gewesen. Sie hatte den beiden Polizisten auch den Namen des behandelnden Zahnarztes gegeben. Außerdem wusste sie, dass ihr Vater einen Herzschrittmacher bekommen hatte.

»Okay, ihr beiden, gut gemacht«, lobte Jan. »Schickt die Info noch weiter zu den niederländischen Kollegen und dann ist Feierabend.«

Er öffnete die beiden elektronischen Vorgänge zu den Morden an Sina Sinning und Habbo Denkela am Computer und gab jeweils die Ereignisse des Tages in Stichworten und nach dem zeitlichen Ablauf dort ein. Auf diese Weise konnten alle Berechtigten, insbesondere die Mitglieder der Soko Hekate, die Vorgänge öffnen und waren immer auf dem neuesten Stand der Ermittlungen.

Bis jetzt lag weder für den Mord an Habbo Denkela noch für den an Sina Sinning ein konkreter Täterhinweis vor. Er schaltete den Computer aus und ging durch die Verbindungstür ins Büro nebenan. Dort saß Stefan noch immer mit rotem Kopf vor dem Laptop.

»Stefan, mach Feierabend. Versuch es morgen noch mal.«

»Noch ein Versuch ... und dann gebe ich auf.«

»Du bist alt genug, Stefan. Und es doch nicht schlimm, wenn wir das Ding an die Spezialisten weitergeben.« Jan wusste, wie der jüngere Kollege tickte. Für ihn galt es, seinen Ruf als Computer-Problemlöser zu behalten, und wenn er die ganze Nacht damit verbringen würde. Aber das müsste Stefan dann alleine machen. »Mach nicht so lange, Stefan, ich brauch dich morgen ausgeruht!« Jan Broning verließ das Büro, um endlich nach Hause zu fahren.

Kapitel 44

Mittwochabend
Deutschland, Stadtrand von Leer
Bekky

Bekky fand keine Ruhe. Als sie in den Spiegel sah, bemerkte sie, dass das Make-up die tiefen Sorgenfalten nicht verdecken konnte. Die Ereignisse um sie herum versetzten sie in Panik. Dieser Mörder, der sich als Hexe ausgab und in ihrer Heimatstadt unschuldige Menschen umbrachte ...

Sie hatte dieses Gefühl von Schmerz und Angst schon auf der Insel Texel gehabt, als sie sich mit ihrem Geliebten Stefan getroffen hatte. Immer noch fühlte sie die Bedrohung. Schlimmer noch: Die Tarot-Karten zeigten Gefahr an.

Beim Legen der Karten hatte sie intensiv an Stefan gedacht. Als Kriminalbeamter war er natürlich immer Gefahren ausgesetzt, aber Bekky spürte jetzt eine konkrete Gefahr und ahnte, dass die drei Nornen, die mythologischen Schwestern, die nach altem Glauben das Schicksal der Menschen bestimmen, gerade lachten, als sie den Schicksalsfaden für Stefan und auch für sie heftig spannten. Es wurde Zeit für einen Schutzzauber, bevor der Faden riss.

Es blieb ihr nur noch wenig Zeit, bis der Arzt kam, um ihr eine weitere Beruhigungsspritze zu geben. Seit dem Wochenende mit Stefan auf der Insel war ihr Gefühlsleben ein einziges Chaos und dann noch dieses ständige Gefühl der Bedrohung ... Am Montag in der Altstadt hatte sie plötzlich das Gefühl gehabt, dass das Böse sie direkt berührt hatte. Danach waren ihre Ängste und düsteren Visionen noch schlimmer geworden. Deshalb gab ihr ein befreundeter Arzt der Familie seit einigen Tagen jeweils abends ein starkes Beruhigungsmittel, damit sie wenigstens schlafen konnte.

Bekky zündete eine schwarze und eine weiße Kerze an und begann mit ihrer Beschwörung.

Nacht von Mittwoch auf Donnerstag
Leer, Groninger Straße,
Haus des Keno von Hasselt am Hafen
Kerak

Kerak war zufrieden mit dem bisherigen Ablauf seiner Aktionen. Die Ablenkung funktionierte.

Die Leiche seines ersten Opfers in Leer, der toten Freundin von Keno von Hasselt, war noch nicht gefunden worden. Kerak wusste, dass die Leiche der Kellnerin Sina nicht ausreichte, um seine erfundene Hexe Melana als Serienkillerin glaubhaft darzustellen. Er brauchte noch mehr Menschenopfer und zwar am besten, bevor Wiebke Oldenhove im Leeraner Hafen auftauchte.

Die Uferpromenade wurde jetzt, nach dem Auffinden seines zweiten Mordopfers Sina, durch Polizeistreifen verstärkt überwacht. Wie er es sich schon gedacht hatte, brauchte er unbedingt einen neuen Schauplatz für die nächste Aktion. Die Große Reformierte Kirche fand er sehr geeignet dafür.

In der Altstadt von Leer gab es mehrere Kirchen, aber nur die Große Kirche kam in Frage, insbesondere der Bereich um den Haupteingang. Davor stand links ein riesiger Baum, der von Gebüsch umgeben war. Dort trafen sich drei Wege und nur von einem Büro aus konnte man in das Gebüsch sehen. Es war nachts nicht besetzt. Kerak konnte also ungestört die Bühne für das geplante Drama vorbereiten. Zwei Gartenfackeln, eine Steinschleuder und Seile zum Festbinden hatte er bereits besorgt. Nun setzte er sich an den Computer und begann, den nächsten Bekennerbrief zu schreiben:

Hekate, Hekate, Hekate!

Göttin des Sumpfes und der Weide. Göttliche, weise alte Bringerin des Todes. Königin der Nacht, des dunklen Mondes, Meisterin der Schatten. Zeige dich mir, damit ich dich kennenlerne. Ich brachte dir bereits zwei Menschenopfer. Dies ist mein drittes Opfer. Zeig uns dein dunkles Gesicht, dein blutiges, weißes Geheimnis. Ich rufe dich. Steh mir bei!

An die Ungläubigen!

Zwei Menschenopfer hatte ich dem Wassergott Nuada dargebracht.
Die Opfer habe ich mit meinem Athame-Dolch in die Anderswelt gesandt. Ihr habt den Opferplatz entweiht. Deshalb musste dieses dritte Menschenopfer Hekate besänftigen. Ich warne euch, entweiht nicht auch dieses

Opfer an den drei Abzweigungen. Sonst haben alle drei ihr Opfer vergeblich dargebracht.

Solltet ihr meine Zeremonie wieder stören, so wird euch die Rache der Todesgöttin Morrigan treffen.

Bedenkt, ich stehe unter dem Schutz der Hekate und des Raben.

Melana

Kerak las den Brief noch einmal und nickte zufrieden. Er druckte ihn mehrfach aus, rollte die Din-A4-Bögen einzeln auf und band die Papierrollen mit schwarzen Stoffstreifen zusammen. Wie beim letzten Mal würde er sie nach der Tat in der Altstadt verteilen.

So, jetzt hatte er alles zusammen, bis auf sein angekündigtes Menschenopfer. Jetzt in der Nacht wurde es Zeit, Schicksal zu spielen. Kerak zog schwarze Kleidung an und warf seinen Rucksack mit der Ausrüstung über die Schulter.

Es war nur ein kurzer Weg bis zum Rathaus. Nachts war es ruhig in der Altstadt von Leer. Nur ab und zu sah er Licht aus den Fenstern der schönen Altbauten, die liebevoll restauriert worden waren. Die alten Häuser standen dicht zusammen, die Giebelmauern mit den Eingangstüren befanden sich direkt an den Straßen. Altmodische Laternen beleuchteten die Wege und Gassen mit dem Kopfsteinpflaster. Die alten Kirchen, das Rathaus, die Waage und ein altes Weinhandelskontor bildeten den Kern der Altstadt.

Aber das schöne Ambiente interessierte Kerak im Moment nicht.

Von der Rathausstraße aus führte ein schmaler, etwa fünfzig Meter langer Weg bis zum Haupteingang der Kirche. An seinem Anfang befand sich eine eiserne Pforte. Ein Lächeln huschte über Keraks Gesicht, als er feststellte, dass sie wie erhofft weit geöffnet war. Kurz darauf stand er vor dem Haupteingang. Links und rechts zweigten Wege ab, die um die Kirche herumführten, er stand jetzt also genau auf der Drei-Wege-Kreuzung.

Links stand der riesige Baum mit dem Gebüsch.

*Nachts
im Büro der Soko Hekate
Stefan*

Stefan Gastmann wollte nur kurz die brennenden Augen schließen. Er legte seinen Kopf auf den Tisch und schlief sofort ein. Eine Stunde später wachte er erschrocken und mit Nackenschmerzen auf. Beim Blick auf seine Computeruhr stellte er fest, dass es schon mitten in der Nacht war. Jetzt aber schnell nach Hause!

Seine Wohnung lag am Rande der Altstadt, am Pferde-markt. Zu Fuß ging er in letzter Zeit immer über die Promenade am Hafen entlang. Die Bewegung an der frischen Luft sollte ihm beim Abnehmen helfen. Aber vor der Dienststelle beschloss er, diesmal einen ande-ren Heimweg zu nehmen. Sonst würde sein Heimweg nur Erinnerungen an die Tatortaufnahme wachrufen, insbesondere an diese tote junge Frau. Den dringend benötigten Schlaf könnte er dann vergessen.

Stefan machte einen großen Bogen um die Promenade, lief ein Stück durch die Fußgängerzone und war jetzt in der Altstadt von Leer. Er liebte seine Altstadt, insbe-sondere die alten Kirchen, und deshalb beschloss er, die Abkürzung an der Großen Kirche zu nehmen.

In Gedanken war er unwillkürlich wieder bei seiner geheimnisvollen Freundin. Sie schwebte in Lebensgefahr und er konnte sie nicht warnen.

Vor der Großen Reformierten Kirche
Kerak

Das Licht von zwei altmodischen Straßenlampen störte Kerak. Zumindest die Lampe, die dem Gebüsch am nächsten stand, musste er ausschalten. Er sah sich vorsichtig um, bevor er die Steinschleuder aus dem Rucksack holte. Nach mehreren Versuchen durchschlug der Kieselstein den Glaskörper der Lampe. Beim Geräusch des splitternden Glases zuckte Kerak zusammen und zog sich in die jetzt absolute Dunkelheit des Gebüsches zurück. Dort wartete er ab. Würde es eine Reaktion der Nachbarn auf das Klirren geben?

Nein. Alles blieb ruhig. Kerak entspannte sich. Er lehnte sich an den Baum und wartete auf ein geeignetes Opfer. Mann oder Frau? Das war ihm egal, Hauptsache, allein unterwegs.

Stefan

Stefan Gastmann blieb vor der Rückseite der Großen Kirche stehen. Er glaubte, das Geräusch von splitterndem Glas gehört zu haben, und sah sich um. Jetzt war wieder alles ruhig. Es gab zwei Wege um die Kirche herum bis zum Haupteingang, aber er wusste nicht, ob die Pforte an der Kirchstraße immer geöffnet war. Wenn nicht, dachte er, laufe ich den ganzen Weg wieder zurück. Dann doch lieber durch den parallel verlaufenden Reformierten Kirchgang!

Stefan verließ das Kirchengelände, betrat die schmale Straße und ging weiter zu seiner Wohnung.

Fußgängerzone der Stadt Leer
Weert

Weert Bleeker war sauer. Der Kneipenwirt hatte ihn gerade rausgeworfen. Jetzt macht er sich angetrunken auf den Heimweg in die Moormerland-Siedlung. Er hatte Kopfhörer aufgesetzt und sein neues Smartphone in der Hand. Die Bässe einer Metalband dröhnten in seinen Ohren, als er in Richtung der Großen Kirche ging, um den Weg abzukürzen.

Er achtete mehr auf die Playlist, die auf dem Display des Smartphones leuchtete, als auf den Weg, den er schon so oft gelaufen war. Weert umrundete die Kirche und trat in Höhe des Haupteinganges auf Glasscherben. Sicher wieder ein Besoffener, der seine leere Flasche auf dem Weg zerschlagen hatte ...

In diesem Moment wurde er von hinten umklammert. Eine eiskalte Hand legte sich auf seinen Mund und dann fühlte er einen stechenden, rasenden Schmerz in der Brust. Seine Beine knickten weg und sein Kinn fiel auf die Brust, als er nach hinten ins Gebüsch gezogen wurde.

Der Zeitungsbote gähnte. Alle lagen noch im Bett und er musste Zeitungen verteilen ... Halb wach schlurfte er den Weg zur Großen Kirche entlang. Er stutzte, als er in einem Gebüsch links vom Eingang Flammen sah. Jetzt war er hellwach. Er rannte darauf zu.

Dann blieb er so abrupt stehen, als wäre er gegen eine unsichtbare Wand gelaufen. Es dauerte einen Moment, bis ihm klar wurde, dass er sich nicht in einem Albtraum befand.

Am Stamm des großen Baumes war eine leblose Gestalt mit Stricken gefesselt. Links und rechts brannten Gartenfackeln. Ihr flackerndes Licht beleuchtete die makabre Szene.

Als sich der Zeitungsmann vom ersten Schrecken erholt hatte, sah er sich um. Seine letzte Hoffnung war, dass es sich um einen bösen Scherz handelte. Dann dachte er an die ermordete Kellnerin. War sie nicht auch in der Nähe der Altstadt gefunden worden? Langsam näherte er sich dem leblosen Körper. Die toten Augen des jungen Mannes beseitigten die letzten Zweifel.

Um den Hals der Leiche hing ein Bindfaden mit einem Zettel.

Kapitel 45

Donnerstagmorgen
Deutschland, Landkreis Leer,
Haus der Familie Broning in Ditzum
Jan

Jan Broning hatte erst spät Schlaf gefunden. Als ihn das Telefon weckte, glaubte er, nur kurz eingeschlafen zu sein, aber es war fünf Uhr morgens. Das Display zeigte die Nummer der Polizeiwache in Leer. Es musste etwas sehr Wichtiges passiert sein, sonst würde man ihn nicht so früh anrufen.

»Broning«, meldete er sich verschlafen.

»Hallo, Jan«, dröhnte die laute Stimme von Wachschichtleiter Klaus Hensmann aus dem Hörer, der unnötigerweise hinzufügte: »Hier ist Klaus von der Wache. – Wieso schmeiß ausgerechnet ich dich immer aus dem Bett? Ist auch egal, wir haben einen Toten an der Großen Kirche. Ein junger Mann wurde wohl erstochen, an einen Baum gefesselt und mit Fackeln zur Schau gestellt.«

»Verflixte Axt!«

»Jan, es wird noch schlimmer: Im Bereich sind wieder neue Bekennerbriefe dieser Melana aufgetaucht.«

»Ich mach mich fertig, Klaus. Sind die Spurensicherer unterwegs?«

»Egon und Albert sind alarmiert, wir haben inzwischen alles weiträumig abgesperrt.«

»Sehr gut! Wo ist diesmal der Tatort?«

»Am Vordereingang der Großen Reformierten Kirche, an einer Drei-Wege-Kreuzung …«

»Klaus, versuche bitte noch, Stefan Gastmann zu erreichen, wir treffen uns bei der Kirche!«

»Jo, geht klar, bis gleich!«

Jan legte auf und atmete tief durch. Neben ihm im Bett gähnte Maike. »Was ist los, Jan?« Er berichtete von dem Telefongespräch mit Klaus Hensmann. »Das kann doch nicht wahr sein!« Sie schüttelte den Kopf. Maike ahnte natürlich auch, was die nächsten Tage in Leer los sein würde.

»Ich fahr gleich direkt zum Tatort, da treffe ich mich mit Stefan.« Er sprang aus dem Bett.

»Ich komm später nach«, sagte sie.

»Vielleicht sollten Johann und Karin die nächsten Tage hier bei uns wohnen«, schlug Jan vor.

Maike nickte. »Ja … es wird wohl stressig werden, und dann wäre immer jemand für Antje da. Ich ruf sie gleich an.«

Eine Sorge weniger, dachte er, und ging ins Badezimmer.

Während der Fahrt nach Leer versuchte Jan, die Informationen zu sortieren. Ein junger Mann erstochen, an einer Kreuzung mit drei Wegen an einen Baum gebunden und wieder ein Bekennerbrief. Jetzt war zumindest klar, dass der Tod von Sina Sinning, der Bekennerbrief von dieser Melana und der Tod des jungen Mannes zusammengehörten. Ihre Ankündigungen waren ernst zu nehmen.

Im ersten Bekennerbrief war von zwei Menschenopfern im Wasser die Rede. Also konnte der junge Mann eigentlich nicht dieses zweite Opfer sein … Der nächste Gedanke war gleichzeitig logisch und erschreckend. War der jetzt gefundene Tote bereits das dritte Opfer? Das würde bedeuten, irgendwo im Hafen lag eine weitere Leiche.

Er konzentrierte sich wieder aufs Fahren. Wie auch immer, dies würde ein langer Tag werden.

Am Hintereingang standen bereits einige Einsatzfahrzeuge und Jan stellte seinen alten Mercedes daneben ab. Aus einem Zivilwagen stieg Stefan Gastmann, nahm zwei Overalls aus dem Kofferraum und kam auf ihn zu.

»Hallo, Jan – ich hab so ein Glück gehabt!«, sagte er aufgeregt. »Ich bin auf dem Nachhauseweg genau hier langgegangen, ungefähr zu der Zeit, als man den armen Kerl da hinten umgebracht hat.«

Jan begriff, worauf Stefan hinauswollte und wurde blass.

»Genauso gut könnte ich vielleicht jetzt tot an diesem Baum hängen«, beantwortete Stefan die nicht gestellte Frage.

Einen Moment sahen sie sich einfach nur an. Dann zogen sie die Overalls über und gingen an der Kirche vorbei zum Vordereingang.

Dabei achteten sie peinlich genau darauf, sich an den von ihren Kollegen markierten Pfad zu halten, der etwas abseits vom üblichen Weg zum Vordereingang führte. Beim Tatort handelte es sich um ein Gebüsch an der Grundstücksgrenze, mit einem hohen alten Baum in der Mitte.

Egon Kromminga und Albert Brede verdeckten im Moment den Blick auf den unteren Baumstamm. Als Jan sich mit einem Gruß bemerkbar machte, kam Egon auf sie zu. Albert hatte sich nicht umgedreht und nur kurz die Hand gehoben.

Jetzt sah Jan die Szenerie genauer. Ein Mann saß angelehnt an den Baumstamm und war mit einem Seil daran gefesselt. Der Kopf war ebenfalls mit dem Seil am Stamm fixiert. Die toten Augen sahen in Richtung des Kirchengiebels. Zwischen den Beinen des Toten hatte sich, ausgehend vom Brustbereich, eine große Blutlache gebildet. Links und rechts des Baumstamms steckten Reste von Fackeln im Boden.

Egon reichte Jan ein DIN-A4-Blatt, das er in eine große durchsichtige Spurensicherungstüte verpackt hatte. »Das befand sich an einer Schnur um den Hals des Toten.«

In Computerschrift stand dort: *Hekate, Hekate, Hekate! Göttin des Sumpfes und der Weide …* Noch ein Bekennerbrief also. *Ich brachte dir bereits zwei Menschenopfer,* las Jan. *Diese ist mein drittes Opfer. Zeig uns dein dunkles Gesicht, dein blutiges, weißes Geheimnis.* »Also doch«, sagte er leise. *Zwei Menschenopfer hatte ich dem Wassergott Nuada dargebracht. Die Opfer habe ich mit meinem Athame-Dolch in die Anderswelt gesandt. Ihr habt den Opferplatz entweiht. Deshalb musste dieses dritte Menschenopfer Hekate besänftigen. Ich warne euch, entweiht nicht auch dieses Opfer an den drei Abzweigungen. Sonst haben alle drei ihr Opfer vergeblich dargebracht …* Seine Befürchtung hatte sich bestätigt. Dieser Tote hier war das dritte Opfer.

»Verflixte Axt … Egon, habt ihr schon was zur Todesursache?«

»Ja, der Notarzt hat die Leiche kurz untersucht, bevor er den Totenschein ausgestellt hat. Die Todesursache ist offensichtlich eine Wunde im Brustbereich, da ist eine große Menge Blut zu erkennen. Was für eine Verletzung, können wir noch nicht sagen. Ihr werdet ja später die Kleidung öffnen, dann wissen wir mehr. Außerdem sind da noch Druckspuren am Mund des Toten, die sehen so aus wie die bei der toten Sina Sinning.«

»Wer hat ihn denn gefunden?«, wollte Jan wissen.

»Ein Zeitungsausträger vor etwa einer Stunde. Der Mann sitzt hinten im Polizeibulli, zusammen mit den beiden Kollegen, die zuerst am Tatort waren.«

Jan sah sich jetzt die Umgebung genauer an und sofort fiel ihm die zerstörte Laterne zwischen Gebüsch und Haupteingang auf. Er zeigte auf zwei parallele Schleifspuren, die vom Weg in Richtung Baum führten. »Stammen die vom Opfer?«

»Ja«, bestätigte Egon. »Von hier aus kannst du es nicht sehen, aber die Spuren passen zu den Anhaftungen an Hose und Schuhen des Opfers.«

»Wann kann ich mir den Toten genauer ansehen?«, fragte Jan. »Ich möchte so früh am Morgen unserem Albert nicht im Wege stehen.«

»Ja, unser Morgenmuffel und dann noch jemand, der ihn bei seiner Arbeit stört ...«, sagte Egon sehr leise. »Gib uns noch eine halbe Stunde.«

»Okay, wir bleiben in der Nähe.«

Egon ging zurück in den abgesperrten Bereich am Baum, und Jan drehte sich zu Stefan um. »Lass uns erst zum Bulli gehen und die Kollegen und den Zeitungsausträger befragen.«

Sie gingen zu den Einsatzfahrzeugen zurück. Stefan nahm den Zeugen mit zum Zivilwagen und Jan setzte sich in den Bulli. Er zog die Schiebetür zu und begrüßte die Männer in Uniform. »Kann ich euer Funkgerät benutzen?« Der Kollege auf dem Beifahrersitz reichte ihm das neue digitale Gerät, und Jan bat den Wachschichtleiter Hensmann um die Alarmierung der Kollegen Elzinga und van Merkerem. »Klaus, ich brauch die beiden hier am Tatort. Außerdem die Hundeführer, Bestatter Erdmann und den für die Große Kirche zuständigen Pastor oder Küster vor Ort. In dieser Reihenfolge bitte, wenn es geht.«

»Geht klar!«, kam die Antwort aus dem Funkgerät.

Jan gab es dem Kollegen zurück und ließ sich berichten, was nach dem Notruf des Zeitungsboten passiert war. Klaus Hensmann hatte sofort nach Eingang des Notrufs einen Einsatzwagen zum Tatort entsandt und die Nahbereichsfahndung nach einem Täter ausgelöst.

»Wir waren schnell hier«, erklärte der Uniformierte auf dem Beifahrersitz, »wir waren ja in der Altstadt, insbesondere an der Promenade, verstärkt unterwegs. Aber keine Spur oder Hinweise von unserem Täter. Nur diese Bekennerbriefe lagen überall herum.«

Jan hörte zu, stellte Fragen und machte sich immer wieder Notizen.

Schließlich klopfte Stefan an die Schiebetür des Bulli und zog sie auf. »Jan, unsere Spurensicherer sind so weit.«

Er nickte und bedankte sich bei den Kollegen vorne im Bulli. »Schreibt doch noch bitte einen Bericht zu eurem Einsatz und schickt ihn an unsere Soko. Ihr seid dann entlassen, aber wir brauchen wieder einen Bulli vor Ort.«

»Wie wäre es mit dem Führungs-Bulli?«, schlug einer der beiden vor. »Der hat alles: Computer, Drucker und einen kleinen Tisch. Vielleicht stellen wir auch noch ein paar Kannen Kaffee rein!«

Jan lächelte. »Ihr seid meine Rettung, Jungs!« Er stieg aus, warf die Tür zu und ging mit Stefan, der den Koffer mit der Digitalkamera trug, zu dem abgesperrten Bereich am Haupteingang zurück. Dort stand der Spurensicherer Albert Brede und machte eine einladende Geste in Richtung Baum.

Jan und Stefan legten einen Mundschutz an, streiften die Kapuzen der Overalls über und zogen Einmalhandschuhe an. Die Spurensicherer hatten den Toten vom Baum losgebunden. Er lag jetzt in Rückenlage auf einer Folie. Sie gingen neben dem Toten in die Knie. Stefan hielt seine Digitalkamera in der Hand. Neben ihm stand ein geöffneter Aluminiumkoffer, der einen Maßstab und Spurensicherungstüten in verschiedenen Größen enthielt.

Bei dem Toten handelte es sich um einen jungen Mann, Jan schätzte sein Alter auf fünfundzwanzig. Die langen Haare und die Kleidung machten einen ungepflegten Eindruck. Er inspizierte den Gesichts- und Halsbereich. Tatsächlich fanden sich dort Abschürfungen und später würden dort sicher blaue Blutergüsse zu finden sein.

Jan öffnete den Mund des Toten und bemerkte den Widerstand der Kiefermuskeln, den die einsetzende Totenstarre verursachte. Den wissenschaftlich festgestellten Regeln zum Ablauf des Rigor Mortis zufolge war der Tod des jungen Mannes also vor zwei bis vier Stunden eingetreten. Natürlich spielten äußere Faktoren, wie die Umgebungstemperatur, bei der Reihenfolge der von der Starre betroffenen Körperteile und dem Zeitablauf eine entscheidende Rolle.

Jan näherte sich dem jetzt offenen Mundraum und bemerkte einen schwachen Alkoholgeruch. Außerdem konnte er Verletzungen an den Schleimhäuten erkennen. Ähnliche Spuren hatten sie auch bei der toten Sina Sinning entdeckt. In Gedanken sah Jan, wie sich der Mörder von hinten seinem Opfer näherte, ihm oder ihr mit roher Gewalt seine Hand auf den Mund presste, um es zu fixieren und am Schreien zu hindern. Er unterbrach den Ablauf der Bilder in seinem Kopfkino und schloss den Mund des Toten.

Als Nächstes durchsuchten sie die Kleidung und fanden eine zerfledderte Geldbörse in der Hosentasche. Vorsichtig schaute Jan hinein und sah Geldscheine – geschätzt 150 Euro – und einen abgelaufenen Personalausweis. Er verglich das Ausweisfoto mit dem Gesicht des Toten. Eindeutig: Vor ihnen lag Weert Bleeker, sechsundzwanzig Jahre alt und wohnhaft in der Moormerland-Siedlung.

Stefan machte wieder ein Foto und packte die Geldbörse in eine Spurensicherungstüte. Nun öffnete Jan

Broning vorsichtig die Kleidung im Brustbereich. Stefan fotografierte und legte die Kamera nur zur Seite, um beim Ausziehen der Kleidung zu helfen.

Das Hemd und das T-Shirt darunter waren von einer großen Menge Blut verklebt. Die Erklärung dafür fanden sie, als sie die Brusthaut im Bereich des Herzens freigelegt hatten. Die Verletzung, vermutlich ein Messerstich, parallel zu den Rippen, war deutlich zu sehen. Stefan nahm den Maßstab aus seinem Koffer und legte ihn neben die Wunde, bevor er sie mehrfach fotografierte.

Jan erkannte sofort die Ähnlichkeit der tödlichen Verletzungen bei den Opfern Sinning und Bleeker. Beide waren mit nur einem Stich ins Herz getötet worden. Einen Menschen zu erstechen, war nicht einfach. Oft wiesen erstochene Menschen eine Vielzahl von Stichverletzungen auf. Die Anordnung der Rippen im Brustbereich schützte das Herz. Dieser Mörder, oder die Mörderin, hatte genau gewusst, wie sie zustechen musste, um diesen natürlichen Schutz zu überwinden.

Die Obduktion würde später Genaueres über das Mordwerkzeug, die Stichrichtung und die Verletzung der Organe, insbesondere des Herzens, ergeben. Für den Moment hatte Jan genug Informationen. Die Leiche konnte abtransportiert werden. Mit knackenden Knien stand er auf und verzog sein Gesicht, als die Schmerzen einsetzten.

Stefan verpackte seine Kamera und übergab die Brieftasche den Kollegen von der Spurensicherung.

Albert Brede hatte inzwischen seine Sprache wiedergefunden, wenn auch nur für eine kurze Frage. »Seid ihr fertig?«

Jan nickte. »Ihr könnt weitermachen.«

Egon Kromminga räusperte sich und sah himmelwärts. »Albert wollte euch noch sagen, dass wir ein Smartphone mit Kopfhörern gefunden haben.«

»Letzte aktive App Metalmusik«, knurrte Albert.

Jan bedankte sich. Stefan und er zogen die Overalls aus, reinigten sich die Hände gründlich mit Desinfektionstüchern und gingen zum Hintereingang der Kirche. Dort standen Onno Elzinga und Thomas van Merkerem, und Jan stellte erfreut fest, dass die beiden mit dem Führungs-Bulli zum Einsatzort gekommen waren.

»Wir haben einen Moment Zeit«, sagte er. »Setzen wir uns rein, und ich erzähl euch, was bis jetzt passiert ist.«

Im Bulli stellte Onno Kaffeekannen und Tassen auf den Tisch und präsentierte eine Tüte mit belegten Brötchen. »Klaas wäre jetzt stolz auf mich«, sagte er mit einem Lachen. »Trotz der angespannten Einsatzlage habe ich die Versorgung nicht vergessen und noch schnell beim Bäcker angehalten.«

In diesem Moment klingelte Jans Handy, und er erkannte an der Melodie, dass Maike anrief. »Jan, Antje ist jetzt im Kindergarten. Opa Johann und Karin holen sie später wieder ab. Die beiden bleiben dann die nächsten Tage bei uns. Zum Glück ist unser Haus groß genug!«

»Was würden wir nur ohne die beiden machen«, erwiderte Jan erleichtert und schilderte ihr dann kurz, was bis jetzt passiert war. »Maike, wir können hier noch nicht weg. Und heute Nachmittag wollte ich ja nach Oldenburg zur Rechtsmedizin.«

»Ja, die Obduktion von Sina Sinning«, bestätigte Maike.

»Das schaffe ich heute nicht«, sagte Jan. »Außerdem haben wir jetzt einen weiteren Toten und wir könnten die beiden Leichen ja zusammen untersuchen lassen.«

»Bei der Gelegenheit könnt ihr dann die Verletzungen bei den Leichen vergleichen.«

»Genau, Maike und dafür …«

»Ich soll beim Rechtsmediziner Knoche einen neuen Termin für eine gemeinsame Obduktion vereinbaren«, unterbrach sie ihn, »und außerdem den Staatsanwalt darüber informieren.«

»Du bist ein Schatz, genau das meinte ich. Allerdings ... den Staatsanwalt hätte ich vergessen.«

Maike lachte. »Dafür hast du ja mich. Denk auch bitte daran, dass du heute noch zu Frau Denkela wolltest, und die Freundin der Toten kommt auch noch zur Vernehmung. Außerdem werden die Anruflisten von der Telekom heute reinkommen.«

»Wir warten noch auf das Ergebnis der Fahndung vor Ort und auf die Spurensuche mit den Diensthunden«, sagte Jan. »Danach fahren Stefan und ich zu den Angehörigen des Toten, eine Familie Bleeker in der Moormerland-Siedlung. Onno und Thomas bleiben noch kurz hier. Sie überwachen die Suche und kommen dann später zu dir ins Büro. Ist das okay so?«

»Ich hab hier alles im Griff«, sagte Maike. »Tut mir nur leid, dass ihr schon wieder eine Todesnachricht überbringen müsst.«

»Ist nicht anders zu machen«, sagte Jan bedrückt. »Wir müssen uns beeilen, sonst erfahren die Angehörigen über die Medien, was geschehen ist.«

Wenig später war er mit Stefan Gastmann im Zivilwagen auf dem Weg in die Moormerland-Siedlung. Es war eine typische alte Vorstadtsiedlung. Einfache Einfamilienhäuser mit ähnlichem Aussehen sowohl von außen als auch von innen. Die Grundstücke waren im Vergleich zu den aktuellen Bauplätzen groß. Typisch waren auch die langen Straßen mit kleinen identischen Reihenhäusern. In einer dieser zweiten Kategorie wohnten die Bleekers.

Stefan und Jan sahen sich im Auto kurz an und atmeten tief durch, bevor sie ausstiegen. Als Jan an der Tür klingelte, wurde sofort geöffnet. Die blasse und übermüdet aussehende Frau erkannte auf Anhieb, dass sie schlechte Nachrichten überbrachten. »Ist es wegen Weert?«, fragte sie ängstlich.

Jan zeigte ihr seinen Dienstausweis und stellte sich und Stefan vor. »Sind Sie mit Weert Bleeker verwandt?« »Ich bin die Mutter, Agnes Bleeker.« Sie machte eine einladende Geste. »Kommen Sie doch herein!«

Eine Stunde später ließen sie Frau Bleeker in der Obhut einer Schwester zurück.

»Da muss man ja depressiv werden«, sagte Stefan traurig. »Zwei Todesnachrichten in so kurzer Zeit …«

»Ja, später dann noch zu Frau Denkela und der Tag ist komplett versaut«, bestätigte Jan. »Ich hatte auch ein starkes Gefühl von ›schon mal erlebt‹.«

»Auf diese Erlebnisse im Polizeidienst kann man gut verzichten. Kein Wunder, wenn wir später mal nicht alt werden«, meinte Stefan.

»Ja, wir sehen zu oft in den Abgrund,« stellte Jan fest. »Hauptsache, wir fallen nicht rein.«

»Sehr ergiebig war die Befragung von Frau Bleeker ja nicht«, bemerkte Stefan. »Ich fand, dass sie sehr abgeklärt auf die Todesnachricht reagiert hat.«

»Ist mir auch aufgefallen«, bestätigte Jan. »Das Verhältnis war wohl nicht so gut zwischen Mutter und Sohn.« Sie hatte ihnen erzählt, dass er fast jeden Abend in seine Stammkneipe in der Fußgängerzone gegangen war und von dort regelmäßig betrunken zurückkam.

»Vom Arbeiten hielt unser Weert Bleeker nicht viel«, bemerkte Stefan. »Die kleine Rente von der Mutter ist da schnell weg.«

»Wir sollten jetzt versuchen, herauszufinden, wie lange er in der Kneipe war«, schlug Jan vor, »und wir sollten uns mit dem Wirt und anderen Gästen unterhalten.«

Sein Handy klingelte. Onno Elzinga meldete sich vom Tatort an der Großen Kirche. »Hallo, Jan, ich mache es kurz: Es gibt keine konkreten Hinweise auf den oder die Täter. Die Fahndung und auch die Anwohnerbefragung haben rein gar nichts ergeben. Die Polizeihunde haben die Spuren gleich hinter der Kirche verloren. Die Tatwaffe wurde auch noch nicht gefunden.«

»Verflixte Axt! Was sagen unsere Spurensicherer Albert und Egon?«

»Bei dem Seil und den Fackeln handelt es sich um Massenware aus dem Baumarkt«, antwortete Onno. »Vielleicht ergibt ja noch die Auswertung der Fingerabdrücke, Faserspuren oder DNA einen Hinweis.«

»Danke, Onno.« Jan beendete das Gespräch.

Die Befragung des Kneipenwirtes in der Fußgängerzone ergab, dass Weert Bleeker seine Stammkneipe gegen ein Uhr nachts verlassen hatte.

»Ja, Herr Kommissar, Weert war angetrunken, als er ging. Nein, Streit mit anderen Gästen gab es an diesem Abend nicht.«

Als sie wieder im Zivilwagen saßen, sagte Jan: »Hab nur ich das Gefühl, dass wir auf der Stelle treten?«

»Nee, ich sehe auch noch kein Licht am Ende des Tunnels«, erwiderte Stefan. »Außerdem hat jemand die Tunnelbeleuchtung ausgeschaltet.«

Jan dachte laut nach: »Die Hintergrundbefragungen zu den beiden Toten, Sina Sinning und Weert Bleeker, ergeben bis jetzt keine Auffälligkeiten. Kannten sich die jungen Leute, gibt es Berührungspunkte oder Gemeinsamkeiten? Da müssen wir noch tiefer graben!«

»Beide Opfer sind jung, sonst sehe ich keine Übereinstimmungen«, meinte Stefan.

»Gemeinsamkeiten gibt es schon, nur betreffen sie nicht den Hintergrund der beiden«, sagte Jan. »Sondern die Bekennerbriefe, die Art der Tötung und die besonderen Orte, an denen wir die Leichen fanden.«

»Du meinst, die sind ihrem Mörder nur zufällig begegnet?«

»Ja. Am falschen Ort, zur falschen Zeit und alleine unterwegs.«

Kapitel 46

Donnerstagmittag
Niederlande Insel Texel,
Haus der Hellseherin Aukje van Dijken in Den Burg
Aukje

Die Hellseherin starrte auf die Überschrift der Tageszeitung: *Hellseherin gibt der Polizei entscheidenden Hinweis zur Auffindung des vermissten deutschen Urlaubers.*

Sie presste die Lippen fest aufeinander, als sie den ganzen Artikel las. Gestern war nach der Suchaktion der Polizei ein Reporter bei ihr im Laden erschienen. Sie hatte ihm von ihren Visionen berichtet, angefangen von den blutigen Wellen bis zu dieser Eule. Der Reporter übertrieb natürlich in seinem Artikel, es las sich, als wüsste sie alles über den Mord. *Aukje van Dijken weiß mehr über diesen mysteriösen Todesfall und wird uns sicher mit weiteren Einzelheiten überraschen. Werden ihre Glaskugel oder ihre Tarot-Karten den Mörder überführen?*

So ein Unsinn! Aukje war böse auf sich selber. Sie hätte nicht mit ihm sprechen sollen. Wenn sie tatsächlich mehr über die Umstände des Mordes wüsste, hätte sie das Willem Braakhuis mitgeteilt, ihrem Freund von der Polizei.

Ihr Telefon klingelte. Wehe, wenn das wieder dieser Reporter war ...

Aber sie sah, dass es sich um eine Nummer aus Deutschland handelte. »Van Dijken«, meldete sie sich.

»Aukje, hier ist Bekky.«

Aukje spürte sofort, dass ihre Freundin besorgt war. »Hallo, Bekky.« Sie wartete ab, ließ ihre Freundin erzählen und sich ausweinen.

Sie sprachen eine halbe Stunde miteinander, bevor sie

auflegten. Bekky war nervlich am Ende. In Leer wurde eine Serienmörderin gesucht – natürlich eine Hexe. Es war wieder so weit. Frauen, die sich anders kleideten und mehr wussten über die Geheimnisse des Lebens, waren schon immer verfolgt worden und hatten als Sündenböcke herhalten müssen. Aber jetzt noch, im Jahr 2015?! Damit hätte Aukje nie gerechnet.

Bekky gehörte zu ihrem Wicca-Kreis und kleidete sich auch wie eine der modernen Hexen. Früher waren die geheimnisvollen Frauen wegen ihrer Kenntnisse über Schwangerschaftsverhütung bei den Herrschenden nicht beliebt gewesen, weil man ja immer neue Soldaten und Mägde brauchte. Hexen galten seit jeher als böse und gemein. Die neuen Hexen waren aber genau das Gegenteil davon, insbesondere Bekky war eigentlich zu nett für dieses Leben.

Und Bekky war verliebt in den Polizisten Stefan Gastmann. Aukje war sich sicher, dies beruhte auf Gegenseitigkeit. Alles könnte so schön sein, aber Bekky redete sich ein, dass ihr Freund niemals erfahren durfte, wessen Tochter sie war und womit sie ihr Geld verdiente.

Außerdem fühlte Bekky die Anwesenheit des Bösen in ihrer Heimatstadt.

Aukje wusste, dass es ihrer Freundin in Leer sehr schlecht ging. Es wurde Zeit, ihr beizustehen. Sie beschloss, dieser Liebesgeschichte etwas nachzuhelfen. Wieso wollten die Deutschen immer alles so genau wissen? Was wäre wenn, vorauseilend denken und die falschen Schlüsse daraus ziehen ... Das würde Aukje nicht passieren. Eine klare Sprache und wenn dies den Menschen nicht passte, tot ziens!

Ihr fiel ein, dass auch die Polizisten von der Insel den Zeitungsartikel gelesen hatten. Zumindest Willem Braakhuis war bestimmt böse auf sie. Vielleicht sollte sie Texel einfach für ein paar Tage verlassen, Bekky in Leer beistehen, und später hätten sich wieder alle beruhigt.

Kapitel 47

Donnerstagmittag
Deutschland, Stadt Leer, Büro der Soko Hekate
Jan

Die Mitglieder der Soko Hekate saßen im großen Büro bei einer Tasse Kaffee zusammen.

»Grünes Licht für die Obduktionen der beiden Opfer Sina Sinning und Weert Bleeker in der Gerichtsmedizin Oldenburg«, teilte Maike den Kollegen gerade mit. »Bestatter Erdmann übernimmt den Transport. Dr. Knoche und Dr. Andresen beginnen morgen gegen 11 Uhr mit den Obduktionen.«

»Okay, ich werde pünktlich da sein«, sagte Jan Broning mit belegter Stimme. Die Teilnahme eines Polizeibeamten war vorgeschrieben.

»Staatsanwalt Grohlich hat Kenntnis«, zählte Maike weiter auf, »übrigens wollte er auch wissen, wie es mit dem Fall des toten Urlaubers auf Texel aussieht.«

Jan nickte. »Ich werde gleich bei den niederländischen Kollegen anrufen und nachfragen. Am besten, bevor Grohlich wieder anruft.«

»Apropos Texel.« Onno gab ihm den Ausschnitt eines Artikels aus einer niederländischen Zeitung. »Hier, das hat Klaas uns von der Insel zugefaxt.«

Hellseherin gibt der Polizei entscheidenden Hinweis zum Auffinden ... Beim Lesen bildeten sich Falten auf Jans Gesicht und er schüttelte ungläubig den Kopf. »Ich geh mal rüber ins andere Büro, um mich mit dem Kollegen Drebber zu unterhalten. Das ist ja sehr mysteriös!«

Im Nebenbüro wählte er Drebbers Nummer. Der nahm sofort ab. »Hallo, Jan, dachte mir schon, dass du dich meldest«, sagte er aufgeräumt. »Unser Hellseherartikel?«

»Ja, Simon«, bestätigte Jan. »Ich wollte gleich mit unserem Staatsanwalt den Sachstand auch zu dem toten Urlauber Denkela besprechen und …«

»Und du weißt nicht, was du von dieser Behauptung halten sollst, eine Hellseherin hätte uns den entscheidenden Hinweis geliefert«, klang es fröhlich aus dem Hörer.

»Tja, wenn du es so direkt ansprichst …«

»Jan, es stimmt, dass ich mich mit dieser Hellseherin aus Den Burg, Aukje van Dijken, unterhalten habe. Ich bin auch mit ihr über die Insel gefahren, übrigens eine beeindruckende Frau und sehr schön.«

Jan räusperte sich laut.

»Jedenfalls kann ich dich beruhigen. Du weißt doch, dass ich einen sehr speziellen Ruf habe«, holte Simon etwas aus. »Der geheimnisvolle Simon Drebber.« Er lachte. »Diesen Ruf möchte ich mir auch gerne bewahren, weil er oft sehr hilfreich ist. Aber jetzt zum Punkt. Bei euch brennt die Luft wegen der zwei jungen Menschenopfer. Dass euer Hauptaugenmerk diesen Fällen gilt, ist logisch. Du weißt ja, dass wir bestimmte Ermittlungen bei euch eingeholt haben. Stichworte: Ausrüstung des Vogelbeobachters und sein Umgang mit dieser Ausrüstung.«

»Ja, Onno und Thomas haben das ja bei der Witwe Denkela ermittelt und an euch weitergegeben.« Jan ahnte, worauf sein Kollege hinauswollte.

»Der Vogelbeobachter war mit seiner Ausrüstung noch nicht vertraut und etwas unsicher, was die Handhabung angeht«, zählte Simon auf, »außerdem war er extrem pingelig, ist ja bei euch Deutschen öfters der Fall! Ja, äh, jedenfalls, zwei Stative mit verschiedenen Aufsatzgeräten. Jan, ich stellte mir also folgende Fragen: Würde Denkela sich die Blöße geben und vor den Augen geübter Vogelbeobachter an seiner neuen Ausrüstung herumfummeln? Nein, würde er nicht. Lieber alleine und die Ausrüstung ungestört ausprobieren. Dann kommen wir zum Thema Perfektionismus. Versetze dich in Denkelas

Gedanken oder wie sagt man bei euch … Bedenken. Die gesamte Ausrüstung steht jetzt einsam am Strand und es fängt an zu regnen. Wie schnell kann ich die Ausrüstung zum Auto bringen?«

»Er wird sich einen einsamen und geschützten Beobachtungspunkt gesucht haben«, unterbrach Jan den Redefluss seines Kollegen.

»Genau. Und dann hätten wir noch den besonderen Vogel, den Denkela fotografieren wollte«, erklärte Simon.

»Die Eule.« Jetzt musste Jan ebenfalls lachen.

»Ja, und jetzt habe ich alle Aspekte zusammengeführt und mit den Besonderheiten, insbesondere den geeigneten Vogelbeobachtungsplätzen, verglichen. Zugegeben, dabei hat mir diese Insulanerin mit ihren Ortskenntnissen geholfen. Kurz gesagt, blieb nur die Bunkeranlage im Süden der Insel bei Loodmannsduin übrig. Voilà! Keine Hexerei, sondern nur analytische Kombination eines Kriminalbeamten.«

»Respekt, Simon«, lobte ihn Jan. »Aber warum möchtest du das für dich behalten und wiedersprichst diesem Unsinn in den Zeitungen nicht? – Moment …! Simon, du Schlitzohr!« Jan lachte. »Damit pflegst du deinen Ruf des geheimnisvollen Ermittlers, um ihn gezielt einzusetzen.«

»Erraten. Ich mach mir den Aberglauben zunutze. Stell dir vor, ich befrage einen Verdächtigen. Was geht in seinem Kopf vor? Kann der Polizist vor mir meine Gedanken lesen, erkennt er auf übersinnliche Art meine Lügen?«

»Vielleicht gibt es ja aber Sachen zwischen Himmel und Erde, die wir uns nicht erklären können und …«, wollte Jan zu bedenken geben, wurde aber dabei von Simon unterbrochen.

»Du, Jan, wir wollen uns lieber an die Fakten halten.« Der Niederländer klang jetzt ernst. »Wir werten im Moment Kameraaufnahmen am Fähranleger aus … Moment bitte, Klaas hat Neuigkeiten.«

Jan hörte die Stimmen von Klaas Leitmann und Simon Drebber im Hintergrund.

»Da bin ich wieder, Jan.« Simon klang etwas aufgeregt. »Das ist ja ein Ding! Unser toter Urlauber wurde doch gestern zur Obduktion nach Den Haag gebracht ...«

»Sag bloß, die haben schon ein Ergebnis.«

»Nicht offiziell, aber ich kenne dort ein paar wichtige Leute.« Simon sprach langsam, so als würde er nebenbei etwas lesen.

»Simon! Mach es nicht so spannend!«

»So etwas habe ich noch nicht gesehen«, murmelte der Niederländer.

»Was hast du nicht gesehen?«, fragte Jan ungeduldig.

»Wie bitte kommt eine Patronenhülse in den Schädel des ermordeten Habbo Denkela? Entschuldigung, Jan, du kannst es ja nicht sehen, aber ich halte eine Körper-Scan-Aufnahme des NFI Den Haag in der Hand. Man hat wohl den gesamten Körper vor der eigentlichen Obduktion gescannt, und dabei ist eine Patronenhülse im Schädel der Ermordeten aufgefallen.«

»Du meinst ein Projektil?«, hakte Jan nach.

»War auch mein Gedanke: Die haben sich versehen!«, erklärte Simon. »Aber es gibt keinen Zweifel. Vor mir liegt eine Vergrößerung und man kann deutlich erkennen, dass es sich um eine Revolverpatronenhülse handelt. Ich schick euch gleich die Aufnahme rüber!«

»Wie bitte? Im Schädel des toten Vogelbeobachters steckt eine Revolverpatronenhülse?« Maikes Stimme klang skeptisch.

Inzwischen waren die Aufnahmen per E-Mail im Büro eingegangen. Alle Kollegen sahen sie sich an und schüttelten ungläubig ihre Köpfe. »Ein Geschoss, ein Projektil aus einem Revolver, das ist logisch, aber eine Patronenhülse, das kann doch nicht sein«, sprach Thomas van Merkerem aus, was alle dachten.

193

Jan befestigte auf der weißen Tafel mit dem Foto des Toten Habbo Denkela die neuen Aufnahmen mit Magneten. Er sah auf die zweite Tafel, die für Sina Sinning und Weert Bleeker. »Wisst ihr, für einen Moment sagte mir mein Bauchgefühl, dass vielleicht ein Zusammenhang zwischen diesen drei Fällen bestehen könnte.« Jan schüttelte seinen Kopf. »Aber das ist natürlich Unsinn, nur so ein Gedanke. Wenn es noch eines Beweises gegen diese Annahme bedurft hätte, so haben wir ja die unterschiedlichen Tatwaffen.«

»Habbo Denkela wurde mit einem Revolver erschossen«, zählte Stefan Gastmann auf, »und Sina Sinning und Weert Bleeker wurden erstochen.«

Onno Elzinga wollte es genau wissen. »Jan, wie bitte kommst du auf die Idee, es könnte ein Zusammenhang zwischen diesen drei Fällen bestehen? Sina Sinning und Weert Bleeker, ja, das ist logisch. Aber was hat ein toter Urlauber, der auf Texel Vögel beobachtet, mit unseren Opfern in Leer zu tun?«

Jan sah Onno an. Diese Frage hatte er gefürchtet, aber absolute Offenheit war Voraussetzung für das Funktionieren einer Soko. »Ich habe euch doch von Stefans geheimnisvoller Freundin erzählt«, erklärte er, und Stefan wurde blass. »Stefan und seine Freundin ohne Namen haben das Wochenende auf Texel verbracht. An diesem Wochenende waren wir alle auf der Insel und an diesem Wochenende verschwand auch unser Vogelbeobachter.«

Jetzt lief Stefan rot an, und Jan hob beschwichtigend die Hände. »Ich weiß, Stefan, du sagst, deine Freundin ist zwar geheimnisvoll, aber ein lieber Mensch, also das genaue Gegenteil eines Mörders. Aber es ist doch Tatsache, dass ihr euch häufig hier in Leer trefft. Sie war zum Zeitpunkt des Verschwindens von Habbo Denkela auf Texel, und sie könnte sich zum Zeitpunkt der Morde an den beiden jungen Menschen hier in Leer aufgehalten haben.«

Eine peinliche Stille breitete sich im Büro der Soko Hekate aus.

»Stefan«, sagte Thomas, »als du in der Nacht des Mordes an Weert Bleeker nach Hause gegangen bist …« Er suchte nach den passenden Worten. »Du hast selbst gesagt: ›Ich habe Glück gehabt.‹ Das hast du Jan gesagt, und das hast du auch uns erzählt: ›Ich habe Glück gehabt, sonst wär ich an Stelle von Weert ermordet worden.‹ Aber wenn es nun kein Glück war, sondern deine Freundin hat dich erkannt und verschont?«

Stefan schnappte nach Luft.

»Melana, die Schwarze«, sagte Onno leise. »Deine Freundin trägt auch nur diese altmodischen schwarzen Klamotten und …«

»Ihr spinnt doch wohl!« Stefan war aufgesprungen, sein Gesicht glühte vor Zorn. »Sagt doch einfach, dass ich mit der gesuchten Serienkillerin ins Bett steige!« Er rannte aus dem Büro und knallte die Tür hinter sich zu.

Jan wollte ihm folgen. »Bleib hier!« Maike klang ärgerlich. »Ich kümmere mich um ihn.« Sie schüttelte den Kopf und sagte sarkastisch: »Das habt ihr ja super hinbekommen. Und so einfühlsam!« Auch sie schloss die Tür sehr vernehmlich hinter sich.

Die Männer im Büro sahen sich schuldbewusst an. »War wohl keine Glanzleistung von uns«, sagte Onno zerknirscht.

Jan ärgerte sich über sich selbst. Maike hatte natürlich recht, er war sehr unsensibel vorgegangen. Stefan befand sich in schlechter Verfassung und was er bestimmt nicht gebrauchen konnte, waren Elefanten im Porzellanladen seiner Seele.

Er betrachtete die weißen Tafeln. Drei Tote – und vermutlich ein weiteres unbekanntes Menschenopfer unentdeckt im Hafen. Die Spurensicherer und die Kriminaltechniker hatten an keinem der beiden Tatorte, weder an der Promenade noch an der Großen Kirche, konkrete Täterhinweise gefunden. Auch die Tatwaffe war noch nicht aufgetaucht. Die Auswertung der Bekennerbriefe war ebenfalls negativ verlaufen. Keine Fingerabdrücke, und das DNA-Material musste erst noch ausgewertet werden.

Die Hintergrundermittlungen zu beiden Opfern ergaben bis jetzt auch keine konkreten Ermittlungsansätze. Vermutlich bestand keine Verbindung zwischen den Opfern, und für die Verbrechen schien es bis jetzt kein offensichtliches Motiv zu geben. Also doch Menschenopfer für einen Hexen-Kult, dargebracht von der Serienkillerin Melana?

Das Telefon auf dem Schreibtisch klingelte. Jan Broning nahm ab und meldete sich.

»Jan, hier ist Klaus von der Wache. Ich hatte gerade Probleme mit einem Herrn Eilt Hasebroek. Der Mann führt wohl eine Art Bürgerwehr an und er und seine Kameraden tauchten plötzlich vor dem Polizeigebäude auf und schrien herum. Ich bin raus und habe versucht, vernünftig mit dem Mann zu sprechen, aber der war außer sich, brüllte rum und warf uns vor, wegen der Hexe nichts zu unternehmen.«

»Ja, Hasebroek fühlte sich wohl als Ersatzvater für die ermordete Sina Sinning«, erklärte Jan Broning. »Uns ist er auch schon unangenehm aufgefallen.«

»Unangenehm ist leicht untertrieben«, erwiderte der Wachschichtleiter, »den hättest du gerade erleben sollen. Der Mann ist gefährlich und er ruft zur Selbstjustiz auf. Ich habe ihn zwar kurzfristig beruhigen, aber nicht überzeugen können. Der macht uns bestimmt noch Ärger!«

Kapitel 48

Donnerstagnachmittag
Deutschland, unterwegs von der Stadt Leer
zur Insel Texel
Kerak

Kerak saß im dunklen BMW seines Opfers Keno von Hasselt und war unterwegs auf der Autobahn. Neben ihm auf dem Beifahrersitz lagen mehrere niederländische Tageszeitungen. Er hatte sie im Kurort Nieuweschanz an der Grenze gekauft. Aufmacher war der Artikel über die Hellseherin Aukje van Dijken auf Texel. Angeblich hatte diese Frau Visionen über seine Verbrechen. Spinnerei!, hatte Kerak zunächst gedacht. Aber im Internet hatte er gelesen, dass der Mann, den er ermordet und in den Dünen vergraben hatte, schon bei der ersten Suchaktion gefunden worden war. Wie hatte ihnen das gelingen können? Wenn diese Aukje van Dijken dafür verantwortlich war, was wusste die Hellseherin noch?

Sie war ein unkalkulierbares Risiko und musste eliminiert werden. Deshalb war Kerak unterwegs nach Texel. Ihre Adresse in der Ortschaft Den Burg hatte er ebenfalls aus dem Internet. Ein Gefühl der Unruhe beschlich Kerak, Angst war es noch nicht, aber er musste die Situation schnell wieder unter Kontrolle bekommen.

In Rekordzeit erreichte er den Fährhafen Den Helder und erwischte die Fähre zur Insel gerade noch rechtzeitig. Vom Fährhafen De Hoorntje auf Texel fuhr er direkt nach Den Burg und stellte den BMW auf einem Parkplatz am Ortsrand ab. Die Schirmmütze tief ins Gesicht gezogen und das Stilett in der Hosentasche, ging er in die Mitte der Ortschaft. Der beste Zeitpunkt für einen Angriff war die Nacht, nur: So lange wollte und konnte er nicht warten.

Er näherte sich dem kleinen Laden der Hellseherin von der Rückseite aus. Das primitive Schloss an der Hintertür leistete nur wenig Widerstand. Vorsichtig betrat er mit dem Messer in der Hand den dunklen Flur und ging auf eine Tür zu. *Bitte absolute Ruhe, Seancen!* stand auf einem Schild. Aha, dachte er, Frau van Dijkens Praxisraum. Die Tür war nur angelehnt. Alle Fenster waren von innen mit schwarzer Farbe angestrichen und es roch stark nach Räucherstäbchen.

Noch bevor seine Augen sich ganz an die Dunkelheit gewöhnt hatten, hörte Kerak ein Fauchen. Ein schwarzer Schatten löste sich von der Oberseite eines Regals und sprang auf sein Gesicht zu. Abwehrend hob er die Arme, aber trotzdem erwischten ihn die Krallen. Die Katze rannte in den Flur und floh durch eine Katzenklappe nach draußen.

In diesem Moment hörte er eine Frauenstimme aus dem Nebenzimmer. Mit dem erhobenen Messer in der Hand ging er lautlos auf sie zu. Jetzt konnte er die Stimme besser hören. »Hier spricht der Anrufbeantworter des Mediums Aukje van Dijken. Momentan bin ich für ein paar Tage verreist. Sie können mich nächste Woche wieder ...«

Kerak fluchte und wischte sich mit der Hand über die Striemen in seinem Gesicht. Verdammt, zu spät – der Vogel war ausgeflogen!

Unterwegs von Texel zur Stadt Leer
Aukje

Zu dieser Zeit saß Aukje van Dijken in ihrer schwarzen Ente und befuhr den Verkehrskreisel von Joure. Ihr Kater konnte ein paar Tage ohne sie auskommen. Nicht so ihre Freundin Bekky in Leer. Sie würde ihr beistehen und es wurde außerdem Zeit, einige dringende Liebesangelegenheiten für ihre Freundin zu klären. Manche Leute brauchten einen Anschubser oder besser gesagt einen Tritt in den Allerwertesten. Bei ihren speziellen Beratungssitzungen traf Aukje immer wieder Menschen mit hausgemachten Problemen. Die Möglichkeiten zur Kommunikation mit den neuen Medien waren riesig, aber rätselhafterweise sprachen die Menschen immer weniger miteinander.

Die Fahrt verlief, bis auf einen Stau in Groningen, ruhig. Aukje hielt sich mit ihrer Ente im Windschatten eines LKW und freute sich über die erstaunten Gesichter der überholenden Fahrzeugführer und Insassen. Eine Hexe in einer schwarzen Ente sah man ja auch nicht alle Tage.

Bevor sie zu ihrer Freundin fuhr, wollte sie noch in der Altstadt von Leer einen sehr speziellen Laden aufsuchen. Er war ein inoffizieller Treffpunkt für alle Arten des Spiritismus. Dort gab es alle möglichen ungewöhnlichen Zutaten für Beschwörungen, Amulette, stumpfe Ritualdolche und spezielle Kleidung. Aukje wollte dort ein kleines Geschenk für ihre Freundin erwerben.

Sie stellte ihre Ente auf dem nahegelegenen Parkplatz an der Waage ab und stieg aus. Sofort hörte sie schreiende Menschen und bemerkte einen Menschenauflauf vor dem Spiritismus-Laden.

Ihre Augen weiteten sich vor Entsetzen, als sie ihre Freundin Bekky in dem Getümmel sah. Ein Mann brüllte ihre Freundin an und drückte sie gegen die Schaufensterscheibe. In der Hand hielt er einen Strick. Sie wusste ja, dass nach diesen Morden die Stimmung in der Stadt bedrohlich war, aber sie würden doch wohl nicht so weit gehen und …

»Das ist sie, die Hexe Melana«, schrie der Mann, der Bekky an das Fenster drückte. »Hängt sie auf, dort an der Rathaustreppe!«

Verdammt, jetzt wurde es eng. Aukje rannte zurück zu ihrer Ente und holte ihren Eichenknüppel aus dem Kofferraum.

Eilt Hasebroek stand der Schaum vor dem Mund. Sein Fehler war, dass er nur auf Bekky achtete, die ihn starr vor Angst ansah. Als sie plötzlich große Augen bekam, schrie er ihr ins Gesicht: »Ja, jetzt weißt du, was dich erwartet.« Er sah den Schlag nicht kommen. Der Knüppel traf ihn auf den Hinterkopf und er sackte zusammen.

Auch den anderen Männern erging es schlecht. Der Überraschungsangriff von Aukje erfolgte schnell und effizient. Ein Mann bekam den Knüppel zwischen die Beine gestoßen und mit der Rückwärtsbewegung erhielt ein anderer Mann einen Stoß in den Unterbauch. Nun wälzten sich schon drei Männer vor Schmerzen auf dem Boden und Aukje ergriff ihre Chance. Sie packte ihre Freundin am Arm und zerrte sie hinter sich zur Ente. In Windeseile verstaute Aukje Bekky und den Knüppel im Auto und fuhr los.

Jetzt kamen Menschen aus allen Richtungen auf sie zugelaufen. Aukje gab Gas, streifte einen Wutbürger und raste davon. Im Rückspiegel sah sie mehrere Einsatzfahrzeuge mit eingeschaltetem Blaulicht in Richtung Altstadt fahren.

Sie fuhr zu Bekkys Wohnung und braute ihr einen Spezialtee zur Beruhigung. Während sich die beiden Frauen unterhielten, fielen Bekkys Augen langsam zu. »Ab mit dir ins Bett«, sagte Aukje. »Ich habe noch was zu erledigen.«

Sie fuhr zum Polizeigebäude und machte vorsichtshalber dabei einen großen Bogen um die Altstadt. Vor dem Dienstgebäude war alles ruhig, als sie ihre Ente dort abstellte. Sie betrat das Gebäude durch den Haupteingang und stand jetzt in der Schleuse vor dem Wachraum. Ein großer Polizist in Uniform drückte von innen auf einen Knopf und seine sehr laute Stimme knarzte aus dem Lautsprecher. »Was kann ich für Sie tun?«

»Guten Tag, ich bin Aukje van Dijken, eine Hellseherin von der Insel Texel, und ich möchte sofort mit Ihrem Kollegen Stefan Gastmann sprechen. Ach ja, übrigens bin ich die Frau, die ihre wütenden Mitbürger in der Altstadt etwas zur Räson gebracht hat.«

Der Polizist zog die Stirn kraus. »Sind Sie die resolute Dame mit dem Knüppel, die gerade drei Männer niedergeschlagen hat?«

»Na ja, ›Dame‹ passt eigentlich nicht zu mir«, sagte Aukje. »Ansonsten trifft Ihre Annahme zu.«

Sie wurde von einer jungen Polizistin durchsucht und in den Wartebereich der dritten Etage gebracht. Die Polizistin, Swantje Benninga, blieb bei ihr und sah sie immer wieder skeptisch an.

»Keine Angst!« Aukje lachte. »Ich verwandele Sie schon nicht in eine Kröte!«

Es dauerte einige Minuten, dann erschien ein Polizist in Zivil und stellte sich als Stefan Gastmann vor. Aukje erkannte sofort, dass ihn große Sorgen plagten. Er sah müde und traurig aus. »Sie wollten mich sprechen, Frau …?«

»Aukje van Dijken, Medium und Hellseherin von der Insel Texel, außerdem die beste Freundin Ihrer geheimnisvollen Dame in Schwarz.«

Der Mann sah sie staunend an. Sein Mund stand offen.

»Ich spreche von Bekky, Ihrer Herzensdame!«, half ihm Aukje auf die Sprünge.

»Meinen wir dieselbe Frau?« Seine Stimme klang noch skeptisch, aber sie konnte schon Hoffnung heraushören.

»Sehr schön, dreißig Jahre alt, lange Haare und sie trägt einen langen, schwarzen Mantel mit Sternenmotiven.« Aukje lächelte.

Stefans Augen weiteten sich. »Was können Sie mir über … äh … Bekky sagen?«

»Sagen? Herr Gastmann, ich kann was Besseres: Ich bringe Sie zu ihr!«

Nun war seine Müdigkeit offensichtlich verflogen. Er wandte sich an die Kollegin in Uniform, die mit ratloser Miene das kurze Gespräch mitgehört hatte. »Swantje, danke, dass du sie hergebracht hast! Aber wir kommen jetzt alleine zurecht.«

»Durchsucht habe ich sie«, sagte Swantje mit einem unschuldigen Lächeln, »aber sei vorsichtig, Stefan, vielleicht hat sie ja noch einen kleinen Zauberstab dabei. Andererseits … sie arbeitet ja wohl eher mit größeren Holzknüppeln.«

Aukje lächelte etwas gezwungen und wandte sich ihr zu. »Denken Sie an die Kröte!«

Stefan ging mit Aukje in den kleinen Teeraum der Etage. »Bitte setzen Sie sich, Frau van Dijken.« Er zeigte auf einen freien Stuhl.

»Danke, aber bitte nicht so förmlich. Für dich Aukje, Stefan – und ein Kaffee wäre nicht schlecht.«

»Moment bitte, Frau … äh, Aukje, ich hole nur noch einen Kollegen.« Er wollte den Raum verlassen.

»Halt, stehen geblieben!« Aukjes Stimme duldete keinen Widerspruch. »Und mach die Tür zu. Ich will erst mit dir alleine sprechen.«

Er schloss die Tür und füllte den Wasserbehälter der Kaffeemaschine.

»Wir sind uns ja einig, dass wir uns über dieselbe Frau unterhalten«, begann Aukje zu erklären.

»Allerdings wusste ich nicht, dass sie Bekky heißt«, unterbrach Stefan sie. »Ich weiß gar nichts von ihr.«

»Jetzt sei nicht eingeschnappt und hör erst einmal zu,

was ich dir sagen möchte«, sagte Aukje energisch. »Setz dich zu mir, damit ich dir in die Augen sehen kann.«

Als sie einander gegenübersaßen, ergriff Aukje Stefans Hände. Ihre Zeigefinger berührten die Handgelenke so, dass sie seinen Herzschlag fühlen konnte. Ihr Gegenüber war davon merklich irritiert, aber sie brauchte diese körperliche Nähe, um festzustellen, wie Stefan auf das reagieren würde, was gleich kam. Puls und Mimik sagten manchmal sehr viel mehr aus als Worte.

»Stefan«, sie sah ihm fest in die Augen, »ich stelle dir jetzt eine Frage und du musst sie mir ehrlich beantworten! Liebst du deine geheimnisvolle Freundin – wir wissen ja jetzt, dass sie Bekky heißt – aufrichtig, oder ist sie nur ein Zeitvertreib?«

»Ja, ich liebe sie sehr!«, sagte Stefan entschieden. »Ich habe noch nie für einen Menschen so tiefe Gefühle empfunden!«

»Das freut mich zu hören.« Aukje war erleichtert. »Stefan, was würdest du hinnehmen, um mit ihr zusammen zu sein?«

»Alles …«, sagte er, aber sie bemerkte sofort seine Unsicherheit. Da war eine Barriere.

»Da ist etwas, was dich quält, Stefan. Du musst ehrlich mit mir sein.«

Tränen bildeten sich in seinen Augen, aber er versuchte, seine Gefühle zu unterdrücken – typisch Mann, bloß keine Schwächen zeigen. »Du hast doch von dieser mysteriösen Melana gehört, die hier Menschen opfert«, sagte er zögerlich.

Aha, da lag also der Hase im Pfeffer. »Moment. Du kennst doch Bekky und weißt, was für ein Mensch sie ist, Adresse und Namen sind nebensächlich.« Aukje konnte den aufsteigenden Ärger nicht ganz unterdrücken, er zeigte sich in ihrer Stimme. »Du musst doch wissen, dass sie niemals einem Lebewesen etwas zuleide tun könnte!«

War Stefan Gastmann doch nicht der Richtige für ihre

Freundin? Oder lag es am Druck, der mit Sicherheit von allen Seiten auf ihn ausgeübt wurde? Dass dies der Fall war, spürte sie.

Jetzt überwältigten ihn seine Gefühle doch. Stefan schluchzte, als er sagte: »Ich weiß, dass sie keine Mörderin ist. Sie ist so ein herzensguter Mensch ... Aber die Umstände ... Und dann ihr Verhalten! Es ist alles zu viel für mich und ich halte das nicht mehr lange aus!«

Aukje freute sich über seine Tränen, waren sie doch die ehrlichsten Argumente. Also dann, sie wollte Stefan noch eine Chance geben. »Für Bekkys seltsames Verhalten gibt es einen Grund und der hat ganz sicher nichts mit einem Verbrechen zu tun.«

»Bitte, Aukje!« Stefan flehte sie an. »Bring mich zu ihr, egal, was es ist. Hauptsache, ich bin bei ihr.«

»Das wollte ich hören«, sagte sie mit einem Lächeln. »So, und jetzt hol uns einen Kaffee, den können wir gebrauchen. Bekky ist in Sicherheit und schläft noch. Wir haben also noch etwas Zeit.« Sie konnte förmlich sehen, wie sich Stefan bei ihren Worten entspannte.

Er stellte Kaffeetassen auf den Tisch und schenkte ein. »Du, Aukje, wir müssen uns noch über die Geschichte in der Altstadt unterhalten.« Jetzt klang er wieder wie ein Polizist.

»Wer meiner Freundin wehtun will«, Aukje sah ihm fest in die Augen, »der hat ganz sicher ein großes Problem mit mir.« Sie sah ihm an, dass er genau verstand, was sie ihm sagen wollte.

Er schlürfte seinen Kaffee und räusperte sich. »Ich hol gleich einen Kollegen zu unserer ...«

»Meintest du Vernehmung?«, schlug sie gut gelaunt vor.

»Mach dir keine Sorgen.« Stefan lächelte sie kurz an. »Die ersten Zeugenaussagen beweisen eindeutig, dass du in Notwehr gehandelt hast, als du unsere Bekky gerettet hast.« Sein Gesicht wurde blass. Sie konnte förmlich sehen, wie er sich vorstellte, Aukje hätte nicht eingegriffen und der Mob hätte Bekky an der Rathaustreppe gelyncht.

Stefan Gastmann verließ den Sozialraum und kam kurz darauf mit einem Kollegen zurück.

»Moin, Frau van Dijken«, sagte Jan Broning. »Wir kennen uns ja bereits von der Insel Texel.«

Als er ihr die Hand reichte, hielt sie seine länger als üblich fest. »Moin, Jan. Wir waren doch schon beim Vornamen.« Dann sagte sie mit großer Überzeugung: »Du wirst ihn finden und das Böse aufhalten.«

Er zog seine Hand zurück. Sie hatte ihn wohl etwas verwirrt. Aber im Moment der Berührung hatte sie gespürt, dass sie den Magier gefunden hatte. Sie war unendlich erleichtert. Wenn es jemand schaffen würde, den Mörder zu stoppen, dann waren es dieser Mann und dessen charmanter Kollege Drebber. Diese beiden verfügten über sehr feine Antennen und die nötige Sensibilität.

Außerdem waren sie trotzdem sehr männlich. Wenn sie sich zwischen den Ermittlern entscheiden sollte ... Gar nicht so einfach.

Aber Jan Broning war glücklich verheiratet und dieser Drebber war, trotz ihrer Fähigkeiten und Erfahrungen, nicht zu greifen. Wie ein schlüpfriger Fisch. Simon Drebber konnte man nicht festhalten.

»Hallo, Aukje, sind Sie noch da?«, hörte sie Broning sagen.

»Ja, Entschuldigung ... War wohl etwas in Gedanken.«

Er befragte sie nach ihren persönlichen Angaben und belehrte sie dann umständlich über ihre Rechte. Die Deutschen mit ihrer Bürokratie, da kamen wieder die Preußen durch. Allerdings musste sie zugeben, dass Broning ihr den Status einer Zeugin gab und nicht den einer Beschuldigten. Egal, ob in den Niederlanden oder hier in Deutschland: Es war kein Kavaliersdelikt, drei

Männer mit einem Eichenknüppel niederzuschlagen. Ihr Glück war, dass viele Zeugen die Notwehrsituation ganz entschieden bestätigt hatten. Sicher diese Feiglinge, die nicht eingegriffen hatten. Egal. Die Polizisten waren auf ihrer Seite und meinten es gut mit ihr. Zwar wurde Stefan während der Befragung immer ungeduldiger, aber kein Wunder – er wollte zu seiner Freundin.

Endlich konnte sie ihre Aussage unterschreiben. »So, wollen wir dann zu Bekky?«, schlug sie vor.

»Na, Stefan, fahr schon!«, sagte Jan. Aukje stellte erfreut fest, dass er es nicht nur mit ihr, sondern auch mit seinem Kollegen gut meinte.

Kurz darauf saß sie mit Stefan in ihrer Ente und fuhr über die Schleusenbrücke in Richtung Stadtrand. Sie konnte die zunehmende Unruhe des Polizisten spüren und war gespannt, wie er gleich reagieren würde.

Auf der Zufahrt zum Beerdigungsinstitut Erdmann stellte sie ihre Ente ab und stieg aus. Stefan folgte ihr unsicher zur Eingangstür. Aukje beobachtete ihn genau, als sie die Klingel drückte.

Der Bestatter öffnete. Siegmund Erdmann sah blass aus und besorgt aus. »Hallo, Aukje, hast du ihn endlich mitgebracht ...« Er sah Stefan unsicher an und machte dann eine einladende Geste. Sie betraten den Flur. Aukje ging voraus in den hinteren Bereich und öffnete eine Tür, auf der *Privat* stand. Besorgt warf sie Stefan einen Blick zu, der ihr nun durch die riesige Wohnung der Erdmanns folgte. Er war sprachlos und stand offensichtlich unter Stress.

Vor der nächsten Tür blieb Aukje stehen, klopfte und öffnete. Sie sah Stefan auffordernd an und sagte gerührt: »Nun geh schon!«

Er strahlte übers ganze Gesicht, als er Bekky Erdmann sah. Aukje ließ die Tür offen, um zu sehen, ob alles gut ausging. Vorsichtig näherte er sich dem Bett und streichelte sanft über Bekkys Gesicht.

Sie erwachte. »Träum ich noch?«, sagte sie leise mit verschlafener Stimme.

»Nein, ich bin es, Stefan. Endlich hab ich dich gefunden!«, sagte er zärtlich und umarmte sie so fest, als wolle er sie nie mehr loslassen.

Aukje schloss leise die Tür und ging in die Küche, wo Bekkys Vater auf einem Ostfriesensofa saß und ihr fragend entgegensah, tiefe Sorgenfalten im Gesicht. Seine Finger trommelten einen ruhelosen Takt auf der Tischplatte. Sie ging zum Kühlschrank, nahm eine Flasche Schnaps aus dem Kühlfach, holte zwei Gläser und setzte sich zu ihm.

»Sie hätten meine Tochter gelyncht, wenn du nicht gekommen wärst«, sagte Siegmund traurig.

Sie schenkte die Gläser voll und prostete ihm zu. »Was wollte sie denn ausgerechnet in der Altstadt?«

»Für einen Schutzzauber brauchte sie noch irgend so ein Spezialzeug«, murmelte er.

»Ist ja noch einmal gut gegangen.« Sie schenkte die Gläser wieder voll. »Prost. Runter mit dem Zeug. Können wir beide gebrauchen!«

»Prost, Aukje. Und danke. Wenn ich irgendetwas für dich tun kann ...«

Sie lachte. »Zunächst brauche ich mal eine Unterkunft.«

»Unser Gästezimmer ist immer für dich frei. Bekky ist sicher auch froh, wenn du ein paar Tage bei uns bleibst!« Diesmal füllte er die Gläser. »Wird das was mit den beiden?«

»Sie lieben sich!«, stellte Aukje fest. »Ich weiß gar nicht, warum Bekky so einen Film daraus gemacht hat.«

»Stefan Gastmann war ja schon einige Male bei uns im Institut«, erklärte Siegmund. »Dabei hat sie ihn wohl gesehen und sich verliebt.«

»Ja, und wo ist jetzt das Problem?«, wollte Aukje wissen.

»Na, sie hatte eben Angst, dass Stefan nichts mehr von ihr wissen will, wenn er erfährt, dass sie meine Tochter ist und mir bei der Arbeit hilft.«

»Bekky ist ein lieber Mensch, aber manchmal auch verdammt dumm. Hat sie das von dir?« Aukje war sehr zufrieden mit sich, als sie sah, dass Siegmund lachte und sich entspannte. Ihre Freundin hatte sie vor dem Mob gerettet und sie wusste genau, dass die Liebe zwischen Stefan und Bekky alle eingebildeten Probleme überwinden würde. Ein Happy End für die beiden. Prost, Aukje, gut gemacht!, sagte sie zu sich selber und trank das Glas leer.

Es klopfte leise und Stefan betrat die Küche. »Sie schläft wieder«, sagte er etwas unsicher.

»Herr Gastmann, setzen Sie sich doch zu uns.« Siegmund Erdmann zeigte auf einen freien Stuhl am Küchentisch.

Aukje sah zur Zimmerdecke und verdrehte die Augen. »Nun duzt euch schon! Ich hol noch ein Glas für Stefan.«

Er hob bedauernd die Hände. »Nein danke, Aukje, ich muss noch zurück zur Dienststelle. – Herr Erdmann … Entschuldigung … Siegmund … – Ich liebe deine Tochter …« Siegmund Erdmann wollte ihn unterbrechen, aber Stefan sagte: »Bitte, lass mich weiterreden. Es ist für mich absolut kein Problem, dass sie die Tochter eines Bestatters ist. Du, Siegmund, genießt bei uns einen hervorragenden Ruf und es würde mich freuen, wenn du mich als ihren Freund akzeptierst und ich bei Bekky bleiben darf.«

»Für mich zählt, dass meine Tochter glücklich ist.« Siegmund räusperte sich. »Und du scheinst der Richtige zu sein. Willkommen bei uns, du kannst immer gerne zu uns kommen.« Einen Moment lang schaute er ihn abwägend an. Dann gab er sich sichtlich einen Ruck und sagte: »Vielleicht solltest du gleich über Nacht hierbleiben. Es würde Bekky sehr helfen, wenn sie weiß, dass du in ihrer Nähe bist.«

Stefan nickte. »Ich bleibe gerne und bin einfach nur glücklich, dass ich sie gefunden habe und jetzt in ihrer Nähe bin.«

Siegmund war sichtlich erleichtert.

»Warum geht es Bekky eigentlich so schlecht?«, fragte Stefan besorgt. »Am Wochenende auf Texel war sie doch völlig in Ordnung!«

»Da muss ich etwas ausholen«, sagte Siegmund Erdmann. »Seit dem Tod meiner Frau stehen Bekky und ich uns sehr nahe. Sie vertraut mir und deshalb weiß ich auch von ihrer unglücklichen Liebe zu dir. Ich weiß auch, dass sie sich dir gegenüber sehr geheimnisvoll benommen hat. Den Grund dafür hast du schon erraten, sie schämt sich ein bisschen dafür, die Tochter eines Mannes zu sein, der beruflich mit Toten zu tun hat.«

Er sah, dass Stefan ihn unterbrechen wollte und hob die Hand. »Bitte lass mich weitererzählen. Bekky ist ein sehr sensibler Mensch und kam, bevor sie dir begegnet ist, mit der Situation zurecht. Es gab nur uns beide und was andere Menschen von uns hielten, war nicht so wichtig. Nach eurem gemeinsamen Wochenende auf Texel hat sich die Situation verändert. Ihr wurde klar, dass sie dich aufrichtig liebt. Seitdem befindet sie sich in einer Konfliktsituation. Sie ist hin und her gerissen. Auf einmal ist ihr unser Leben mit den Toten peinlich, weil sie eine abweisende Reaktion von dir befürchtet. Sie muss sich da regelrecht reingesteigert haben. Außerdem hat sie seit einigen Tagen ein irrationales Gefühl der Bedrohung von außerhalb. Ihre Sensibilität ist manchmal ein Fluch. Deshalb ist sie in einer so schlechten Verfassung. Ein guter Freund ist Arzt und ich habe ihn gebeten, nach Bekky zu sehen. In den letzten Tagen gab er ihr abends eine Spritze, damit sie wenigstens schlafen konnte. Heute ging es ihr etwas besser und sie hat zum ersten Mal wieder gelacht und das Haus verlassen … leider!«

So viel zu der Theorie, dass meine Freundin mit den Verbrechen etwas zu tun hat, dachte Aukje. »Sag mal, Stefan, diese Morde wurden doch nachts verübt?«

Das bestätigte er und erzählte ihr außerdem so viel, wie er wohl erzählen durfte. Angefangen von den Bekennerbriefen bis hin zu den Tatorten. »Diese Informationen sind sowieso in der Öffentlichkeit bekannt«, erklärte er ihr. Und bei ihm war wohl auch der Groschen gefallen, wenn auch langsam – er sah unglaublich erleichtert aus, nun, da er wusste, dass Bekky nichts mit den Morden zu tun hatte.

»Ich muss dringend meine Kollegen im Büro anrufen«, erklärte er. »Seid mir nicht böse, aber ich geh kurz nach draußen, um zu telefonieren.«

»Stefan, warte«, sagte Aukje. »Du brauchst noch den Namen des Arztes, der Bekky behandelt hat. Könnte ja sein, dass deine Kollegen etwas misstrauisch sind. Siegmund, schreib ihm den Namen und die Telefonnummer auf.«

Siegmund Erdmann notierte die Angaben auf einem Zettel und reichte ihn Stefan, der nun mit beschwingten Schritten die Küche verließ. Vermutlich war ihm der Gedanke, dass der behandelnde Arzt diese Aussagen wohl erst einmal bestätigen musste, auch schon gekommen. Eine typische Krankheit von Polizisten: Misstrauen, dachte Aukje. Und jetzt war Stefan sichtlich froh, dass sie ihm die peinliche Frage nach dem Namen des Arztes erspart hatte.

»So, Siegmund, nun erzähl mir alles, was du über diese Morde in der Altstadt weißt«, sagte sie. »Du warst doch jedes Mal am Tatort. Ich will alle Einzelheiten wissen. Dass hier jemand meine Wicca-Schwestern des Mordes bezichtigt, uns als Mörder hinstellt, das werde ich nicht hinnehmen!« Sie holte zwei Flaschen Bier aus dem Kühlschrank und goss auch die Schnapsgläser wieder voll.

Stefan, dessen Telefongespräch offenbar sehr kurz

gewesen war, kam in die Küche zurück. »Mein Chef hat mir heute freigegeben«, sagte er mit einem Lächeln. »Gilt das Angebot mit dem Schnaps noch?«

»Na klar.« Siegmund lächelte ebenfalls. »Und heute Nacht bleibst du hier. Wär doch schön, wenn Bekky aufwacht und du gleich bei ihr sein kannst.«

»Danke«, sagte Stefan und setzte sich an den Tisch.

Aukje schenkte Bier und Schnaps ein und steuerte immer wieder das Gespräch in Richtung der Morde in der Altstadt. Stefan war vorsichtig, aber trotzdem konnte sie ihm noch einige Informationen entlocken. Irgendwann zeigte er ihr die Bekennerbriefe der Hexe Melana.

»Die hat der Täter oder die Täterin überall in der Altstadt hinterlassen«, erklärte Stefan, »deshalb darfst du die auch sehen. Diese Briefe sind mit ein Grund für die Panik in der Altstadt, der Bekky fast zum Opfer gefallen wäre.«

Später saß Aukje alleine in der Küche. Siegmund bereitete den Transport der Leichen zur Gerichtsmedizin vor und Stefan saß glücklich neben Bekkys Bett und hielt ihre Hand. Aukje nahm ihre Tarot-Karten und konzentrierte sich auf diese Morde.

Die ausgelegten Karten vor ihr auf dem Tisch waren sehr negativ. Sie passten aber zu der von ihr gestellten Frage. Sie presste die Lippen aufeinander. Morgen werde ich mich mal in Leer ein bisschen umsehen, bevor ich wieder zurück auf meine Insel fahre, dachte sie. Ihr Kater musste versorgt werden und ein guter Kunde wollte eine Beratung.

Sie legte noch einmal die Karten und dachte dabei an Stefan und Bekky. Die Karten Die Liebenden, Der Wagen und Die Sonne bestätigten ihre Hoffnung für die beiden. Ihre Freundin war jetzt bei Stefan in guten Händen.

Kapitel 49

Donnerstagabend
Deutschland, Stadt Leer, Büro der Soko Hekate
Jan

Jan Broning war nach dem Telefongespräch mit Stefan unglaublich erleichtert. Also hatte er sich nicht getäuscht: Als sie letztes Mal bei Erdmann gewesen waren, waren sie beobachtet worden. Natürlich von Rebekka Erdmann, die dort wohnte. Den Grund für ihr geheimnisvolles Verhalten konnte Jan gut nachvollziehen. Der ständige Umgang mit Toten und dann die räumliche Nähe ... Es war ihr sicherlich schon häufiger passiert, dass Menschen sie deshalb abgelehnt hatten.

Tag und Nacht unter einem Dach mit den Toten, das war vielleicht ja auch ein Grund für Bekkys sehr spezielle Interessen, Mythologie und Spiritismus.

Vielleicht war schon ihre Kindheit als Tochter eines Bestatters schwierig gewesen. Kinder konnten sehr grausam sein, möglicherweise war sie oft ein Opfer für Spott und Hohn geworden. Damit war eine gewisse Isolierung vorprogrammiert. Es konnte also sein, dass Bekky sie schließlich einfach angenommen und durch ihre äußere Erscheinung unterstrichen hatte.

Aber niemand ist eine Insel, und sie hatte sich in seinen Kollegen Stefan verliebt. Natürlich war sie zerrissen gewesen zwischen ihrer Liebe zu ihm und der Angst, Stefan zu verlieren, wenn sie ihm erzählte, wer sie war. Aber Stefans Reaktion erschien Jan völlig eindeutig, Bekkys Sorgen waren unbegründet gewesen. Aukje van Dijken hatte nur noch etwas nachgeholfen. Dieses Geheimnis wäre also geklärt und Jan Broning freute sich über das Happy End.

Jetzt würde der Kollege sich sicher auch wieder voll auf die Ermittlungen konzentrieren. Die Last war von Stefans und, wenn Jan ehrlich war, auch von seinen eigenen Schultern genommen worden. Die geheimnisvolle Freundin war ja bis jetzt immer noch tatverdächtig gewesen, auch wenn Stefan das nicht hatte wahrhaben wollen. Inzwischen hatte der Arzt aber bestätigt, dass Bekky Erdmann zum Zeitpunkt der Morde vollgepumpt mit einem Beruhigungsmittel in ihrem Bett gelegen hatte.

Dieser Tag hätte beinahe mit einer Katastrophe geendet. Wäre Aukje van Dijken nicht rechtzeitig in der Altstadt erschienen und hätte sie nicht so entschieden gehandelt, um ihre Freundin vor dem wütenden Mob zu retten … In Gedanken sah Broning, wie man Bekky Erdmann am Geländer der Rathaustreppe aufhängte.

Es war nicht zu fassen, wie schnell sich angeblich brave Bürger in Bestien verwandelten. Was war nur los mit den Menschen? Wieso hatten die anderen, die besonnenen Bürger, einfach nur zugesehen?

Die drei Männer, die Aukje niedergeschlagen hatte, befanden sich jetzt in der zweiten Etage. Rädelsführer Eilt Hasebroek war direkt nach dem Verlassen der Klinik festgenommen worden. Ihn und seine Kumpels erwartete ein Strafverfahren und zurzeit wurden sie als Beschuldigte vernommen. Jan Broning hoffte, dass sich die Stimmung in der Bevölkerung jetzt beruhigen würde. Der Polizeichef Sprengel hatte keinen Zweifel daran gelassen, dass nun Schluss war mit Lustig. Die Polizisten würden hart durchgreifen, um ähnliche Situationen zu unterbinden.

Das Beste wäre, sie würden den Verantwortlichen für die Morde überführen und verhaften. Aber davon waren sie noch weit entfernt. Jan und seine Kollegen hatten die Hintergrundermittlungen zum Umfeld der ermordeten jungen Leute vorangetrieben, alle Verwandten, Freunde und Bekannten waren befragt worden, aber es ergab sich kein erkennbares Motiv, kein Zusammenhang oder ein Muster. Die Spuren am Tatort hatten sie ebenfalls nicht weitergebracht.

Dann war da noch diese rätselhafte Patronenhülse im Schädel des ermordeten Vogelbeobachters Denkela … Die neuartige virtuelle Autopsie war sehr vielversprechend. Ohne die dreidimensionalen Aufnahmen mit der Computertomographie wäre die Hülse nicht so schnell gefunden worden.

Maike startete gerade eine Suchanfrage an alle Polizeidienststellen in Deutschland. Simon Drebber war ebenfalls damit beschäftigt, für die Niederlande und international über Interpol. Die Kernfrage lautete: Wo ist schon mal eine Patronenhülse im Körper eines Opfers festgestellt worden?

Aber die ersten Ergebnisse dieser Anfragen an alle Polizeidienststellen würden vermutlich nicht so schnell eintreffen. Im Moment konnten sie nicht mehr tun. Es war ein anstrengender Tag gewesen und er ahnte, dass der morgige auch nicht einfacher werden würde. Also: Feierabend für alle!

Jan wollte seine Tochter zu Bett bringen und ihr eine Geschichte vorlesen. Danach endlich einmal wieder mit Maike auf ihrer Lieblingsbank auf dem Deich an der Ems sitzen und sich die frische Luft um die Nase wehen lassen. Ein bisschen heile Welt würde ihnen beiden guttun.

Kapitel 50

Freitagvormittag
Deutschland, Stadt Leer,
Einfamilienhaus des Keno von Hasselt
Kerak

Kerak trat gegen die Terrassentür und fluchte, weil sie wieder einmal klemmte. Seine Laune näherte sich dem absoluten Tiefpunkt.

Es gab mehrere Gründe für seine schlechte Stimmung. Zunächst war da natürlich der misslungene Mordanschlag auf die Hellseherin. Die Fahrt nach Texel war völlig umsonst gewesen. Er hatte bis spät in den Abend vergeblich in der Wohnung dieser verfluchten Hexe gewartet und schließlich aufgegeben, weil er die letzte Fähre nach Den Helder erwischen wollte.

Diese Hellseherin machte ihn mehr als nervös, weil sie ein Sicherheitsrisiko darstellte. Und dann der Zusammenstoß. mit ihrer verdammten Katze ... Die Nasenschiene, die Kerak immer noch trug, war schon auffällig genug, jetzt kamen auch noch die Kratzer hinzu. Sie sahen aus wie Abwehrverletzungen. Die parallelen blutigen Striemen wirkten, als hätten lange Fingernägel sein Gesicht zerkratzt.

Mit einem Glas Whisky in der Hand setzte er sich in den Teaksessel im Garten. Auf der gegenüberliegenden Hafenseite standen die Reedereigebäude und die Zwillingstürme einer Futtermittelfabrik, Silos, in denen das Futtermittel gelagert wurde. Sie zählten zusammen mit dem Fernsehturm zu den höchsten Gebäuden im Stadtgebiet.

Sein Blick richtete sich auf ein ungewöhnliches Auto, das langsam am gegenüberliegenden Ufer entlangfuhr und direkt bei den Türmen anhielt. Eine schwarze Ente mit gelben Kennzeichen. Eine schwarz gekleidete Frau stieg aus und Kerak glaubte zu ahnen, um wen es sich handelte.

Nein, sagte er sich dann. Wieso sollte die Hellseherin ausgerechnet hier am Hafen auftauchen? Aber er wollte Gewissheit, ging zurück ins Haus und holte das Fernglas, das sein Opfer van Hasselt griffbereit auf der Fensterbank deponiert hatte.

Beklemmung stieg in ihm auf, und er traute sich nicht, zurück in den Garten zu gehen, aus Angst, sie könnte ihn sehen. Kerak blieb innen vor dem Fenster stehen und sah durch das Fernglas zu ihr hinüber.

Er stutzte. Was machte die denn da?

Die Frau breitete eine Decke auf dem Boden vor den Türmen aus und kniete sich darauf nieder. Jetzt holte sie weiße längliche Gegenstände aus dem Beutel. Murmelte etwas. Ihre Augen waren geschlossen. Und auf einmal warf sie die Gegenstände, die sie noch in den Händen gehalten hatte, vor sich auf die Decke. Jetzt betrachtete sie offenbar das Muster, das dabei entstanden war.

Ein Mann in Arbeitskleidung ging auf sie zu. Sein Gesicht war gerötet und er schrie sie offenbar an. Wahrscheinlich ein Mitarbeiter der Futtermittelfabrik.

Es handelte sich wohl doch um Aukje van Dijken, die jetzt ihre Knochen in den Beutel packte und die Decke zusammenrollte. Sie sah noch einmal über den Hafen, murmelte etwas, stieg in ihre Ente und fuhr davon. Kerak war nicht abergläubisch, aber das Erscheinen dieser Hellseherin bedeutete nichts Gutes!

Egal, was noch passieren würde, Aukje von Dijken würde es nicht überleben.

Freitagmorgen
An Bord eines Tonnenlegers, Deutschland, Fluss Ems,
oberhalb der Jann-Berghaus-Brücke
Ippo

Das Vermessungsschiff *Karl Georg* des Wasser- und Schifffahrtsamtes befand sich oberhalb der Jann-Berghaus-Brücke im Fahrwasser der Ems. An beiden Uferseiten führten gepflasterte Wege direkt an den Fluss. Diese Stellen waren in der Vergangenheit als Anleger für Fähren benutzt worden.

Kapitän Ippo Eenboom steuerte sein Schiff genau über die vorher festgelegten Peillinien. Neben ihm stand der Steuermann Wobke. Der Auftrag lautete, die Wassertiefen im Bereich der Brücke zu überprüfen. Die Strömung der Ems war zwischen den Brückenpfeilern besonders stark. Dort entstanden immer wieder tiefe Löcher im Flussboden, sogenannte Auskolkungen. Diese Folgen der extremen Baggerungen und Flussbegradigungen konnten zu einer Unterspülung der Pfeiler führen.

Ippo konzentrierte sich auf die elektronischen Messgeräte auf dem Steuerstand. Plötzlich wurde eine Untiefe angezeigt. Der Kapitän kannte seinen Fluss und seine Anzeigegeräte genau. Diese Art der Untiefe wies auf einen untypischen Gegenstand am Flussboden hin.

»Sag mal, Wobke, haben wir eine Meldung über einen versunkenen Pkw hier an der Fähranlegestelle?«

»Vielleicht wieder ein Wildpinkler?«, sagte der Steuermann.

Es passierte immer wieder, dass Autofahrer ihre Fahrzeuge an dieser Straße abstellten, um sich zu erleichtern. Manche vergaßen, vor dem Aussteigen die Handbremse anzuziehen. Dann rollte der Wagen das starke Gefälle hinunter in die Ems. Am Ufer blieben die verdutzten Fahrzeugführer zurück und konnten nur noch hilflos zusehen, wie ihr Auto noch kurz auf dem Wasser trieb und dann versank.

»Sieht tatsächlich aus wie ein versunkenes Auto!«, stellte Kapitän Ippo fest. »Lass uns mal nachsehen.«

Kapitel 51

Freitagmorgen
Deutschland, Polizeidienstgebäude, Stadt Leer
Maike

Maike Broning saß am Schreibtisch im Büro der Soko. Im Nebenraum arbeiteten die Kollegen Onno Elzinga und Thomas van Merkerem. Stefan würde etwas später kommen, und ihr Ehemann Jan war bereits unterwegs zur Gerichtsmedizin nach Oldenburg. Seine Teilnahme an den Obduktionen der Toten Sina Sinning und Weert Bleeker war vorgeschrieben. Maike wusste, dass Obduktionen ihren Ehemann immer sehr mitnahmen und auf seine Stimmung drückten.

Das Telefon klingelte und das Display zeigte eine Hamburger Nummer.

»Soko Hekate, Maike Broning!«

»Ja, da habe ich ja gleich die Richtige!«, sagte eine männliche Stimme. »Hier spricht Kriminalhauptkommissar Olaf Bojen, Kripo Hamburg. Sie hatten doch diese Anfrage wegen der Patronenhülse, die man bei einem Mordopfer auf der Insel Texel gefunden hat.«

»Ja, diese Hülse haben die niederländischen Forensiker bei einer virtuellen Autopsie gefunden«, bestätigte Maike.

»Sehr interessant, wir haben hier nämlich einen alten

unaufgeklärten Fall, der Parallelen aufweist. Im Hamburger Hafen fand man im Winter 2010 eine Wasserleiche, einen Mann mittleren Alters, in dessen Kopf ebenfalls eine Patronenhülse steckte.«

Maike hörte konzentriert zu. Kam hier der Durchbruch im Fall des ermordeten Vogelbeobachters Denkela?

»Der Fall hat uns damals einiges an Kopfzerbrechen bereitet«, sagte Bojen. »Es gab ja die virtuellen Autopsien noch nicht und der Gerichtsmediziner staunte nicht schlecht, als er die Patronenhülse beim Aufschneiden des Schädels fand. Sie stammte übrigens aus einem Revolver, Kaliber neun Millimeter.«

»Das ist eine Übereinstimmung«, bestätigte Maike. »Bei unserer handelt es sich ebenfalls um so einen Typ.«

»Da sollten wohl unsere Ballistiker ran«, schlug Bojen vor.

»Haben Sie den direkten Zugriff auf die Hülse?«, wollte Maike wissen.

»Sie lagert in unserer Asservatenkammer«, sagte Bojen. »Und ich vermute, Sie wollen sie haben, um die beiden miteinander zu vergleichen.«

»Das wäre mein Vorschlag«, gab Maike zu. »Eine Kurierstaffel bestehend aus Kollegen mit Dienstmotorrädern?«

»Eine gute Idee, dass kriegen wir hin.« Bojen klang optimistisch. »Ich schick einen Motorradpolizisten mit der Hülse und dem Vorgang in Kopie zu Ihnen nach Leer. Außerdem übersende ich Ihnen noch einige Informationen per E-Mail vorab.«

Maike freute sich. »Danke! Sobald Ihr Kollege hier eintrifft, senden wir die Hülse weiter zum forensischen Institut nach Den Haag.«

»Übrigens … vielleicht interessiert es Sie, zu erfahren, welche Erklärung unsere Waffenexperten für die Hülse im Schädel geliefert haben?«

»Kollege Bojen, dass interessiert uns allerdings. Sie

haben sicher mitbekommen, was hier los ist und wir haben noch keine Zeit gehabt, um uns ...«

»Hab ich mir schon gedacht«, unterbrach Bojen sie. »Also, für Sie die Kurzversion – es gibt eigentlich nur diese eine Erklärung: Bei der Waffe, mit der man die Revolverpatrone abgefeuert hat, handelt es sich um eine Partisanen-Waffe. Eine primitive, aber sehr wirkungsvolle Konstruktion bestehend aus zwei Rohren, die man ineinanderschieben kann. In das dünnere Rohrende wird üblicherweise eine Schrotpatrone gesteckt. Das zweite Rohr wird über das jetzt geladene Rohr geschoben. Am Ende dieses Rohres befinden sich ein Boden und ein fest eingebauter Schlagbolzen.«

Maike stellte sich in Gedanken die Waffe vor. »Schiebt man die Rohre zusammen, trifft der fest eingebaute Schlagbolzen am Ende des dicken Rohres auf die Patrone und ... rums?«

»Genau, Kollegin. Sehr primitiv und sehr tödlich. Hat nur einen Haken.«

»Und der wäre?«

»Unser Täter damals hier in Hamburg verwendete nicht Schrotpatronen, wie die Partisanen, sondern Revolverpatronen. Unsere Ballistiker haben die Waffe nachgebaut und ausprobiert. Beim Abfeuern brennen die Hülsen manchmal am Rohrende fest und lassen sich nicht lösen. Unsere Experten lösten das Problem, indem sie die festgebrannte Hülse einfach stecken ließen und am anderen Rohrende eine neue Patrone einschoben.«

»Moment«, sagte Maike. »Ich weiß, was Sie meinen: Das innere Rohr wird einfach umgedreht und neu geladen. Das Geschoss der zweiten Patrone treibt die festsitzende Hülse am anderen Ende mit hinaus und landet zusammen mit der ersten Hülse ... in diesem Fall im Schädel des Opfers?«

»Ja. Sie sollten also Ausschau nach einer ähnlichen Waffe halten«, schlug Bojen vor. »Diese zwei Rohre sind auf den ersten Blick nicht als Waffe zu erkennen. Aber passen Sie bloß auf, es gibt keinerlei Sicherungen an der Waffe. Bei den Schussversuchen unserer Ballistiker löste sich mehrfach ungewollt ein Schuss.«

»Danke für den Hinweis, Kollege Bojen, wir werden Sie weiter informieren!«

»Frau Broning, der Kurier macht sich gleich auf die Socken.« Die Stimme des Kollegen klang nachdenklich, als er hinzufügte: »Wäre schön, wenn wir den alten Fall doch noch lösen könnten. Wir mögen hier nämlich keine unaufgeklärten Fälle.«

»Welcher Polizist, egal wo auf der Welt, mag schon unaufgeklärte Fälle!«, stellte Maike fest. »Erst einmal Danke für ihre Unterstützung, Kollege Bojen.«

»Ist doch selbstverständlich. Gute Jagd!« Bojen legte den Hörer auf.

Maike fasste ihre Notizen kurz zusammen und gab sie in den elektronischen Vorgang ein. Bis jetzt gab es keine Meldungen zu ähnlichen Fällen von den anderen Dienststellen. Das wunderte sie auch nicht, diese Sache mit der Patronenhülse im Schädel war ziemlich ungewöhnlich.

Dies wäre dann tatsächlich eine wichtige Spur im Fall des ermordeten Vogelbeobachters. Sie drückte die Speichertaste im Vorgang und seufzte. Im Fernsehen sah man die Kollegen nie etwas aufschreiben. Und wenn doch, gab es immer nur einen einzigen Bericht zu schreiben. Maike schüttelte unwillkürlich den Kopf. Vorgangsbearbeitung am Schreibtisch beanspruchte sehr viel Zeit in einem Ermittlungsverfahren. Sie hielt den elektronischen Vorgang fortwährend auf dem neuesten Stand, auch wenn das mühselig war.

Diese Partisanen-Waffe ließ ihr keine Ruhe und sie gab den Begriff in eine Internet-Suchmaschine ein. Sofort wurden mehrere Treffer angezeigt, unter anderem ein kurzer Film über die Wirkungsweise. Diesen Beitrag klickte sie an, machte sich dabei wieder Notizen und fertigte eine Zeichnung an.

Als Nächstes rief Maike den Kollegen Drebber auf der Insel Texel an und berichtete von dem Telefonat mit dem Hamburger Kollegen.

»Deine Idee mit dem Motorradpolizisten gefällt mir gut«, lobte Simon Drebber. »Wir machen es genauso und schicken euch einen Motorrad-Kollegen zur Dienststelle. Die Übergabe der Hülse kann bei euch in Leer erfolgen. Ich denke, so geht's am schnellsten.«

Seine Stimme war wirklich sehr angenehm, und er klang auch engagiert, fand Maike.

»Ich hätte gerne noch ein paar Informationen zu dem Fall aus Hamburg«, sagte Simon, »kannst du mir schon mal eine Zusammenstellung zumailen?«

»Kein Problem. Wie weit seid ihr denn mit dem Fall Denkela?«

»Bis jetzt haben wir sehr wenig«, gab er zu. »Diese Patronenhülse ist unsere erste heiße Spur. Wir werten noch die Kamera-Aufnahmen der Fähre aus. Sie sind von schlechter Qualität, aber vielleicht haben wir ja Glück!«

Maike berichtete noch von dem Zusammentreffen der Hellseherin Aukje van Dijken mit der Bürgerwehr in der Altstadt von Leer und der Freundschaft zwischen den beiden modernen Hexen Bekky Erdmann und Aukje van Dijken. Die Liebesaffäre zwischen Stefan und Bekky ließ sie bei der Schilderung allerdings aus. »Diese Aukje hat uns mit ihrer Rettungsaktion ganz schön beeindruckt!«

Sie hörte Simon lachen. »Das ist typisch für unsere Aukje. Eine beeindruckende Frau! Allerdings bereitet sie mir auch Bauchschmerzen, weil wir nicht wissen, wie der Täter auf diese Zeitungsartikel über ihre Visionen reagiert.«

»Du meinst, er könnte sich provoziert fühlen oder Angst vor weiteren Visionen von ihr haben?«, hakte Maike nach.

»Genau. Aukje ist eine unerschrockene Frau und geht keiner Gefahr aus dem Weg, wie ihr ja in der Altstadt gesehen habt. Das Beste wäre, wir würden den Fall schnell aufklären!«

Na, da höre ich ja echte Bewunderung heraus, dachte Maike. War diese Aukje eigentlich in festen Händen? Und Simon Drebber? »Wie sagt ihr in Holland?«, fragte Maike. »Succes? Viel Erfolg?«

»Danke, Maike können wir gebrauchen«, sagte Simon mit einem Lachen und legte auf.

Kapitel 52

Freitagmittag
Deutschland, Stadt Leer, Handelshafen
Passagiere an Bord des FGMS Admiral

Auf dem Parkplatz vor dem Anleger der Waage standen mehrere Busse. Die Fahrgäste stiegen aus und gingen nach und nach an Bord der *Admiral*. Eine Ausflugsfahrt auf die Ems war geplant. Es war noch kühl, aber die Sonne schien und deshalb war das Achterdeck voller Menschen, die sich das Ablegemanöver ansehen wollten.

Sie beobachteten, wie der Matrose die Festmacher löste. Aus dem Auspuff des Schiffes stiegen nun Rauchwolken auf, weil der Kapitän die Maschinen hochfuhr. Die Antriebsschrauben wühlten das Wasser auf. Strudel und Strömungen entstanden im Hafenwasser. Sie zerrten weit unter der Oberfläche an einem leblosen Körper. Seit einigen Tagen befand sich die Leiche nun schon unentdeckt unter dem Anleger. Ein Stahlwinkel der Unterkonstruktion hatte ihr Auftauchen verhindert.

223

Jetzt geriet der Körper in Bewegung und rutschte aus seiner Umklammerung.

»Guck mal, Oma, eine Schaufensterpuppe!« Ein Junge, der auf dem Achterdeck an der Reling stand, wies mit dem Finger auf einen Gegenstand im Wasser zwischen dem Schiff und dem Anleger. Die ältere Dame brauchte einen Moment, um seinem Blick zu folgen und zu erkennen, worauf ihr Enkel starrte.

In diesem Moment bemerkten auch andere Fahrgäste den leblosen menschlichen Körper und schrien entsetzt auf.

Im Büro der Soko Hekate

Maike war dabei, die Fotos der Patronenhülsen und ihre Zeichnung mit der Partisanen-Waffe an der weißen Tafel des Falles Denkela zu befestigen, als Stefan hereinkam. Sie wollte ihn gerade begrüßen, da klingelte das Telefon. Maike nahm den Hörer ab und meldete sich.

»Hallo, Maike, hier ist Klaus von der Wache. Wir bekommen gerade Meldungen über den Fund einer Frauenleiche im Hafen rein! Moment ...« Sie hörte Wortfetzen eines Funkgespräches mit. »Maike, meine Leute sind jetzt auf dem Waageparkplatz, am Anleger der *Admiral*, sie bestätigen den Sachverhalt! Eine Frauenleiche treibt im Wasser.«

»Okay, Klaus, wir kommen raus! Bitte sperrt erst einmal den Parkplatz ab.«

Onno und Thomas standen jetzt ebenfalls in ihrem Büro und schauten sie zusammen mit Stefan erwartungsvoll an. Jan war noch in Oldenburg und Maike seine Stellvertreterin. »Wir haben eine weibliche Leiche im Hafen, an der Waage«, erklärte sie. »Stefan und Onno, fahrt ihr bitte hin. Onno kennt sich ja als ehemaliger Wasserschutzpolizist mit Wasserleichen gut aus. Thomas, dich brauche ich hier. Die Motorradpolizisten für die Kurierfahrt treffen gleich ein. Du kannst mir bei den Übersetzungen helfen.«

Erleichtert stellte sie fest, dass Stefan wieder in gewohnter Form war. Er rief die Spurensicherer an, packte seine Ausrüstung zusammen und war in Rekordzeit mit Onno unterwegs zur Waage.

Deutschland, Leer, Waage
Anleger des Fahrgastschiffes Admiral
Stefan

Stefan Gastmann schwebte auf Wolke sieben. Das Schicksal meinte es gut mit ihm, fand er. Erst hatte er das Glück gehabt, an der Großen Kirche dem Mörder nicht ins Messer zu laufen, und jetzt noch dieses Happy End mit Bekky.

»Dafür, dass wir zu einer Leichenfundstelle fahren, hast du aber extrem gute Laune«, sagte Onno, der neben ihm auf dem Beifahrersitz saß.

»Onno, ich weiß endlich, wer sie ist.« Stefan lächelte schon wieder. »Und meine Bekky hat nichts mit den Morden zu tun!«

Es war nur ein kurzer Weg bis zum Parkplatz am Hafenufer. Die Waage gehörte zu den ältesten Gebäuden in Leer und befand sich in unmittelbarer Nähe zum Rathaus im Zentrum der Altstadt. Die Zufahrt war mit Flatterband abgesperrt. Ein Kollege in Uniform öffnete ihnen kurz, damit Stefan mit dem Zivilwagen und die Kollegen der Spurensicherung im weißen Bulli passieren konnten. Es standen schon viele Schaulustige an der

Absperrung und auch auf der Rathausbrücke, von der aus man den Schauplatz gut einsehen konnte.

Stefan und Onno gingen zusammen mit den Spurensicherern Egon Kromminga und Albert Brede zum Anleger. Der Gegenstand, der dort in unmittelbarer Nähe zum Ufer trieb, sah aus wie ein großes, aufgeblähtes Sofakissen. Stefan wusste von verschiedenen anderen Tatorten, dass es sich um einen menschlichen Körper in Bauchlage handelte. Beim Ablegen des Schiffes hatte die Schiffschraube das Wasser aufgewühlt, so dass Arme und Beine der Leiche nach oben gedrückt worden und von den Zeugen kurz zu sehen gewesen waren.

»So kann ich nicht arbeiten«, knurrte Albert Brede, der neben ihm stand. »Ist das hier eine verdammte Bühne?!«

Stefan sah sich um. Die Brücke war voller Menschen, und vom Außendeck der *Admiral,* die in unmittelbarer Nähe festgemacht hatte, starrten jede Menge Leute abwechselnd zu der treibenden Wasserleiche und den Polizisten herüber. »Wir brauchen das Zelt und zwar direkt am Ufer. Wir ziehen dann die Leiche an Land und bringen sie hinein.«

»Wir brauchen etwas, um die Leiche zu bewegen und herauszuziehen«, sagte Onno. »Ich besorg uns einen langen Bootshaken, damit sollte es gehen.«

Die Spurensicherer holten die Einzelteile eines weißen Zeltes aus dem Bulli und bauten das Gestell am Ufer auf. Onno wollte an Bord des Fahrgastschiffes gehen, um sich dort einen Bootshaken auszuborgen. »Warte«, sagte Stefan, »wir müssen die Leute an Bord befragen, aber am besten nicht hier. Hast du eine Idee?«

»Das erledige ich, ich kenne den Kapitän ganz gut«, antwortete Onno. »Erst mal bring ich euch den Bootshaken und dann geh ich wieder an Bord.«

»Vielleicht kann ja der Kapitän vorsichtig ablegen und eine Runde durch den Hafen drehen, während du die Leute befragst?«

»Das wäre eine gute Lösung«, stimmte Onno ihm zu.

»Sobald wir das Zelt aufgebaut haben«, überlegte Stefan laut, »holen wir die Leiche mit dem Bootshaken ans Ufer und können dann im Zelt ungestört arbeiten.« Er bemerkte, dass Onno lächelte. »Was? Stimmt was nicht?«

»Ganz im Gegenteil«, antwortete Onno. »Ich freue mich nur, dass der alte Stefan wieder da ist.«

Er brachte, wie versprochen, den Bootshaken und zusammen mit Stefan sicherten sie die Leiche provisorisch am Ufer. »Wir legen dann ab«, sagte Onno und ging wieder an Bord.

Stefan zog sich den weißen Overall über. »Dann wollen wir mal!« Gemeinsam mit Egon und Albert zog er die Leiche vorsichtig aus dem Wasser, und sie legten sie im Zelt ab. »Wollt ihr erst in Ruhe alleine arbeiten?«, fragte er die beiden Spurensicherer.

Reihenfolge und Verantwortlichkeiten an Tatorten waren klar geregelt. Zunächst waren oft die Kollegen des Streifendienstes am Tatort, um nach Eingang der Meldung den Sachverhalt festzustellen. Dann waren die Spurensicherer an der Reihe und erst wenn die ihr Okay gaben, untersuchten die Kriminalbeamten den Tatort. Außerdem war da noch der Arzt, der den Tod feststellen und den Totenschein ausstellen musste. Seine Anwesenheit war notwendig und vorgeschrieben.

Die strenge Regelung sollte vermeiden, dass unnötig viele Fremdspuren, zum Beispiel durch die Kollegen, auf den Tatort übertragen wurden. Fremdspuren später als solche zu erkennen und auszuschließen, war mit viel Arbeit verbunden.

Stefan hörte Jans Stimme außerhalb des Zeltes, öffnete die Seitenwand und trat nach draußen.

»Hallo, Stefan, ich komme gerade aus Oldenburg von den Obduktionen. Maike hat mir schon telefonisch einiges erzählt, was haben wir denn bis jetzt?«

Stefan berichtete von dem bisherigen Ablauf hier am Anleger.

»Albert und Egon haben gerade angefangen?«, fragte Jan.

»Ja, wir haben also noch ein bisschen Zeit. Wir war es denn bei der Gerichtsmedizin?«

»Im Grunde haben sie den Tathergang so bestätigt, wie wir ihn vermutet haben«, erzählte Jan. »Die Tatwaffe ist bei beiden Fällen die gleiche: ein Stilett, sehr scharf und beidseitig geschliffen. Der Täter oder die Täterin hat das Messer schräg von unten durch die Rippen gestoßen und direkt das Herz getroffen. Nur ein Einstich, aber mit dem Messer wurde im Körper der Opfer noch eine Seitwärtsbewegung ausgeführt, so dass es Stich- und Schneidverletzungen bei den Organen gab.«

Stefan musste schlucken und verzog das Gesicht. »Das hört sich an, als ob der – oder die – genau wusste, wie man mit dem Messer umgehen muss.«

Der angeforderte Arzt kam auf sie zu, und Stefan bat ihn, in das Zelt zu gehen.

»Und sonst, Stefan, alles klar?«, wollte Jan wissen.

Stefan lachte. »So gut wie noch nie in meinem Leben!« Er berichtete vom Verlauf des gestrigen Abends bei den Erdmanns. »Übrigens, Maike hat Siegmund bereits informiert, er müsste jeden Moment eintreffen.«

»Siegmund?«, hakte Jan nach.

»Ja, Siegmund Erdmann, ich duze mich jetzt mit ihm. Übrigens ein sehr netter Mensch.« Stefan zwinkerte mit einem Auge und lächelte.

»Na, dann ist ja alles im Lot, freut mich für euch!«

Der Notarzt verließ das Zelt und zog die Brauen hoch. »Na, das ist auch selten, gute Laune bei einer Wasserleiche … Sicher spezieller Polizistenhumor, um mit der belastenden Situation umzugehen!«

Stefan kommentierte die Bemerkung nicht und nahm den Totenschein entgegen.

»Ich habe eine Stichverletzung im Brustbereich festgestellt«, erklärte der Arzt. »Tschüss, bis zum nächsten Mal!« Er ging zu seinem Auto.

Egon hielt die Seitenwand des Zeltes einen Spalt offen und machte eine einladende Geste. Stefan nahm seinen Aluminiumkoffer mit der Fotoausrüstung und ging zusammen mit Jan hinein. Vor ihnen lag die Wasserleiche in Rückenlage. Es war eine Frau. Ihr Alter schätzte Stefan auf dreißig Jahre. Sie war einmal hübsch gewesen. Wasser lief aus den kurzen blonden Haaren und der Kleidung und bildete eine Lache.

Stefan machte einige Aufnahmen mit der Digitalkamera und legte sie dann griffbereit zur Seite. Zusammen mit Jan durchsuchte er die Kleidung der Toten. Sie fanden nichts. Keine Brieftasche, Schlüssel oder andere persönliche Gegenstände in den Taschen. Das war gar nicht gut, dachte Stefan, die Feststellung der Identität würde nicht einfach werden.

Was die Verletzungen betraf, so wussten die beiden inzwischen genau, wonach sie suchen mussten. Tatsächlich sah der Einstich im Brustbereich genauso aus wie bei den Opfern Sinning und Bleeker. »Identisch!«, murmelte Jan.

Stefan nickte nur, machte Fotos und benutzte einen Winkelmaß-Stab für den Nahbereich. Ihm wurde plötzlich bewusst, dass nicht nur in Bekkys, sondern auch in seinem Leben zu viel Leiden und Tod vorkamen. Im nächsten Leben suchen wir uns eine andere Beschäftigung, dachte er.

Jan holte ihn mit einem lauten Räuspern in die Gegenwart zurück. »Stefan, wir wollen sie auf die Seite legen!«

Immer wieder drückte Stefan den Kameraauslöser und half seinem Kollegen bei der unangenehmen Arbeit, bis Jan sagte: »So, was meinst du – haben wir alles?«

»Ja. Ich mache noch ein paar Übersichtsaufnahmen und dann bin ich fertig.«

Draußen vor dem Zelt hörten sie die Stimme von Onno: »Moin, Herr Erdmann, ich frag mal nach!«

»Onno, komm bitte rein!«, rief Jan, und der Kollege öffnete vorsichtig die Seitenwand und betrat das Zelt.

»Na«, fragte Stefan, »den Schiffsausflug beendet?«

»Der Kapitän hat mich in der Nähe abgesetzt, war nur ein kurzer Weg hierher«, antwortete Onno. »Bei den Befragungen ist nicht viel herausgekommen. Der Bestatter ist übrigens auch gerade eingetroffen.« Er schaute konzentriert auf die Hände der Toten und runzelte die Stirn.

»Ist dir was aufgefallen?«, fragte Stefan.

»Löst sich die Waschhaut an den Händen?«, wollte Onno wissen.

Jan nahm eine Pinzette aus dem Alu-Koffer und sah sich die Hände der Toten genauer an. Mit der Pinzette berührte er die faltige Haut und zog vorsichtig daran. Im Bereich der Innenhände löste sie sich tatsächlich bereits.

Onno nickte. »Vermutlich sechs Tage im Wasser.«

Die Männer standen nun nebeneinander und sahen auf die Leiche hinab.

»Findet ihr nicht auch, dass diese arme Frau etwas Ähnlichkeit mit der toten Sina Sinning hat?«, fragte Jan Broning.

Kapitel 53

Freitagnachmittag
Büro der Soko Hekate
Jan

»Hier, Jan, du musst was essen!«, sagte Maike.

Er nahm dankbar das Brötchen mit Nussnougatcreme entgegen. So kurz nach den Obduktionen bloß nichts essen, was auch nur irgendwie mit Fleisch zu tun hatte ...

»Hab ich aus Antjes Privat-Glas abgezweigt«, lachte Maike.

»Dann lass dich lieber nicht erwischen«, erwiderte er.

Sie erzählte ihm, wie die Übergabe der Patronenhülse aus Hamburg abgelaufen war. »Das hat sehr gut funktioniert, der Hamburger Motorradpolizist war in Rekordzeit hier. Der Kollege aus den Niederlanden traf nur etwas später ein. Unser Kollege Thomas hat die Übergabe im Hof vor ungefähr zwei Stunden organisiert.«

»Das habt ihr gut hingekriegt«, lobte Jan. »War eine gute Idee. Dann ist die Hülse also jetzt unterwegs nach Den Haag. Ich bin gespannt, ob die beiden Hülsen identisch sind!«

Sie gingen zusammen in das größere Büro zu den anderen Kollegen, und Jan berichtete noch einmal für alle von den Ergebnissen der Obduktionen von Sina Sinning und Weert Bleeker. »Beide Opfer wurden mit derselben Waffe umgebracht, ein beidseitig geschliffenes Messer. Im Mundraum der Opfer fanden sich kleine Verletzungen. Dr. Knoche vermutet, dass die Opfer von hinten umklammert worden sind. Die Abdrücke im Mund-Nasen-Raum und die Verletzungen der Schleimhäute im Mundbereich entstanden, als der Täter mit der linken Hand den Mund des Opfers zuhielt.«

»Damit sie nicht um Hilfe rufen konnten«, vermutete Stefan.

»Genau. Der Täter stach dann mit dem Messer in der rechten Hand zu. Wir haben es also mit einem Rechtshänder zu tun.«

»Oder einer Rechtshänderin«, ergänzte Maike.

Jan nickte. »Die Messerführung, insbesondere die Genauigkeit, mit der das Herz getroffen wurde, ist beachtlich.«

»Ist doch eigentlich erstaunlich, dass der Täter nur einmal zustach«, hakte Thomas nach.

»Da hast du recht«, bestätigte Jan. »Aber im geöffneten Brustraum der Leichen konnte man erkennen, dass der Täter zunächst das Messer bis zum Griff in den Körper gestoßen und dann die sehr scharfe Waffe seitlich gezogen hat. Die Verletzungen waren entsprechend und absolut tödlich.«

»Dann haben wir es mit einem Profi zu tun!«, stellte Stefan fest.

»Zumindest kann er sehr gut mit dem Messer umgehen«, sagte Jan. »Also seid gewarnt.«

»Habt ihr auch diese Filme aus den amerikanischen Gefängnissen gesehen?«, fragte der Niederländer Thomas, erkannte aber am Stirnrunzeln seiner deutschen Kollegen, dass sie ihm nicht folgen konnten. »Bei unseren dienstlichen Schulungen zur Eigensicherung werden Filme aus amerikanischen Gefängnissen gezeigt«, erklärte er. »Die Insassen werden mit Überwachungskameras beobachtet. Dabei wurden Männer gezeigt, die während des Hofganges Messerattacken auf Polizisten trainierten.«

»Wie bitte?!«, sagte Onno. »Das kann doch wohl nicht wahr sein ...«

»Oh doch, leider ist das die Realität«, sagte Thomas. »Sie trainieren, während einer Durchsuchung mit versteckten Messern die Polizisten anzugreifen. Es war alles dabei: versteckte Rasierklingen zwischen den

Fingern, angeschliffene Zahnbürsten ... Besonders erschreckend war die Schnelligkeit. Bevor wir unsere Waffe ziehen können, haben wir das Messer bereits am Hals.« Er zog den Daumen horizontal über seine Kehle.

»Danke für deine sehr anschauliche Beschreibung«, sagte Jan. »Genau das meinte ich: Wir müssen bei diesem Täter besonders auf die Eigensicherung achten. Befragungen nur zu zweit und sichert euch gegenseitig ab.«

»Genau, Jan!« Maikes Stimme klang etwas zynisch. »Es soll ja Kollegen geben, die alleine Vernehmungen durchführen und dann im Dollart landen.«

Jan sah etwas zerknirscht aus. »Ich habe verstanden.«

»Liebe Kollegen, ich habe einen Vorschlag zu machen«, sagte Onno. »Ich stelle gerade fest, dass ich gewaltigen Kohldampf habe. Wie wäre es mit einer schönen Pizza vom Italiener?«

»Jetzt wo du es sagst, krieg ich auch Appetit.« Maike grinste. »Wenn Klaas hier wäre, hätten wir das Essen bestimmt nicht vergessen!«

»Also, für mich würde es auch ein Brötchen und eine Tasse Suppe tun«, erklärte Thomas.

Onno schüttelte missbilligend den Kopf. »Thomas, als Kollege für Klaas wärst du völlig ungeeignet.«

Niederlande, Den Haag,
NFI (Forensisches Institut der Niederlande)
Klaas

Klaas Leitmann saß in einem niederländischen Polizei-Zivilwagen, neben sich auf dem Fahrersitz den Kriminalbeamten Simon Drebber.

»Sag mal, Klaas, das Geräusch gerade, war das dein Magen?« Simon sah ihn fragend an.

Blöde Frage, dachte Klaas. Er dachte an das spartanische Taubstummenfrühstück in der Ferienwohnung. Sonst holte seine Frau immer Croissants und machte extra viel Rührei für ihn. Heute Morgen hatte es nur Knäckebrot und extra dünnen Kaffee gegeben. Dies war Renates Art, ihm mitzuteilen, was sie von seiner Neuanstellung bei der Polizei der Niederlande hielt. Natürlich kannte sie seine Achillesferse.

»Ein kleiner Imbiss wäre jetzt nicht verkehrt«, antwortete er mit Verspätung und meinte eine kleine Flamme der Hoffnung am Ende seines Hungertunnels zu erkennen. Vielleicht eine Portion Kibbeling mit Patat. Wenigstens ein Fischbrötchen!

Die Flamme wurde mit einem kalten Eimer Wasser gelöscht. »Die Untersuchung der Patronenhülse hat im Moment natürlich Vorrang«, sagte Simon. »Leider sehen die verantwortlichen Forensiker dies etwas anders und so sind wir gezwungen, persönlich einmal dort vorzusprechen.«

Als sie den Wagen auf dem Parkplatz des NFI abstellten, erwartete sie dort bereits der Kradfahrer mit der Patronenhülse.

Das Gebäude war riesig. Die beeindruckende schwarze Fassade wurde nur durch lange Reihen von speziellen Glasfenstern unterbrochen. Sechshundert Experten in vierzig Sparten arbeiteten hier.

Simon Drebber hatte nach Maikes Anruf zusammen mit Thomas den niederländischen Teil der Kurierfahrt organisiert. Außerdem hatte er versucht, beim NFI die Obduktion des deutschen Vogelbeobachters Habbo Denkela zu beschleunigen. Er wollte so schnell wie möglich die Patronenhülse aus Hamburg mit der in Denkelas Schädel vergleichen.

Aber das war wohl nicht so glatt gelaufen, wie es sich Simon gewünscht hatte. Jedenfalls hatte er zum ersten Mal seine Stimme erhoben und dabei noch laut geflucht.

Kurz darauf hatte Klaas wieder in Simons Beiwagen gesessen, und sie waren Richtung Fähre gebraust. Im Fährhafen Den Helder hatte sie dieser Zivilwagen der Polizei erwartet, mit dem sie dann nach den Haag weitergefahren waren.

»Kommst du, Klaas?«, brachte Simon ihn in die Gegenwart zurück. Gemeinsam betraten sie das moderne Gebäude und Klaas staunte über das besondere und zweckmäßige Design.

In der linken Hand hielt Simon die Unterlagen aus Hamburg und in der rechten sein Handy. Wen auch immer er gerade anrief, nun ging alles doch sehr schnell. Klaas dachte sofort an den Spruch: Beziehungen schaden nur dem, der keine hat! Während er Simon durchs Gebäude folgte, musste er sich zwingen, sein Erstaunen nicht zu deutlich zu zeigen.

Der Ballistiker nahm die Patronenhülse aus Hamburg entgegen und verglich sie mittels eines Spezialmikroskops mit der aus dem Schädel des toten Denkela.

Ausgerechnet in diesem spannenden Moment störte der Magen von Klaas die andächtige Stille im Labor mit einem lauten Knurren.

»Menheer Drebber«, sagte der Ballistiker, »Sie wollten ja vor dem offiziellen Untersuchungsbericht eine inoffizielle Einschätzung.«

»Ja, ich bin Ihnen auch sehr dankbar«, sagte Simon mit einem Hauch von Ungeduld in der Stimme. »Verstehen Sie bitte, es handelt sich um einen aktuellen Mordfall mit ausländischer Beteiligung.«

»Ich verstehe. Trotzdem muss ich darauf hinweisen ...«

»... dass es sich um eine inoffizielle vorläufige Stellungnahme handelt«, vollendete Simon Drebber.

»Nun gut.« Der Ballistiker war offensichtlich beruhigt. »Ich werde die Bilder der beiden Hülsen jetzt nebeneinander auf den Monitor legen, damit Sie sehen können, was mir gleich aufgefallen ist. Außerdem vergrößere ich den Bereich, wo der Schlagbolzen seinen Abdruck am Hülsenboden hinterlassen hat.« Auf dem Monitor erschienen die vergrößerten Bilder der Patronenhülsen. Der Ballistiker klickte mit der Maus einige Einstellungen an und die Bilder legten sich übereinander. »Wie Sie sehen können, ist der Abdruck des Schlagbolzens auf dem Zündplättchen ungewöhnlich, aber identisch.«

Es folgten weitere Untersuchungen, die am Ergebnis aber nichts änderten. Die Patronenhülse aus dem Schädel der unbekannten Wasserleiche aus dem Hamburger Hafen und die Hülse aus dem Schädel des Vogelbeobachters wiesen mehrere Übereinstimmungen auf.

Simon war offensichtlich zufrieden. »Klaas, wir werden jetzt deine Kollegen in Leer informieren, und dann kenne ich da ein hervorragendes Fischrestaurant – wie wäre es mit einer holländischen Spezialität?«

Klaas rieb sich erfreut die Hände. »Du meinst, so kleine, leckere frittierte Fischstücke und Pommes dazu?«

»Genau. Für mich reicht allerdings ein Brötchen mit Fischsuppe.«

Büro der Soko Hekate
Jan

Die Kollegen der Soko räumten gerade die Teller in die Spülmaschine und stellten die Kaffeemaschine an, als das Telefon klingelte. Simon Drebber berichtete, wie die Untersuchung der Patronenhülsen verlaufen war.

Das Ergebnis schlug ein wie eine Bombe.

Jan Broning stand nun vor der weißen Tafel an der Fensterseite des Büros, mit den Fotos des toten Denkela, einem Kartenausschnitt der Insel Texel und Aufnahmen vom Fundort der Leiche. Eine weitere Tafel stand an der gegenüberliegenden Wand in der Nähe der Tür. Der große Abstand war nicht zufällig. Jan wollte damit verdeutlichen, dass es sich um zwei verschiedene Fälle handelte. An der Tafel bei der Eingangstür waren Fotos der Toten Sina Sinning, Weert Bleeker und der soeben aus dem Hafen geborgenen unbekannten weiblichen Wasserleiche befestigt.

Jan ging einige Schritte zurück und sah sich die Tafeln genau an. Zwei verschiedene Mordfälle mit einer Gemeinsamkeit: Auf jeder Tafel gab es eine Leiche, deren Identität noch nicht feststand. Auf der linken war es der Tote, den Jan als Wasserleiche X bezeichnet hatte, der Unbekannte aus dem Hamburger Hafen aus dem Jahr 2010. Auf der rechten war es die jetzt im Handelshafen Leer aufgetauchte Frau, der Jan den Namen Wasserleiche XX gegeben hatte.

Die Fälle wurden nicht einfacher, sondern immer komplizierter.

»Lasst uns mit dem Fall Denkela beginnen.« Jan teilte die weiße Tafel am Fenster in zwei Hälften, indem er mit einem Filzstift neben der Überschrift *Mordopfer Denkela* eine senkrechte Linie zog. Auf das freie Feld rechts schrieb er ganz oben: *Mordopfer Unbekannte Wasserleiche X aus dem Hafen Hamburg.* Von der Zeichnung der Waffe und den Fotos der Patronenhülsen zog er Pfeile zu den Überschriften *Mordopfer Denkela* und *Mordopfer Wasserleiche X.* »Die Tatwaffe bei diesen beiden Morden ist identisch.« Er zeigte auf die Zeichnung. »Diese einfache Partisanen-Waffe, geladen mit Revolverpatronen.«

»Dann hört es aber auch schon auf mit den Gemeinsamkeiten«, gab Maike zu bedenken. »Denkela wurde auf Texel ermordet und die unbekannte Wasserleiche X im Bereich der Stadt Hamburg!«

»Außerdem wurde die Leiche X im Hamburger Hafen entsorgt«, fügte Stefan hinzu, »Denkela dagegen wurde an Land unter einer Düne vergraben.«

»Also doch zwei verschiedene Fälle?«, fragte Onno. »Die Waffe ist einfach zu bauen.« Er trat an die Tafel und zeigte auf die Zeichnung. »Dieses innere Rohr ist ohne spezielle Züge und Felder, die ja dem Geschoss Drehung und Geschwindigkeit geben. Es ist von innen glatt. Die Hülse und auch das Geschoss weisen dann keine Riefen auf. Normalerweise überträgt sonst der gezogene Innenlauf Riefen auf das Geschoss, die einmalig sind. Es gibt bei dem alten Fall, der Wasserleiche X in Hamburg, nur diese Patronenhülse, ein Geschoss wurde nicht gefunden.«

»Das ist richtig.« Maike schaute in ihre Unterlagen. »Geschosse haben sie nur in der Leiche des Mordopfers Denkela festgestellt, deshalb konnten die Forensiker in Den Haag ja auch nur die Hülsen miteinander vergleichen. Es gibt tatsächlich keine Riefen an den Seiten der Hülsen. Aber dafür weist der Boden der Hülse individuelle Merkmale auf, insbesondere ist der Abdruck des Schlagbolzens sehr ungewöhnlich. Die Hülsen aus dem Schädel der Wasserleiche X und dem Schädel des Habbo Denkela sind vom gleichen Hersteller. Und beide Revolverpatronen wurden mit derselben Waffe abgefeuert, da sind sich die Ballistiker beim forensischen Institut in Den Haag absolut sicher!«

»Also doch eine identische Tatwaffe«, räumte Onno ein.

»Der oder die Täter erschießen mit dieser Waffe im Jahr 2010 in Hamburg einen Unbekannten und versenken ihn im Hamburger Hafen«, fragte Thomas nach, »und wenn ich es jetzt richtig verstehe, wurde diese Waffe auf unserer Insel Texel in diesem Jahr 2015 benutzt, um den Vogelbeobachter Denkela zu ermorden?«

Jan nickte. »So sehen im Moment die Fakten aus und wir müssen uns überlegen, was das für unseren Fall bedeutet. Auch wenn der Schwerpunkt der Ermittlungsarbeit im Fall Denkela noch in den Niederlanden liegt, sollten wir den nicht aus dem Auge verlieren, gerade jetzt, wo eine Spur nach Hamburg führt.«

Er trat an die Tafel an der rechten Seite des Raumes. »Lasst uns jetzt überlegen, wie weit wir mit unserem anderen Fall sind. Wir haben inzwischen drei aktuelle Mordfälle hier im Hafen und in der Altstadt. Die jetzt aufgetauchte unbekannte weibliche Wasserleiche, nennen wir sie mal XX, ist vermutlich das dritte Opfer unserer Serienkillerin Melana.«

»Meinst du das dritte Opfer, das wir gefunden haben«, hakte Maike nach, »oder die Reihenfolge der Tötung?«

»Ich meine die Reihenfolge des Auffindens«, antwortete Jan. »Die Wasserleiche XX ist ja noch nicht obduziert worden, der Todeszeitpunkt steht also offiziell noch nicht fest, aber ich finde Onnos Einschätzung dazu hilfreich. Wie war das, Onno? Erklär es noch mal für alle.«

»Wir hatten ja bei der Wasserschutzpolizei immer viel mit Wasserleichen zu tun«, sagte Onno. »Die speziellen Temperatur- und Sauerstoffverhältnisse im Wasser machen eine Todeszeitpunktbestimmung schwierig. Aber sobald der menschliche Körper mit Wasser in Berührung kommt, bildet sich eine Waschhaut. An den Händen der Toten konnte man diese Waschhaut gut erkennen. In den Hohlhänden der toten Frau löste sich die Haut bereits ab und das passiert so ab dem sechsten Tag im Wasser. Wie gesagt: Vorsicht! Es handelt sich um reine Erfahrungswerte!«

»Moment«, sagte Maike, »das würde bedeuten, unsere Wasserleiche XX war das erste Opfer unserer Serienkillerin.«

Jan änderte die Reihenfolge der Bilder an der Tafel. »Das erste Opfer: die weibliche unbekannte Wasserleiche XX. Todeszeitpunkt grob geschätzt: das letzte Wochenende, Samstag oder Sonntag.« Dann zeigte er auf das Foto der Kellnerin Sina Sinning. »Die Nacht von Montag auf Dienstag ... Der Gerichtsmediziner Knoche legte sich auf ein Uhr fest: der Todeszeitpunkt von Sina Sinning.«

»Im Bekennerbrief der Melana war von zwei Menschenopfern die Rede«, erinnerte Stefan sie. »Das passt dann ja.«

»Wieso ist die Wasserleiche XX erst jetzt gefunden worden?«, wollte Thomas wissen. »Bei den Suchaktionen hätte man sie doch eigentlich finden müssen.«

»Ich vermute, sie war unterhalb des Schiffsanlegers eingeklemmt«, antwortete Onno. »Beim Ablege-Manöver wird das Wasser aufgewühlt, die Leiche löste sich und trieb auf.«

»Okay, Kollegen«, sagte Jan, »zurück zur Zeitschiene und der Reihenfolge der Morde. Wasserleiche XX war das erste Opfer. Das nächste Opfer war Sina Sinning und jetzt zum hoffentlich letzten Opfer: die Nacht von Mittwoch auf Donnerstag, Todeszeitpunkt Weert Bleeker, wieder gegen ein Uhr.«

Im Nebenraum klingelte das Telefon. Maike ging hinüber und nahm den Hörer ab. Die Kollegen hörten nur Wortfetzen: »Interessant ... Hamburger Kennzeichen ... in der Ems ...«

Sie kam wieder herein. »In der Schleuse Leer liegt ein Vermessungsschiff und an Deck steht ein PKW, ein weißer Mini Cooper mit Hamburger Kennzeichen. Sie haben ihn in der Ems direkt oberhalb der Jann-Berghaus-Brücke eingepeilt und aus dem Wasser gezogen. Ist wohl niemand im Auto.«

Onno erzählte den Kollegen von den Unfällen der Wildpinkler. »... und so rollen die Autos immer wieder in den Fluss!« Er schüttelte den Kopf. »Ist ja trotzdem merkwürdig. Normalerweise melden die sich dann sofort bei uns. Und von einem aktuellen Suizidfall ist mir auch nichts bekannt.«

»Onno, du und Thomas solltet euch das einmal kurz ansehen«, schlug Jan vor. »Ist ja um die Ecke und du kennst dich mit diesen Sachen gut aus. Wenn es nur ein gewöhnlicher Unfall ist, dann haben wir uns wenigstens blicken lassen. – Lasst uns eine Pause machen, ich muss noch telefonieren und sobald Onno zurück ist, machen wir weiter.«

»Wollen wir denn auch noch zum Bestatter und uns die unbekannte Wasserleiche noch einmal ansehen?«, fragte Maike.

Jan überlegte. Für heute hatte er genug Leichen gesehen, und das war ihm sicherlich auch anzumerken.

»Bleib du doch hier und erledige die Telefongespräche mit Grohlich und unserem Chef«, schlug sie vor. »Ich fahr mit Stefan zu Erdmann … wenn Stefan das recht ist?«

Stefan lächelte nur und nickte heftig.

»Danke, Maike. Du bist ein Schatz.« Jan Broning war sehr erleichtert. Noch mehr tote Menschen und er hätte seinen Schlaf vergessen können.

Deutschland, Stadt Leer, Seeschleuse
an Bord des Vermessungsschiffes Karl Gustav
Onno und Thomas

An der Schleuse wartete die Schiffsbesatzung auf eine Entscheidung, wie es mit dem geborgenen Pkw an Deck weitergehen sollte. Sobald Onno die Schleuse sah, kamen die Erinnerungen an seine damalige Dienstzeit bei der Wasserschutzpolizei automatisch. Thomas merkte, dass sein Kollege nicht ganz bei der Sache war, und schaute ihn fragend an.

»Ja, Thomas, hier in der Schleuse haben wir oft mit unserem Dienstboot gelegen. Raus auf die Ems und zum Feierabend rein in den Hafen«, erklärte Onno. »Unsere Dienststelle befand sich an der Groninger Straße.«

»Lass mich raten«, sagte Thomas. »Wegreformiert?«

»Genau. Kennt ihr das in Holland auch?«

»Nach der Reform ist vor der Reform.« Thomas verzog missbilligend sein Gesicht. »Scheißthema.«

»Ja ... Bei uns wurde die Anzahl der Häuptlinge immer größer«, sagte Onno mit Sarkasmus in der Stimme, »nur Indianer wollte keiner sein! Mein alter Bootsführer hat immer im Scherz gesagt, irgendwann fahren sie noch einmal rückwärts über die Ems, Hauptsache neu und anders als früher!« Er grinste. »Der Witz ist, dass die großen Kreuzfahrtschiffe jetzt tatsächlich rückwärts nach See überführt werden. Irgendwann vergessen die bestimmt noch, dass man die Brücken öffnen sollte, bevor Schiffe passieren können.«

»Dann würde es aber ordentlich krachen!«, stellte Thomas fest.

»So, wir sind da.« Onno parkte an der Schleuse und die beiden Polizisten stiegen aus.

Das Vermessungsschiff *Karl Gustav* war mit einem Kran ausgerüstet, mit dem man Seezeichen wie Fahrwassertonnen auf See versetzen konnte. Unter diesem Kran stand ein sehr schmutziger weißer Pkw, ein Mini.

An Bord begrüßte sie Kapitän Ippo Eenboom. »Hallo, Onno! Lange nicht gesehen!«, sagte er mit lauter Stimme, und Onno stellte seinen holländischen Kollegen vor.

»Hab gehört, du quälst jetzt nicht mehr die Binnenschiffer, sondern die Lkw-Fahrer«, grinste Ippo.

»Auch schon wieder Schnee von gestern, Ippo«, antwortete Onno.

Thomas schaute zu dem Pkw hinüber. »Der muss schon sehr lange im Wasser gelegen haben, so schmutzig, wie das Auto aussieht. Der weiße Lack ist ja fast nicht mehr zu erkennen.«

Ippo und Onno sahen sich vielsagend an.

»Thomas, die Wasserqualität der Ems ist eher bescheiden«, erklärte Onno. »Von allen Flüssen in ganz Deutschland ist unser Fluss, dank der Baggerungen, der schmutzigste. Aber das ist eine andere und sehr traurige Geschichte. Dieser graubraune Schlicküberzug kann sich jedenfalls deshalb sehr schnell gebildet haben.«

Sie traten näher, und Ippo erzählte von der Einpeilung des Pkw und dem Einsatz der Taucher. Sie hatten Unterwassergurte am dem Wagen befestigt und er war mit dem Bordkran geborgen worden.

Onno hatte eine kleine Digitalkamera dabei und machte einige Aufnahmen. »Ippo, die Fenster, standen die offen, oder haben die Taucher sie geöffnet?«

»Das hat uns auch gewundert, die Fenster waren schon alle geöffnet«, antwortete Ippo.

»Vielleicht war es dem Fahrer zu warm, oder … jemand wollte, dass der Pkw schnell versinkt«, dachte Thomas laut nach.

»Genau das haben wir uns auch überlegt«, nickte Ippo. »Es handelt sich nicht um den an dieser Stelle des Flusses typischen Wildpinkler-Unfall. Deshalb haben wir ja auch gleich die Polizei informiert.«

Onno öffnete die Beifahrertür und sah sich den Innenraum an. »Guck mal, Thomas.« Er zeigte auf den Fahrersitz. »Der Sitz befindet sich ganz hinten, der Fahrer muss sehr groß gewesen sein.« Er zog Handschuhe über und öffnete vorsichtig das Handschuhfach. Darin fand er einen Parkausweis für Anwohner und mehrere Kundenkarten, die auf den Namen Wiebke Oldenhove ausgestellt waren.

Thomas sah Onno über die Schulter. »Diese Wiebke Oldenhove muss sehr groß gewesen sein«, kombinierte er.

»Die wichtige Frage lautet …«, begann Onno.

»… wo ist diese Frau jetzt?«, vollendete Thomas den Satz.

»Ich lese jeden Morgen im Polizeicomputer, was so los ist«, sagte Onno. »Von einem Verkehrsunfall hier an der Ems habe ich nichts mitbekommen. Ein Wildpinkler hätte sich bestimmt auch schon gemeldet.«

243

»Und wenn diese Wiebke Oldenhove sich umgebracht hat?«, fragte Thomas. »Sie öffnet alle Fenster und fährt bewusst in die Ems.«

»Das ist eine Möglichkeit«, antwortete Onno. »Aber wo ist dann die Leiche? Durch die geöffneten Fenster rausgetrieben?« Er schaute Kapitän Ippo Eenboom an und kam zu einem Entschluss: »Das Beste wird sein, wir gehen vom schlimmsten Fall aus, einem Verbrechen. Ippo, könnt ihr den Wagen bei euch auf dem Betriebsgelände sicher abstellen?«

»Klar, wir stellen ihn in die Halle. Die wird abgeschlossen, kommt keiner ran«, schlug der Kapitän vor.

»Das wäre eine Superlösung für unser Problem«, stellte Onno fest, »macht das bitte so. Vielleicht melden sich nachher noch die Kollegen von der Spurensicherung bei euch.«

Die Männer verabschiedeten sich und Thomas und Onno gingen von Bord. Im Auto griff Onno nach dem Telefon und rief im Büro der Soko an.

Kapitel 54

Freitagnachmittag/Freitagabend
Büro Soko Hekate
Jan

Jan Broning nahm im Nebenraum den Hörer ab. Onno berichtete ihm von dem versunkenen Pkw und der Besichtigung an Bord der *Karl Gustav*.

»Tja, so sieht es aus, Jan. Wir haben jetzt das Kennzeichen und einen Namen: Wiebke Oldenhove. Diese Sache mit den geöffneten Fenstern ist merkwürdig.«

»Du meinst, jemand wollte den Wagen entsorgen«, stellte Jan fest.

»Jo, oder Suizid«, erklärte Onno. »Soll ich auf dem Rückweg Kuchen mitbringen?«

»Du, Maike und Stefan sind noch beim Bestatter. Aber sie würden sich bestimmt über ein Stück Krintstuut mit Butter freuen.«

Als er aufgelegt hatte, breitete sich in Jans Bauch wegen des Hamburger Kennzeichens ein ungutes Gefühl aus. Die Halterfeststellung ergab, dass der aus dem Fluss geborgene Pkw auf eine Wiebke Oldenhove, wohnhaft in Hamburg, zugelassen war. Das Kribbeln verstärkte sich, als er den Namen bei den sozialen Medien eingab. Er wurde schnell fündig und seine Ahnungen wurden zur Gewissheit. Zu ihrem Profil gehörte ein Foto, auf dem sie sichtlich stolz mit einem weißen Mini zu sehen war. *Mein neues Auto!* lautete die Überschrift.

Jan Broning erkannte die Frau sofort. Sie lag jetzt auf einem von Erdmanns Behandlungstischen und wurde von Maike und Stefan untersucht. Es gab keinen Zweifel: Wiebke Oldenhove war heute Morgen tot aus dem Hafen Leer geborgen worden. Sie war die Wasserleiche XX.

Er sah auf die Uhr und öffnete die Erreichbarkeitsliste zum Vorgang Hekate. Schön, wenn man sich auf Kollegen verlassen konnte: Maike hatte die Erreichbarkeit des Kriminalpolizisten Olaf Bojen in Hamburg in der Liste erfasst. Vielleicht bekam er den Kollegen ja noch vor dem Wochenende zu fassen. Er wählte die Nummer.

»Kriminalpolizei Hamburg, Bojen am Apparat, womit kann ich helfen?«

»Moin, Herr Bojen, Kriminalhauptkommissar Jan Broning, der Mann von Maike Broning. Schön, dass ich Sie noch erreiche!«

»Geht es um diese Patronenhülse von der Insel Texel? Das hat doch wirklich gut geklappt, Ihre Frau hat mir ja davon berichtet.«

245

»Nein, es handelt sich um eine junge Frau aus Hamburg, die wir heute Morgen tot aus unserem Leeraner Hafen geborgen haben. Sie wurde ermordet und gerade haben wir ihre Identität festgestellt. Wir brauchen Unterstützung in Hamburg.«

»Natürlich, Kollege. Wie heißt die Frau?«

Jan gab ihm alle Informationen, die Bojen benötigte, und versprach, die Hamburger auf dem Laufenden zu halten.

»Kollege Broning, wir kümmern uns!«, versprach Bojen.

Als die Soko Hekate wieder komplett im Büro zusammensaß, besprachen sie die Neuigkeiten. Maike berichtete von der Leichenschau beim Bestatter.

»Die Kleidung der Toten wird getrocknet, damit eventuelle Spuren durch die Feuchtigkeit nicht verschimmeln«, erklärte sie. »Als wir uns die Leiche noch einmal angesehen haben, fiel uns natürlich die Stichwunde im Brustbereich auf. Jetzt sind die Spurensicherung und die Rechtsmedizin an der Reihe.«

Onno erzählte von der Besichtigung des Pkw der Toten an Bord des Vermessungsschiffes. »Der Pkw ist sichergestellt in einer Halle, dann können unsere Spurensicherer Albert und Egon dort daran arbeiten. Die Vermessung des Fahrersitzes wird sicher ergeben, dass zuletzt ein großer Fahrer hinter dem Lenker saß.«

»Wiebke Oldenhove war aber nicht groß«, stellte Stefan fest. »Das passt nicht. Warum sollte sie den Sitz so weit nach hinten schieben, sie kam doch so nicht an die Pedale heran!«

»Dann hat ihr Mörder zuletzt das Auto gefahren, um das Fahrzeug zu beseitigen.« Jan sah Onno an. »Ihr habt doch festgestellt, dass alle Fenster geöffnet waren, vermutlich, damit der Wagen schnell unterging.«

»Eure Spurensicherer finden im Pkw Fingerabdrücke des Täters und sofort haben wir einen Treffer in der Datenbank, Fall gelöst!«, sagte Thomas und grinste dabei. »Im amerikanischen Fernsehen funktioniert das immer! Aber Spaß beiseite, der Täter rechnete bestimmt nicht damit, dass der Pkw so schnell auftaucht.«

»Thomas, du sprichst immer von einem Täter«, sagte Maike. »Nur weil es sich um eine große Person hinterm Steuer handelt, muss es nicht unbedingt ein Mann sein. Es gibt auch große, kräftige Frauen und die waren sicher auch im Stande, unsere Opfer mit dem Messer umzubringen. Außerdem wurden die Opfer von hinten angegriffen. Diese Verletzungen am Mundbereich haben wir ja soeben auch bei der toten Oldenhove festgestellt.«

Onno stand auf, um einige Fotos des geborgenen Pkw an der rechten Tafel anzubringen und bemerkte sofort die Veränderung. »Sag mal, Jan, hast du die beiden Tafeln zusammengeschoben?«

Jan nickte. Das hatte er getan, bevor die anderen zurück waren. An der rechten Tafel stand jetzt an erster Stelle der Name Wiebke Oldenhove. Die frühere Benennung *Wasserleiche XX* hatte er ausgewischt, und unter dem Namen befand sich das Profilbild aus dem Internet.

Onno befestigte zwei Fotos des geborgenen Autos darunter. »Bist du der Meinung, diese zwei unterschiedlichen Fälle gehören doch zusammen?«

Jan konnte den Zweifel deutlich heraushören. »Nur so ein Gedanke, weil wir ja zwei Hinweise haben, die nach Hamburg führen«, erklärte er. »Die Patronenhülse im Schädel der unbekannten Hamburger Wasserleiche X aus dem Jahr 2010 ...«

Stefan ahnte, worauf sein Kollege hinauswollte. »... und Wiebke Oldenhove wohnte in Hamburg. Da gehört aber reichlich Phantasie dazu, um dort einen Zusammenhang zu erkennen.«

»Die Opfer wurden mit verschiedenen Waffen ermordet.« Maike trat an die linke Tafel. »Hier haben wir diese Partisanen-Schusswaffe und dort an der anderen Tafel ist es ein Messer.«

Jan gab sich geschlagen und stellte die Tafeln wieder getrennt voneinander auf. Allerdings nicht auf die alte Position, sondern nur mit einem Meter Abstand.

»Er gibt nicht auf!« Maike grinste.

Jan fühlte sich ertappt. »Morgen stelle ich sie wieder ganz zurück, aber lasst uns erst einmal abwarten, was die Hintergrundermittlungen zu Wiebke Oldenhove in Hamburg ergeben. Heute haben wir wenigstens einige vielversprechende Ermittlungsansätze.«

Er tippte auf die Fotos mit dem Pkw von Oldenhove. »Wir sind uns einig, dass der Wagen absichtlich versenkt wurde. Vielleicht haben wir Glück und unsere Spurensicherung findet trotz der Wassereinwirkungen Hinweise auf den oder die Täter. Außerdem sind da noch die Kleidung der Toten und die Obduktion der Leiche. Diese Ermittlungsansätze brauchen Zeit und werden, wenn überhaupt, erst im Laufe des morgigen Tages eintreffen, und deshalb ist für heute Schluss!«, kündigte er an. »Morgen teilen wir uns auf. Zum Fall Denkela auf Texel: Onno und Thomas, es könnte sein, dass zwischen dem unbekannten Toten aus dem Hamburger Hafen und dem ermordeten Denkela ein Zusammenhang besteht. Bitte überprüft noch einmal den Hintergrund von Denkela in diese Richtung. Gibt es Verbindungen nach Hamburg, zum Beispiel: Hat er dort einmal gearbeitet oder gewohnt? Ihr wisst, was ich meine; nicht, dass wir dort etwas übersehen.«

Jan zeigte auf die rechte Tafel. »Stefan und ich werden uns zusammen mit den Hamburger Kollegen um den anderen Fall kümmern. Die Hintergrundermittlungen zu Wiebke Oldenhove sind vorrangig.« Er sah Maike an.

»Lass mich raten«, sagte sie mit mürrischem Gesichtsausdruck. »Und ich soll hier im Büro versuchen, den Überblick zu behalten.«

»Das ist verdammt wichtig!«, beschwichtigte sie Jan. »Du musst vom Büro aus die Abläufe organisieren,

Anträge stellen und die Tatortberichte auswerten. Außerdem müssen die aktuellen Eingaben in den elektronischen Vorgängen beider Fälle chronologisch vorgenommen werden. Diese Fälle sind wirklich verdammt kompliziert. Eine Menge ungeliebter Aufgaben, ich weiß, aber wie schnell übersieht man etwas! Du kannst das nun mal am besten!«

»Du hast übrigens das schriftliche Ersuchen um Amtshilfe nach Hamburg vergessen.« Maike schmollte, trotz des Lobes. »Und eines sag ich dir: Bei der nächsten Soko ist jemand anders dran!«

Kapitel 55

später Freitagabend, Dienstende
Jan

Der Stechbeitel war perfekt geschliffen. Jan Bronings Daumen prüfte vorsichtig die Schärfe der Klinge. Irgendwann kann ich die Beitel auch so perfekt schärfen wie mein Schwiegervater, dachte er. Vor ihm auf einem Podest stand der ein Meter hohe Teil eines massiven Eichenbaumes. In Gedanken sah Jan bereits die fertige Figur, die er aus dem Stück Holz schnitzen wollte. Seit einigen Wochen beschäftigte er sich in der Werkstatt mit diesem neuen Hobby. Die Mauern waren zum Glück sehr dick und das ständige Geklopfe störte weder die Nachbarn noch seine Familie im Haus.

Aus einem der Fenster konnte Jan während der Schnitzarbeiten auf den Deich sehen. In der Vergangenheit hatte er bereits mehrere andere Hobbys ausprobiert, aber diese Holzarbeiten machten ihm wirklich Spaß.

Sobald er den Stechbeitel in der einen Hand und den Holzhammer in der anderen hielt, vergaß er die Welt um sich herum. Er schaltete ab und konnte sich wunderbar entspannen.

Heute hatte ihm Maikes Vater angeboten, den Holzblock mit der Kettensäge etwas vorzubereiten, aber genau das wollte Jan nicht. »Keine Maschine kommt an meine Figur!«, war seine Antwort gewesen.

»Dann brauchst du aber ewig, um die überflüssigen Teile mit den altmodischen Werkzeugen abzutragen.«

»Der Weg ist das Ziel«, hatte Jan mit einem Lächeln geantwortet. »Und wenn die Figur total missrät, gibt es wenigstens Brennholz für unseren Kamin!«

Maike

In der Küche briet Maike gerade Speckwürfel aus. Die unverzichtbare Grundlage für ihre berühmte Kartoffelsuppe. Das Rezept stammte noch von ihrer Oma aus Wolthusen. Der Topf war riesig und auf dem Küchentisch stand bereits das klein geschnittene Gemüse. Maike beobachtete konzentriert den Fortschritt bei den Speckwürfeln. Wenn sie nicht aufpasste, verbrannten sie. Der aufsteigende Rauch brannte in ihren Augen, als sie in den Topf schaute. Jetzt war der richtige Zeitpunkt und sie nahm den Topf vom Feuer. Auf einem großen Teller lag eine Schicht Papier von einer Küchenrolle. Darauf verteilte sie die braunen Würfel. Das ausgelaufene Fett wurde vom Papier aufgesogen. Nachher würde sie die Würfel wieder zurück in den großen Topf geben, ohne die große Menge an Fett, die sich jetzt im Papier befand. Der Geschmack für die spätere fertige Suppe blieb trotzdem erhalten.

Stefan und Bekky

Stefans Finger streichelten Bekky Erdmanns nackten Körper. Er lag nackt neben seiner Freundin auf tiefschwarzer Seidenbettwäsche und war glücklich.

Allerdings musste er sich erst an die Einrichtung in ihrem Zimmer gewöhnen. »Das ist hier wirklich sehr speziell«, stellte er fest.

»Ja, schön düster, nicht wahr?« Sie lachte. »Farben brauche ich nicht, nur Schwarz und Grau. Die Symbole an der Wand sind übrigens Beschwörungskreise.«

»Eigentlich fehlt nur noch eine schwarze Katze.« Stefan grinste.

»Ich hol gleich meinen Hexenbesen, Herr Polizist, und versohl dir damit deinen knackigen Hintern!«

Er war froh, dass Bekky endlich wieder lachen konnte.

Onno

»Verdammt, zu viele Knöpfe«, murmelte Onno, als er auf das Bedienfeld seines neuen Keyboards schaute, das er vor einigen Tagen gegen sein altes Klavier getauscht hatte.

Vor ihm lagen die Noten alter Volkslieder, die er nun aufpeppen wollte. Schneller gespielt und eine ordentliche Prise Bass dazu. An Stelle des lahmen Rhythmus stellte er einen moderneren Country-Rhythmus ein. Die altmodische Flöte ersetzte er durch eine Steelguitar. Ja, jetzt klang das Stück doch richtig gut! Nur schade, dass seine Finger nicht so schnell reagierten, wie es der Rhythmus vorgab.

Zack – und wieder verdrückt! Onno fluchte, weil er

aus Versehen die weiße H-Taste und nicht wie vorgesehen die schwarze B-Taste gedrückt hatte. Also wieder
von vorn: Synchrostart für den Rhythmus und diesmal
den Halbton richtig treffen.

Friesland
Thomas

Er schaffte es gerade noch rechtzeitig. Thomas saß
in Sportkleidung auf einer Bank des Sportplatzes
in Heidenskip und wickelte sich einen alten
Fahrradschlauch um seine nackte Wade. Die langgezo-
gene Ortschaft gehörte zur Provinz Friesland und lag auf
der östlichen Seite des Ijsselmeeres. Soeben wurden hier
auf der speziellen Sportanlage die regionalen friesischen
Meisterschaften im Fierljeppen ausgetragen.
    Ein Teilnehmer musste zunächst über einen langen
schmalen Steg rennen, an dessen Ende eine lange Stange in
einem Wassergraben stand, die durch Kollegen in der ge-
wünschten senkrechten Position fixiert wurde. Der Läufer
sprang an die Stange und kletterte hinauf. Dabei kippte sie
langsam auf die gegenüberliegende Seite des Grabens. Das
Kunststück war, hoch genug hinaufzuklettern, während
sie kippte. Dann galt es, den richtigen Zeitpunkt zum
Abspringen zu finden. Der Teilnehmer landete auf der
anderen Seite des Wassergrabens im weichen Sand und
die erreichte Sprungweite wurde gemessen.
    Thomas rannte über den Steg und richtete seinen
Blick auf die Stange. Hinter ihm lief sein Trainer und
feuerte ihn an. Thomas sprang, griff nach der Stange
und umklammerte sie mit den Beinen. In Windeseile
kletterte er hinauf. Unter ihm schrie sein Trainer: »Klettern! Klettern!«

Nun passierte Thomas etwas, was bis jetzt noch nicht vorgekommen war. Er verschätzte sich beim Timing. War er zu langsam angelaufen? Zu lange geklettert? Jedenfalls blieb die Stange, an der Thomas hing, senkrecht im Kanal stehen. Die beabsichtige Vorwärtsbewegung auf die gegenüberliegende Seite des Grabens blieb aus, und sie bewegte sich jetzt langsam in die falsche Richtung.

Thomas murmelte einen derben Fluch und ließ die Stange los. Er fiel mit einem klatschenden Geräusch ins kalte und trübe Wasser. Unverletzt tauchte er auf, schwamm ans Ufer und kletterte wie ein begossener Pudel aus dem Graben.

Texel
Aukje

Sie konnte es in ihrem Haus noch spüren. Das Böse war eingedrungen. Außerdem war das Schloss am Hintereingang beschädigt. Das hatte sicher kein Höflichkeitsbesuch werden sollen. Gestohlen war nichts, ein normaler Einbrecher war es also nicht gewesen.

Wütend trat sie gegen den Tisch und ihr Kater Gizmo verließ fluchtartig Aukjes Sitzungsraum. Sollte sie Willem Braakhuis informieren?

Auf jeden Fall würde sie noch einmal bei diesem Reporter anrufen. Es wurde Zeit, den Spieß umzudrehen.

Als sie schlafen ging, legte sie den Eichenknüppel neben sich ins Bett. Gizmo bekam Ausgehverbot und sollte sie vor ungebetenem Besuch warnen.

Sie schlief spät ein und wieder quälten sie Visionen.

Klaas

Renate lachte ihn endlich wieder einmal an. Klaas saß ihr im Restaurant gegenüber. Sie waren gerade beim Dessert angelangt.

»Ist das dein Ernst mit den neuen Elektrorädern?«, fragte sie etwas misstrauisch. »Die waren dir doch sonst immer viel zu teuer.«

»Für dich, mein Schatz, ist mir nichts zu teuer.« Er hielt Renates Hand und sah ihr tief in die Augen. »Es ist mir egal, was es kostet, such dir ein Rad aus und schau nicht auf den Preis!«

»Du musst ja ein mächtig schlechtes Gewissen haben«, sagte seine Frau. »Erst die Blumen, dann dies Fünf-Gänge-Menü und jetzt noch die neuen Fahrräder. Wehe, wenn du beim Fahrradhändler nur einmal zur Decke schaust oder auch nur wagst, den Kopf zu schütteln ...«

Alkmaar
Simon

Das unscheinbare Haus am Stadtrand von Alkmaar war nur spärlich beleuchtet. Simon ging durch den Hof mit den kleinen Buchsbaumhecken und klopfte an die Eingangstür.

Sie öffnete sich nur einen Spalt breit. »Alkmaar?«, fragte eine dumpfe Stimme.

»Wo alles begann!«, erwiderte Simon. Dies war die aktuelle Parole der Gilde.

»Komm rein.« Die Tür öffnete sich ganz und ein Schütze gab ihm die Hand.

»Wir warten schon auf dich, Leutnant.« Der Schütze

ging voraus und öffnete eine alte Holztür am Ende des Flurs.

Simon staunte jedes Mal aufs Neue, wenn er den Sitzungsraum der Klovenirs Gilde betrat. Den Mittelpunkt bildete ein riesiger runder Tisch. Daran saßen die 18 Schützen und der Hauptmann Frans; der leere Stuhl war für Simon bestimmt.

Die erste Form dieser Schützengilde war zu Beginn des achtzigjährigen Freiheitskampfes der Niederlande gegen die damalige Besatzungsmacht Spanien gegründet worden. Inzwischen gehörte diese Gilde zum operativen Teil des weitverzweigten Netzwerkes eines Geheimbundes. Simon war es nach Jahren als Schütze gelungen, zum Leutnant befördert zu werden. Einmal in jedem Jahr wurden 130 ausgewählte Personen aus ganz Europa für eine geheime Versammlung des Bundes eingeladen. Simons Ziel war es, eines Tages auch zu dieser Versammlung, dem inneren Zirkel, eingeladen zu werden. Wie diese Versammlungen genau abliefen, war natürlich streng geheim. Angeblich wurden bei diesen Treffen viele Weichen für die Zukunft Europas gestellt.

»Leutnant Simon, setz dich zu uns«, sagte Hauptmann Frans.

»Frans, danke, dass du mir beim Forensischen Institut geholfen hast!«

»Unsere Zweigstelle in Leiden ist etwas beunruhigt, was die Situation auf der Insel Texel betrifft.« Frans nahm den altmodischen Bierhumpen in die Hand. Vor jedem Teilnehmer stand ein ähnliches Gefäß. »Prost, meine Herren!« Er hob den Krug und setzte ihn an die Lippen.

»Mit ›Situation auf der Insel‹ meinst du sicher diesen Mord an dem deutschen Touristen?«, hakte Simon nach.

»Genau, diese Geschichte ist nicht gut für den Tourismus«, antwortete Frans. »Du solltest diese Sache bald erledigen!«

Kapitel 56

Samstagmorgen
Deutschland, Stadtgebiet von Leer
Michael

Michael Derboven sah aus dem Fenster seiner Wohnung auf den Hafen Leer. Seit zwei Monaten arbeitete er nun als Finanzberater bei der Sparbank in der Mühlenstraße. Ein Festanstellungsvertrag war sein Ziel, aber er befand sich noch in der Probezeit. Es war ihm trotzdem gelungen, den Chef davon zu überzeugen, ihm die Betreuung einiger Privatkunden zu überlassen. Dazu gehörte auch Keno von Hasselt. Er war sehr reich und die Bank verdiente gut an seinem hier deponierten Vermögen. Michael glaubte den Kunden gut zu kennen. Sicher, er lebte etwas zurückgezogen, aber das war bei wirklich reichen Menschen keine Seltenheit. Dreimal war Keno von Hasselt bei ihm in der Bank gewesen. Die Beratungsgespräche verliefen immer sachlich.

Aufgefallen war Michael allerdings die übertriebene Pingeligkeit seines besten Kunden. Bei der letzten Besprechung hatte Michael etwas Kaffeemilch auf dem Tisch verschüttet. Keno von Hasselt hatte darauf bestanden, dass der Tisch sofort gereinigt wurde. Mit einer Serviette hatte Michael die Milch aufgewischt und den abwartenden, strengen und missbilligenden Blick seines Kunden bemerkt. »Sie glauben doch wohl nicht, dass ich auf einem so schmutzigen Tisch meine Papiere unterschreibe und mitnehme!«, hatte Keno ungnädig gesagt, auf seine manikürten Fingernägel geschaut und abgewartet.

Michael war nichts anderes übriggeblieben, er hatte Reinigungstücher besorgt und den Tisch damit abgerieben.

Keno von Hasselts Verhalten war übertrieben gewesen, aber das war Michael egal, solange er ihm weitere Geldanlagen verkaufen konnte. Bis jetzt lief alles optimal und Michael hatte geglaubt, die Finanzstrategie dieses Kunden zu kennen.

Dies war aber wohl doch nicht so. In den letzten Tagen hatte Michael genau das Online-Banking-Verhalten seines besten Kunden verfolgt und wurde immer nervöser. Inzwischen hob von Hasselt jeden Tag Bargeld vom Bankautomaten ab. Das stellte grundsätzlich kein Problem dar, auch wenn von Hasselt bis jetzt von Bargeldgeschäften nichts gehalten hatte. Was ihn wirklich unruhig machte, war die große Transaktion von Vermögensanteilen an eine ausländische Bank in Luxembourg. Die Chefs der Sparbank mochten es nicht, wenn Kunden ihr Geld zu einer anderen Bank brachten.

Michael fluchte, weil man ihm die Schuld für diese Verluste ankreiden würde. Schließlich war er der verantwortliche Berater. Seinen Festanstellungsvertrag konnte er dann vergessen.

Er hatte in den letzten Tagen versucht, einen Termin mit Keno von Hasselt zu vereinbaren. Jeden Morgen hoffte er vergeblich, eine entsprechende Antwort in seinem E-Mail-Konto zu finden. Die Versuche, ihn telefonisch zu erreichen, waren ebenfalls erfolglos verlaufen.

Heute Morgen wollte er wie immer mit dem Fahrrad Brötchen für sein Frühstück besorgen, und der Laden mit den besonders leckeren befand sich in der Nähe des Hauses von Keno von Hasselt. Er war schon oft mit seinem Fahrrad daran vorbeigefahren. Der Radweg in Richtung Altstadt lief direkt an der Mauer des Hauses entlang.

In Gedanken war er schon wieder bei der Arbeit am Montag, und so bemerkte er den Mann viel zu spät, der aus der Pforte vor van Hasselts Haus auf den Radweg trat. Michael fluchte und bremste viel zu heftig, das

Vorderrad blockierte und er stürzte. Zum Glück hatte er den Mann nicht gerammt, dafür lag er nun selber auf dem Hosenboden, mit einem aufgeschrammten Knie.

»Hoppla!«, rief der Mann erschrocken und sah Michael mit großen Augen an.

Michael war wütend, der Kerl hatte schließlich offensichtlich nicht aufgepasst, bevor er auf den Radweg trat. Aber dann erkannte er Keno von Hasselt trotz der Nasenschiene, atmete tief durch und dachte daran, dass er selber auch nicht sehr aufmerksam und außerdem sehr schnell unterwegs gewesen war. Nun beschloss Michael, das Beste aus der Situation zu machen.

»Herr von Hasselt ...« Er stand mühsam auf. »... fast hätte ich Sie überfahren. Haben Sie mich denn gar nicht gesehen?« Für einen Moment sah von Hasselt ihn fragend an. Wusste er nicht, wer Michael war, oder stand er unter Schock? Sein Gesicht sah wirklich übel aus, als hätte von Hasselt vor kurzem einen Unfall gehabt, der schlechter ausgegangen war als dieser Beinahezusammenstoß. Außerdem sah der Mann etwas verwirrt aus, ständig sah er sich in der Umgebung um.

»Entschuldigen Sie bitte, Herr ...«, stammelte von Hasselt schließlich, »ich kann mich so schlecht an Namen erinnern.«

»Michael Derboven, von der Sparbank«, erwiderte Michael schnell, »Ihr Finanzberater.«

»Natürlich!« Von Hasselt machte ein zerknirschtes Gesicht. »Nochmals Entschuldigung, Herr Derboven, es war ja nicht Ihre Schuld, ich hätte besser aufpassen sollen. Aber nach diesem Unfall ... Sie sehen ja, wie lädiert ich aussehe!«

»Darf ich fragen, was passiert ist?«, wollte Michael wissen. »Kann ich Ihnen vielleicht irgendwie helfen?« Unbewusst rieb er sich sein schmerzendes Knie. Vielleicht war er es eher selbst, der Hilfe brauchte ...

»Ich bin vor ein paar Tagen auf einem rutschigen Anleger gestürzt«, erklärte von Hasselt, »und mit dem Kopf aufgeschlagen. Dabei habe ich mir die Nase gebrochen und muss diese Schiene tragen. Außerdem habe ich wohl eine leichte Gehirnerschütterung.«

Wieder schaute Michaels Kunde sich in der Umgebung um, als wäre er immer noch etwas verwirrt, aber dann sagte er freundlich: »Herr Derboven, Sie scheinen Hilfe eher nötig zu haben als ich. Kommen Sie doch herein und wir sehen uns in meinem Haus Ihr Knie einmal an, Ihr Fahrrad können Sie hinter der Mauer abstellen, da kommt es nicht weg.«

Michael konnte sein Glück kaum fassen. Offenbar hatte der Kunde jetzt ein schlechtes Gewissen. Diese Gelegenheit musste Michael nutzen! Er schob sein Fahrrad durch die Pforte und stellte es an die Innenseite der Mauer. Hinter ihm schloss von Hasselt die Pforte ab, ging zur Haustür, öffnete und machte eine einladende Geste.

Michael lächelte ihn dankbar an und ging ins Haus.

Kerak

Ausgerechnet seinen Finanzberater hatte er also jetzt im Haus … Nur weil ihm der Magen so geknurrt und er vor lauter intensiver Überlegung nicht aufgepasst hatte, als er aus der Pforte trat, um sich beim Bäcker ein paar Brötchen für sein Frühstück zu besorgen.

Gestern war die Leiche von Wiebke Oldenhove beim Anleger an der Waage aufgetaucht. Er erinnerte sich, wie die Frau ihn hier im Haus überrascht hatte. Dann ihre Flucht in den Hafen und ihr vergeblicher Versuch, ihm zu entkommen.

Außerdem war ihr Wagen geborgen worden, der weiße

Mini, den er nach dem Mord in der Ems versenkt hatte. Die Zeitungen berichteten über die Bergungsaktion an der Ems und den Fund der Leiche an der Waage.

Merkwürdig. Gestern war gegenüber von seinem Haus diese verfluchte Hexe aufgetaucht, und prompt fand man die Frau und ihren Wagen.

Die Ermittler würden mit Hilfe des Kennzeichens schnell herausfinden, wem das Auto gehörte. Es war nur eine Frage der Zeit, bis man außerdem herausfand, dass es sich um die Freundin von Keno von Hasselt handelte. Früher oder später würden die Ermittler hier auftauchen.

Besser später, weil die Transaktion von Keno von Hasselts Vermögen noch nicht beendet war, erst am Montag sollten die Bestätigung für das Nummernkonto in Luxembourg und die erforderlichen Passwörter und TAN-Codes eintreffen. Egal, was passierte: So lange musste er als von Hasselt durchhalten. Die Goldmünzen, das Bargeld aus dem Safe und die paar Tausender, die er mittels Geldautomaten von dem Vermögen seines Opfers abgezweigt hatte, waren nur ein Anfang. Er brauchte Zeit und eine weitere Ablenkung für die Ermittler.

Er ging dem jungen Mann voraus ins Wohnzimmer. »Bitte setzen Sie sich doch erst einmal.« Kerak zeigte auf einen Sessel am Wohnzimmertisch.

Michael Derboven nahm Platz und sah einen Moment zu lange auf Tisch, auf dem leere, schmutzige Gläser und Reste von Fertigmahlzeiten standen, zusammen mit leeren Chips-Tüten. Nun wanderte der Blick des jungen Mannes zu Keraks Händen.

Stimmte mit seinen Händen etwas nicht? Nun ja, die Fingernägel waren ungepflegt …

Der Mann wurde sichtlich immer nervöser und Kerak spürte dessen aufsteigende Angst. Er musste sich irgendwie verraten haben.

»Bitte entschuldigen Sie die Unordnung, Herr Derboven, ich war noch nicht auf Besuch vorbereitet«, erklärte

Kerak. »Ich habe Ihnen ja von meinem Unfall erzählt – Sie sehen, ich bin noch nicht wieder in alter Form.«

Das schien den Mann tatsächlich etwas zu beruhigen.

»Ein komischer Zufall, dass wir quasi vor meiner Haustür zusammentreffen«, sagte Kerak, »wollten Sie zu mir?«

»Nein, Herr von Hasselt«, erwiderte Derboven, »ich würde Sie doch nicht zu Hause belästigen! Ich wollte nur Brötchen holen. Ich wohne in der Nähe und der Weg zum Bäcker führt an Ihrem Haus vorbei.«

Kerak entspannte sich. Es wusste also niemand, dass sich Derboven in seinem Haus befand.

Der junge Mann hatte sein schmerzendes Knie wohl vergessen. Aber er presste seine Lippen fest zusammen und Kerak ahnte, woran Derboven jetzt dachte. Er machte ein mitfühlendes Gesicht und sagte: »Und jetzt überlegen Sie, ob Sie mich wegen meiner Finanzgeschäfte ansprechen sollen?« Mit einem verständnisvollen Lächeln fügte er hinzu: »Da ich ja quasi den Unfall verursacht habe, kann ich Ihnen den Gefallen wohl tun. Nun sind Sie mal hier, da können wir auch darüber sprechen.«

Der junge Banker entspannte sich wie gewünscht. »Ja, Herr von Hasselt ...« Er klang erleichtert. »Ehrlich gesagt habe ich mir insbesondere Sorgen wegen Ihrer finanziellen Transaktionen nach Luxembourg gemacht.«

»Moment bitte«, unterbrach ihn Kerak, »bevor wir uns darüber unterhalten, setze ich uns einen Kaffee auf und hole den Verbandskasten. Während ich mir Ihr Knie ansehe, können wir uns in aller Ruhe weiter über die Finanzaktionen unterhalten.«

Er verließ das Wohnzimmer, verschloss leise die Eingangstür des Hauses, holte sein Messer und versteckte es unter seiner Kleidung. Dann ging er zurück ins Wohnzimmer und näherte sich dem Sessel, in dem sein Besucher mit dem Rücken zu ihm saß und nicht sehen konnte, wie Kerak das Messer unter seiner Kleidung hervorholte.

Derboven zog gerade sein Handy aus der Tasche. Vermutlich wollte er jemanden anrufen und mitteilen, was passiert war. Oder noch schlimmer ... der Mann hatte ihn durchschaut und rief nun die Polizei an. Das konnte Kerak natürlich nicht zulassen. Mit einer schnellen Bewegung seiner linken Hand umklammerte er den Hals des Mannes von hinten. Seine rechte Hand führte mit einem schnellen Stoß das Messer zwischen den Rippen hindurch ins Herz. Das Stilett steckte bis zum Griff in Derbovens Brust, und Kerak bewegte es zur Seite. Die kombinierte Stich- und Schneidbewegung der scharfen Klinge hinterließ tödliche Verletzungen und Michael Derboven sank leblos in sich zusammen.

Kerak zog den Körper in die Vorratskammer und verschloss die Tür. Dies sollte nur eine Zwischenstation für die Leiche sein. In der kommenden Nacht würde er einen besseren Ort finden. Er lächelte. Einen Ort, der wieder für Aufsehen sorgen würde. Eine willkommene Ablenkung, eine Beschäftigung für die Ermittler.

Deutschland, Büro der Soko Hekate
Jan

Onno und Thomas waren zurück von der Familie Denkela. Sie hatten herausfinden sollen, ob es Verbindungen zwischen dem in den Texeler Dünen ermordet aufgefunden Habbo Denkela und Hamburg gab. Insbesondere war das Jahr 2010 für die Ermittler von Interesse, in dem der noch immer nicht identifizierte Tote aus dem Hamburger Hafen geborgen worden war, den man mit derselben Waffe umgebracht hatte.

»Wir haben mit der Frau und der Tochter gesprochen«,

berichtete Onno. »Es bestanden und bestehen keine Verbindungen nach Hamburg.«

»Noch nicht einmal ein Besuch bei einem Musical, gar nichts«, ergänzte Thomas.

»Also eine Sackgasse«, stellte Jan fest. »Ich wollte noch abwarten, was ihr herausfindet, bevor ich den Hamburger Kollegen anrufe.«

Das Telefon auf dem Schreibtisch klingelte, die Kollegen von der Insel Texel riefen an. Jan stellte den Lautsprecher an, damit alle Mitglieder der Soko mithören konnten. »Kripo Leer, Jan Broning, guten Morgen!«

»Hallo, Jan, hier ist Simon. Ich wollte euch über einen kleinen Fortschritt bei unserem Fall Denkela berichten. Wir haben inzwischen die Kamera-Aufzeichnungen am Fähranleger ausgewertet. Wir wollten ja wissen: Wo ist der Pkw des Ermordeten? Ist der Mörder eventuell mit dem Pkw von der Insel geflüchtet?«

»Und ihr habt etwas gefunden!«, vermutete Jan.

»Tatsächlich haben wir festgestellt, dass am vergangenen Samstag eine unbekannte Person in Denkelas Auto saß und mit der ersten Fähre rüber zum Festland nach Den Helder fuhr! Nur sind leider die Aufzeichnungen miserabel und der Fahrer ist ganz bewusst dicht auf wartende Lkw aufgefahren, damit sein Auto verdeckt ist. Der Wagen ist nur einmal kurz zu sehen. Und der Fahrer trug eine Schirmmütze, man kann nichts Genaues von ihm erkennen.«

»Verflixte Axt«, fluchte Jan, »wäre ja aber auch zu schön und einfach gewesen.«

»Ja, aber es gibt auch noch Positives zu berichten«, erklärte Simon. »Wir haben jetzt den Pkw der Denkelas auf dem Parkplatz Willemsoord gefunden, das ist in Den Helder, in der Nähe zum Fähranleger. Allerdings ist eine Seitenscheibe des Autos eingeschlagen, und das eingebaute Navigationsgerät ist aus der Konsole gebrochen worden. Wir können leider nicht sagen, wie lange der Wagen dort schon stand und was sonst noch aus dem Auto gestohlen wurde. Die Kollegen haben den Wagen sichergestellt und er wird jetzt kriminaltechnisch untersucht.«

»Ist euch bei der Position des Fahrersitzes etwas aufgefallen?«, wollte Jan wissen.

»Ja, allerdings. Der Sitz war ganz nach hinten geschoben«, antwortete Simon.

»Das ist ja interessant«, sagte Jan. »Gestern haben wir hier nämlich auch einen Pkw sichergestellt, dessen Sitzeinstellung auf einen großen Fahrer schließen lässt. Simon, inzwischen haben wir hier in Leer überprüft, ob es Verbindungen zwischen Denkela und Hamburg gibt, leider negativ bis jetzt.«

Er berichtete noch vom aktuellen Fall in Leer und wollte das Gespräch schon beenden, als Simon sagte: »Jan, bevor du auflegst: Ich soll noch vom Kollegen Klaas grüßen.«

»Danke, Simon, grüß zurück!«

»Heute hat Klaas frei.« Simons Stimme klang fröhlich. »Er soll sich erst einmal um seine Frau kümmern, bevor wir hier noch einen toten Touristen haben.«

Jan legte auf, und sofort klingelte das Telefon wieder. »Kripo Leer, Jan Broning, guten Morgen …«

»Moin, Kollege Broning, Olaf Bojen aus Hamburg am Apparat, wir könnten uns doch eigentlich duzen.«

»Ja, Olaf gerne, für dich dann Jan«, antwortete er und stellte das Telefon wieder laut.

»Jan, seit deinem Anruf gestern haben wir sofort mit den Hintergrundermittlungen zu der toten Frau Wiebke Oldenhove begonnen. Zunächst haben wir die Hinterbliebenen aufgesucht.« Olaf atmete tief durch. »War schrecklich. Die Eltern hatten wohl schon etwas geahnt. Ich fass mal die Ergebnisse kurz zusammen. Die schriftlichen Unterlagen und Berichte dauern noch etwas. Also: Wiebke Oldenhove soll neuerdings einen

Freund in Leer haben. Sie hat allerdings ein großes Geheimnis daraus gemacht. Die Mutter wusste nur, dass es ein reicher Mann sein soll. Angeblich Eigentümer einer Jacht. Dann waren wir bei ihrem Arbeitgeber ...«

»Olaf, das mit ihrem Freund hier in Leer ...«, unterbrach ihn Jan. »Mehr wusste die Mutter nicht?«

»Das ist sehr dünn, ich weiß. Wie gesagt, Wiebke Oldenhove wollte noch nicht viel preisgeben über diese neue Beziehung.«

»Habt ihr nach Verbindungen zur Wicca-Szene gefragt?«

»Haben wir, Jan, absolut negativ«, antwortete Olaf. »Außerdem haben wir uns ihre Einliegerwohnung bei den Eltern angesehen. Alles völlig normal. Nichts, was auf eine Verbindung zur okkulten Szene hinweist. Leider hatte sie keinen Festnetztelefonanschluss, ihre zuletzt gewählten Telefonnummern wären sicher interessant gewesen, und bevor du fragst: Sie hatte einen Firmenhandy mit einer zweiten Sim-Karte. Womit wir jetzt gleich beim Arbeitgeber von Wiebke Oldenhove sind. Es handelt sich um die Reederei Wuss. Wir sind hingefahren und haben mit dem Personalsachbearbeiter gesprochen. Also, die Reederei hat den Hauptsitz hier in Hamburg und eine Nebenstelle bei euch in Leer. Wiebke Oldenhove arbeitete sehr selbstständig und pendelte zwischen ihren Arbeitsstellen in Hamburg und Leer.«

»Die müssen sie doch vermisst haben!«, sagte Jan verdutzt.

»Ja, war auch mein Gedanke«, bestätigte Olaf. »Aber die von der Reederei in Leer dachten, sie wäre in Hamburg, und die in Hamburg dachten, sie wäre in Leer. Erst gestern fiel ihnen angeblich auf, dass etwas nicht stimmt. Eine Kollegin hatte wohl ihre dringendsten Arbeiten erledigt, weil sie vermutete, Wiebke wäre bei ihrem neuen Freund und wohl etwas abgelenkt.«

»Da ist er wieder, der geheimnisvolle Freund«, stellte

Jan fest. »Konnte diese Kollegin nicht etwas über diesen Mann berichten?«

»Leider nicht, auch bei ihr war Wiebke Oldenhove sehr zurückhaltend mit Informationen«, antwortete Olaf. »Ein reicher Mann mit einer Jacht, der in Leer wohnt. Angeblich würde sie da bereits übernachten. Wiebke Oldenhove hat sinngemäß zu ihrer Kollegin hier in Hamburg gesagt, dass sie am Sonntag zu ihrem neuen Freund nach Leer fahren wollte.«

»Olaf, dieser angebliche Freund könnte sehr wichtig für unsere Ermittlungen sein und …«

»Ist mir klar«, unterbrach ihn Olaf. »Ich habe tüchtig nachgebohrt, aber nur noch eine Sache herausgefunden.«

»Mach es nicht so spannend!«, stöhnte Jan.

»Also: Wiebke Oldenhove hat einmal zu ihrer Kollegin im Scherz gesagt, dass sie ihren neuen Freund vom Fenster ihres Arbeitsplatzes aus im Garten sehen könnte«, erklärte der Hamburger. »Und so groß ist der Leeraner Hafen ja nicht.«

»Ja, im Vergleich zum Hamburger ist unser Hafen natürlich klein, aber das Gebäude der Reederei Wuss liegt ziemlich zentral im Stadtgebiet«, erwiderte Jan. »Von diesem hohen Gebäude aus kann man sehr gut in etliche Gärten sehen. Außerdem muss die Jacht ja nicht zwangsläufig am Grundstück liegen. Die Jachten liegen oft in speziellen Jachthäfen und davon haben wir hier einige.«

»Stimmt auch wieder. Aber wir haben noch einen Joker im Ärmel.«

»Du meinst die Anrufliste von ihrem Firmenhandy«, dachte Jan laut nach, »die Telefondaten von ihrer privaten Sim-Karte. Sie hat doch bestimmt ihren neuen Freund angerufen und die Nummer wird sicher öfters in der Gesprächsliste erscheinen.«

Jan hörte Olaf am Telefon lachen. »Genau das ist der Joker, nur leider hat er einen Haken. Die Daten haben wir natürlich angefordert, nur: Wir haben Samstag, so schnell bekommen wir die also nicht. Aber dieser Freund von ihr … Denkst du an eine Beziehungstat? Es sollte sich aber doch um einen Ritualmord dieser Hexe Melana handeln?«

»Das ist richtig, aber trotzdem, mit diesem Mann müssen wir sprechen«, antwortete Jan.

»Ich versteh schon.« Olaf lachte wieder. »Wir Polizisten ticken doch alle gleich. Wie heißt es so schön? Tunnelblick vermeiden und in alle Richtungen ermitteln.«

»Andere Richtung, das ist das passende Stichwort …« Jan berichtete von den Befragungen der Familie Denkela im Fall des Toten aus den Texeler Dünen. »Olaf, es gibt da keine Verbindung zwischen Habbo Denkela und eurem alten Fall in Hamburg, zur unbekannten Wasserleiche aus dem Jahr 2010. Denkela arbeitete nie im Hamburger Hafen, wohnte nie in Hamburg und auch in der Freizeit hat er sich nie in Hamburg aufgehalten. Sein Auto wurde inzwischen durch die niederländische Polizei im Fährhafen Den Helder sichergestellt. Die Auswertung der Spuren dauert aber noch.«

»Das klingt gut, aber unser alter Fall, die unbekannte Wasserleiche«, Olaf klang jetzt etwas zerknirscht, »bereitet uns noch immer Kopfzerbrechen. Wir haben ebenfalls keine Verbindung zwischen Wiebke Oldenhove und diesem kalten Fall herstellen können.«

»Olaf, wir haben noch das Problem mit der offiziellen Identifizierung der Leiche von Wiebke Oldenhove«, erinnerte ihn Jan.

»Ihre Eltern wollen mit der Eisenbahn zu euch kommen, der Zug ist gegen 13 Uhr im Bahnhof Leer«, erklärte Olaf mit trauriger Stimme.

»Wir kümmern uns um sie, holen sie am Bahnhof ab und fahren mit ihnen zum Bestatter Erdmann hier in Leer«, schlug Jan vor.

»Okay, Jan, so machen wir es.«

Sie tauschten Telefonnummern, versprachen, sich gegenseitig auf dem Laufenden zu halten, und beendeten das Gespräch.

Jan sah seine Kollegen im Büro an. »Tja, ihr habt es selber gehört ... Wir sollten die neuen Informationen gemeinsam besprechen und einsortieren.« Er ging zur linken Tafel und zog sie neben die rechte.

»Es geht schon wieder los«, sagte Maike mit einem Grinsen.

»Wir sollten unsere Zeitschiene nicht aus dem Auge verlieren und chronologisch vorgehen. Auf der rechten Tafel hatten wir bereits die Reihenfolge der Opfer geändert. Ausgegangen waren wir ja vom Zeitpunkt des Auffindens, jetzt sehen wir von links nach rechts die Reihenfolge der Opfer nach dem jeweiligen Todeszeitpunkt. Auf der linken Tafel hatten wir das noch nicht getan.«

Jan wischte die alten Einträge dort ab und überschrieb die Tafel jetzt mit *Herbst 2010, Hamburger Hafen.* Darunter befestigte er ein Bild der noch unbekannten männlichen Leiche. Man konnte das Netz mit den Steinen erkennen, mit dem sie beschwert worden war. Unter diesem Bild befestigte er Maikes Skizze von der Partisanen-Schusswaffe und fügte handschriftlich ein: *Hülse im Schädel des Toten.*

Dann teilte er die linke Tafel mit einem senkrechten Strich in zwei Hälften und überschrieb die rechte davon mit *Frühjahr 2015, Insel Texel.* Darunter kamen ein Bild des ermordeten Habbo Denkela und eins mit der Bunkeranlage und den Dünen, wo der Tote gefunden worden war. Handschriftlich fügte er hinzu: *Ermordet mit Partisanen-Schusswaffe* und *Hülse im Schädel.* Darunter befestigte er ein Bild von Denkelas Pkw und fügte hinzu: *Sitzposition für großen Fahrer/Fahrerin.*

Jan ging auf Abstand zu den Tafeln und nickte zufrieden. »So, jetzt sind alle Opfer chronologisch geordnet von links nach rechts. Zunächst die linke Tafel: Unbekannte Wasserleiche X aus dem Hamburger Hafen, daneben das Opfer Habbo Denkela. Auf der rechten Tafel: Das Opfer Wiebke Oldenhove, dann die Opfer Sina Sinning und Weert Bleeker. Thomas, kannst du bitte auf der niederländischen Karte eine blaue Stecknadel für den aufgefundenen Pkw im Fährhafen Den Helder setzen? Ich bin mir nicht sicher, wo sich dieser Parkplatz Willemsoord genau befindet.«

Er wartete, bis der niederländische Kollege die Nadel platziert hatte. Demnach stand Habbo Denkelas Pkw in direkter Nähe zum Fährhafen nach Texel.

»Lasst uns die Informationen der Reihe nach bewerten«, schlug Jan vor, »falls wir eine Verbindung zwischen den Mordopfern feststellen, zeichne ich eine entsprechende Verbindungslinie auf den Tafeln ein. Zunächst haben Onno und Thomas festgestellt, dass es keine Verbindung vom ermordeten Touristen Denkela zur unbekannten Wasserleiche in Hamburg gibt.«

»Also keine Linie zwischen der unbekannten Wasserleiche und Habbo Denkela«, stellte Maike fest.

»Zwei Verbindungslinien gibt es aber doch«, widersprach Stefan, »diese Partisanenwaffe. Sie ist identisch und bei beiden Opfern fand man eine Patronenhülse im Schädel.«

»Okay.« Jan zog auf der linken Tafel zwei entsprechende Linien.

Onno meldete sich zu Wort: »Der Pkw des Opfers Denkela wurde vom Täter bewegt, dazu stellte er den Fahrersitz ganz nach hinten.«

»Der Pkw des Opfers Wiebke Oldenhove wurde ebenfalls bewegt«, fügte Thomas hinzu, »vermutlich, um ihn zu versenken, auch dabei hat der Fahrer den Sitz ganz nach hinten gestellt.«

»Jetzt stellen wir uns natürlich die Frage, warum bewegte der Fahrer die Autos?«, fragte Jan. »Er wollte verhindern, dass man den toten Denkela in den Dünen findet. Der Pkw stand sicherlich bei Tatbegehung noch an der Bunkeranlage und wäre dort sofort aufgefallen. Bei dem Pkw der Toten Oldenhove wird es ähnlich gewesen sein – ohne den Pkw aus der Ems wäre die Identifizierung nicht so schnell verlaufen.« Jan zog zwei parallele Verbindungslinien von der linken rüber zur rechten Tafel. Bei der ersten Linie schrieb er: *Sitzposition des Fahrersitzes ganz hinten*. Bei der zweiten Verbindungslinie notierte er: *Bewegung des Fahrzeuges zur Verschleierung*.

»Na, da hast du es also doch noch geschafft und brauchst die Tafeln erst einmal nicht mehr auseinanderzuschieben«, stellte Maike gutgelaunt fest. »Jetzt brauchen wir nur noch übereinstimmende Spuren des Mörders oder der Mörderin in beiden Pkw festzustellen und – Bingo.«

»Höre ich da einen leichten Sarkasmus heraus?«, hakte Stefan nach. »Diese Annahme ist doch möglich!«

»Darum geht es nicht«, erklärte Maike. »Ich habe vorhin nur mal leicht angefragt, wie weit Egon und Albert mit der Spurenauswertung sind …«

»Lass mich raten: Albert ist hochgegangen wie das HB-Männchen«, vermutete Jan, der seine Kollegen von der Spurensicherung sehr gut kannte.

Maike stieß hörbar die Luft aus, als sie an das sehr kurze Gespräch mit Albert dachte. »Er hat ja nicht unrecht, sie haben inzwischen etliche Tatorte in Bearbeitung und der Pkw der Oldenhove ist im Innenraum total mit Emsschlick eingesaut. Ergebnisse, wenn überhaupt, werden noch etwas dauern.«

»Danke, Maike«, sagte Jan, »den Versuch war es wert. Jetzt aber zum Gespräch mit dem Kollegen Olaf Bojen: Es gibt keine Hamburger Verbindungslinie zwischen Oldenhove und der unbekannten Wasserleiche, so habe ich jedenfalls den Kollegen verstanden.«

Niemand widersprach.

Stefan sah auf die rechte Tafel und sagte: »Die einzigen Übereinstimmungen bei den Mordfällen in der zeitlichen Reihenfolge Wiebke Oldenhove – Sina Sinning – Weert Bleeker sind die Bekennerbriefe dieser Melana, die auf Ritualmorde hinweisen. Alle wurden mit der gleichen Waffe und auf dieselbe Art und Weise getötet. Weitere Übereinstimmungen haben wir bei den Hintergrunder-mittlungen noch nicht festgestellt.«

Jan zog eine Verbindungslinie auf der rechten Tafel von Wiebke Oldenhove bis Weert Bleeker und notierte: *Ankündigung der Morde durch Bekennerbrief der Melana.* Für die zweite Linie notierte er: *Tatwaffe Messer.*

»Jetzt haben wir rechts zwei Verbindungslinien«, sagte Maike, »aber abgesehen davon – was haben eine erfolgreiche Reederei-Angestellte aus Hamburg, eine junge Kellnerin und ein arbeitsloser junger Mann aus Leer gemeinsam?«

»Nichts«, antwortete Stefan. »Jedenfalls nichts, was wir im Moment erkennen. Diese willkürlich erscheinenden Opfer weisen in die Richtung einer Serienmörderin. Am falschen Ort zur falschen Zeit.«

Thomas betrachtete abwechselnd die beiden Tafeln, die nun durch zwei Linien miteinander verbunden wa-ren, und schüttelte den Kopf. »Kollegen, ich muss noch einmal nachfragen. Vielleicht habe ich ja was verpasst. Wenn ich mir das so ansehe, dann sind ja wohl alle Fälle miteinander verbunden und deshalb habt ihr ja auch die Tafeln zusammengestellt. Ich fasse dann einmal zusam-men, so wie ich es verstanden habe: Im Herbst 2010 ermorden unsere Täter oder die Täterin einen unbe-kannten Mann in Hamburg mit dieser Spezialwaffe. Die Leiche wird mit einem Netz voller Steine im Hamburger Hafen versenkt. Später findet man die Leiche und stellt eine Patronenhülse im Schädel fest.«

Er sah die Kollegen abwartend an und als kein Ein-spruch kam, sprach er weiter. »In diesem Jahr, 2015, muss der Täter sich auf der Insel Texel befinden, denn dort tötet er den Vogelbeobachter mit derselben Spezialwaffe. Später findet man auch in dessen Schädel eine identische Patronenhülse. Allerdings muss der Täter sein Verhalten nach dem Mord geändert haben. Er entsorgt die Leiche nicht im Wasser, sondern vergräbt sie in den Dünen. Bis jetzt kann ich euch noch folgen, weil Tatsachen diese These untermauern.«

Thomas zeigte nun auf die rechte Tafel. »Maike hat es gestern ja auch schon angesprochen: Derselbe Mörder befindet sich jetzt hier in Leer und ändert wieder sein Verhalten – er tötet seine Opfer nicht mehr mit der Spezialwaffe, sondern mit einem Messer.« Er wandte sich um und schaute die anderen an. »Sind das nicht einige Verhaltensänderungen zu viel? Und der Zusammenhang zwischen diesen fünf Morden besteht lediglich aus den Tatsachen, dass die Pkw zweier Opfer zur Tatverschleierung bewegt worden sind und unser Mörder groß ist? Ich bitte euch, das ist doch wirklich dünnes Eis.«

Alle sahen Jan an und warteten gespannt auf seine Reaktion.

»Wie war das noch mit der Wahrheit und einem Mutigen, der diese dann ausspricht?« Jan lächelte. »Du hast natürlich recht, und wenn ich eure Gesichter richtig deute, dann habt ihr alle eure berechtigten Zweifel. Gestern hatten wir ja bereits dieses Thema, weil ich Verbindungen nach Hamburg sah, die es aber bis jetzt noch nicht gibt. Ihr denkt wahrscheinlich, nun hat das mit Hamburg nicht funktioniert und jetzt versucht er es mit den Autos. Trotzdem: Lasst die Tafeln erst einmal so stehen. Wir sollten uns aber jetzt auf die Fakten konzentrieren, zum Beispiel die Telefondaten und die Spurenauswertungen.«

»Wann können wir denn mit den ersten Tatortberichten der Spurensicherung rechnen?«, wollte Onno wissen. »Die beiden Pkw werden ja inzwischen untersucht und die Auswertung der Spurenlage an den Tatorten müsste doch auch bald eintreffen.«

»Die Verbindungsnachweise der Telefongespräche von Sina Sinning und Wiebke Oldenhove könnten uns auch wichtige Hinweise geben«, ergänzte Thomas.

Maike sah etwas angesäuert aus, als sie sagte: »Wie bereits erwähnt, die Spurensicherer arbeiten unter Hochdruck und die Telefondaten sind beantragt. Ich schätze, ab Montag können wir mit ersten Ergebnissen rechnen.«

»Die Obduktion der Wiebke Oldenhove bei der Gerichtsmedizin in Oldenburg ist für Montagmorgen angesetzt«, stellte Stefan fest.

»Davon verspreche ich mir nicht so viel«, sagte Jan. »Ich finde, wir sollten die Zeit bis Montag nutzen und uns jetzt erst einmal um ihren unbekannten Freund kümmern. Sie war ja angeblich auf dem Weg zu ihm hier in Leer.«

»Siehst du den Freund als Zeugen oder als Beschuldigten an?«, hakte Maike nach.

Jan grinste. »Eine gute Frage. Kommt euch das nicht auch komisch vor, dass er sich noch nicht bei uns gemeldet hat? Ich meine, sie ist doch vermutlich in der Nacht von Sonntag auf Montag ermordet worden. Gestern, am Freitag, haben wir sie tot aus dem Hafen gezogen. Er muss sich doch Sorgen um sie gemacht haben. Wir sollten unbedingt mit dem Mann sprechen, vielleicht gibt es ja eine einfache Erklärung.«

»Dazu müssen wir ihn erst einmal finden«, bemerkte Onno mit zynischer Stimme. »Ein reicher Mann mit einer Jacht ... Das ist doch wohl ein schlechter Witz, wie soll man ›reich‹ eingrenzen. Es sei denn, im Telefonbuch gibt es eine Rubrik ›reiche Männer‹. Außerdem, was glaubt ihr, wie viele reiche Männer es gibt, die eine Jacht haben?! Wobei es auch verschuldete Männer gibt, die ebenfalls eine Jacht haben. Aus meiner Zeit bei der Wasserschutzpolizei kann ich euch sagen, dass wir mit diesen wenigen Informationen eine Stecknadel im Heuhaufen suchen.«

»Wir haben doch den Hinweis, dass Wiebke Oldenhove vom Arbeitsplatz aus in den Garten ihres Freundes sehen konnte«, gab Jan zu bedenken. »Bitte versucht bei der Reederei Wuss herauszufinden, in welchem Büro sie dort arbeitete, Onno, schaut einmal von dort aus dem Fenster und befragt ihre Kollegen.«

»Ich kenne da zufällig ein paar Angestellte«, sagte Onno, »die werden uns vielleicht auch am Wochenende weiterhelfen. Bei der Gelegenheit befragen wir dann auch die Arbeitskollegen. Zumindest können wir die Erreichbarkeiten erfragen, am Wochenende werden sie ja wohl nicht alle im Firmengebäude sein.«

»Onno, Thomas: Versucht irgendwie, diesen geheimnisvollen Freund der Oldenhove zu ermitteln!« Jan sah auf seine Uhr. Es wurde Zeit, zum Bahnhof zu fahren, um die Familie Oldenhove abzuholen. Beim Gedanken an die Gegenüberstellung und die Identifizierung beim Bestatter Erdmann atmete er erst einmal tief durch.

Niederlande, Insel Texel, Den Burg
Aukje

Das Wasser des Meeres war blutrot, der Himmel dunkel. Zwei Männer standen am Strand und sahen auf das rote Meer hinaus. Einer der beiden sah sie an. Merkwürdig, wieso konnte sie sein Gesicht sehen, wo er doch mit dem Rücken zu ihr stand? Der Mann drehte sich zu ihr um und in diesem Moment sah sie, dass er zwei Gesichter hatte. Zwei grausame Gesichter eines Januskopfes.

Der Körper des zweiten Mannes war leicht nach vorn gebeugt. Jetzt sah sie auch warum. Er hielt mit beiden

Händen eine schwere Eisenkugel. Daran befand sich eine Eisenkette, die mit seinem linken Fuß verbunden war.

Die Kette klirrte, als der Mann mit dem Januskopf sie ergriff und den gebeugten Mann ins Meer zog. Immer weiter gingen die Männer, und schließlich versanken sie beide im Wasser. Eine Eule flog über das Meer und schrie.

Plötzlich tauchte der Januskopf aus dem Meer auf und ging zurück an den Strand, direkt auf Aukje zu.

Das grausige Gesicht befand sich jetzt direkt vor ihr und seine rechte Hand legte sich auf ihren Mund. Die Hand fühlte sich haarig an und kitzelte unter ihrer Nase.

Jetzt öffnete der Januskopf seinen Mund und sagte: »Miau!«

Aukje wurde wach und sah in die grünen Augen ihres Katers Gizmo. Er stand auf ihrem Oberkörper. Als Gizmo bemerkte, dass sie erwacht war, drehte er ihr sein Hinterteil zu, und sein Schwanz strich über ihr Gesicht.

Die Hellseherin streichelte ihren Kater. »Na, wollen wir uns wieder vertragen? Nur weil ich mal kurz weg war … Ja, jetzt, wo du Hunger hast, schnurrst du wieder!«

Aukje stand auf, stellte die Kaffeemaschine an und ging ins Bad. Sie war froh, dass sie sich zu dem Kurzbesuch in Leer entschlossen hatte. Jetzt war ihre Freundin Bekky in Sicherheit, und Aukje war glücklich, dass sie bei der Lösung von Bekkys Liebesproblemen etwas hatte nachhelfen können.

Bevor sie selber frühstückte, stellte sie ihrem Kater einen Napf mit seinem Lieblingsessen hin. Gizmo mochte es nicht, wenn er allein gelassen wurde. Aukje sah zu, wie er in Rekordzeit seine Fischmahlzeit verspeiste. Immer wieder drehte er sich zu ihr um, als wolle er sich vergewissern, dass sie noch da war.

»Gizmo, wer war gestern hier?«, fragte sie ihn. »War er das, der Mann mit den zwei Gesichtern?«

Sie dachte an ihre letzte Vision. Zwei Männer gingen ins Meer, nur einer kam zurück. Aber sie hatten doch das Mordopfer, diesen deutschen Touristen, in den Dünen von Loodmannsduin gefunden. Das konnte also nur bedeuten, dass es hier noch ein zweites Opfer gab. Es befand sich noch im Meer, und die arme Seele des Ermordeten ließ Aukje nicht in Ruhe.

Sie überlegte, wie sie jetzt vorgehen wollte. Ihre Räume mussten von der bösen Aura des Januskopfes befreit werden. Die Karten würden ihr später sagen, ob ihr das mit Beschwörung gelungen war. Aber zunächst ... Sollte sie zuerst zur Polizei gehen oder erst mit dem Reporter sprechen?

Insgeheim wusste sie, dass Willem ihr von dem Gespräch mit dem Reporter abraten würde. Also entschied sie sich, das als Erstes zu erledigen, griff sich das Telefon und wählte dessen Nummer.

Er meldete sich sofort. »Frau van Dijken, schön, dass Sie mich nicht vergessen haben!«

»Ich hab eine super Story für Sie, wann können Sie hier sein?«, fragte Aukje. »Es gibt aber eine Bedingung: Ich möchte, dass der Beitrag Montagmorgen in der Zeitung steht.«

»Das wird eng!«, antwortete der Reporter. »In einer halben Stunde bin ich bei Ihnen.«

»Sagen wir, in einer Stunde«, entschied Aukje. »Ich hab hier noch zu tun.«

»Okay, bis dann!«

Sie legte auf und überdachte ihren Plan. Morgen würde der Artikel erscheinen und den Mörder ordentlich unter Druck setzen, denn sie würde andeuten, ihn zu kennen und entlarven zu wollen. Der Januskopf war schon einmal hier gewesen, und der Zweck seines Besuches war klar: Er wollte sie zum Schweigen bringen. Nur mit Glück war sie ihm entronnen. Dieses Mal wäre sie vorbereitet. Niemand legte sich mit ihr und ihrer Freundin Bekky an!

Was sie richtig auf die Palme brachte, war, dass der Kerl den Verdacht auf die Hexe Melana lenkte. Die ge-

276

samte Wicca-Kultur wurde angegriffen und in Misskredit gebracht. Nach so langer Zeit war es den modernen Hexen endlich gelungen, in der öffentlichen Meinung zumindest toleriert zu werden und jetzt sollten sie wieder als Sündenböcke herhalten. Dieser ganze Unsinn mit diesen aus dem Internet zusammengesuchten Bekennerbriefen ... Komm nur, dachte sie, ich und mein Eichenknüppel erwarten dich.

Samstagnachmittag
Deutschland, Stadt Leer, Soko Hekate
Jan

Jan Broning saß im Nebenraum des Soko-Büros. Er brauchte einen Moment für sich. Immer wieder sah er vor seinem inneren Auge die verzweifelten Gesichter der Eltern von Wiebke Oldenhove bei der Identifizierung ihrer Tochter. Seit Jan selber Vater war, gingen ihm diese Erlebnisse noch tiefer unter die Haut.

Immer wieder fragte er sich, ob er den Tod der drei Opfer hätte verhindern können. Alles war so schnell hintereinander geschehen und Jan befürchtete, deshalb irgendetwas Wichtiges übersehen zu haben.

Auch dieser unbekannte Freund von Wiebke Oldenhove ging ihm einfach nicht aus dem Kopf. Nach der Identifizierung hatte er mit den Eltern über ihn gesprochen. Das hatte zwar auch Olaf Bojen in Hamburg schon getan, aber Jan hatte gehofft, dass den beiden vielleicht in der Zwischenzeit doch noch etwas eingefallen wäre. Ihn interessierte neben der Identität des Mannes insbesondere, ob er sich inzwischen bei den Eltern gemeldet hatte. Aber das war nicht der Fall.

Diese Tatsache fand Jan sehr merkwürdig. Wiebke

Oldenhove war in der Nacht von Sonntag auf Montag ermordet worden und jetzt war Samstagnachmittag. Normalerweise hätte der Freund doch wohl längst die Eltern, die Arbeitsstelle oder die Polizei angerufen. Das Paar war noch nicht lange zusammen und sicher ständig miteinander in Kontakt gewesen. Wieso stellte der Freund keine Nachforschungen an, nachdem er tagelang nichts von ihr gehört hatte?

Es gab zwei mögliche Erklärungen dafür. Erstens: Der Mann wusste, dass seiner Freundin etwas zugestoßen war. Vielleicht hatte es einen heftigen Streit zwischen den beiden gegeben? Sie trennten sich daraufhin, oder der Streit geriet außer Kontrolle und endete mit dem Tod der jungen Frau? Die zweite Möglichkeit war, dass nicht nur Wiebke Oldenhove, sondern auch ihr Freund ermordet worden war und seine Leiche hier irgendwo unentdeckt lag, vielleicht in einem Haus, oder noch im Hafen schwamm.

Wie auch immer, sie mussten diesen Freund schnell finden, um Antworten zu erhalten. Die Telefonlisten von Wiebke Oldenhove würden frühestens am Montag kommen – und was, wenn die ihnen nicht weiterhalfen? Untätig darauf zu warten, kam für Jan nicht in Frage.

Er stand auf, als er die Kollegen Onno und Thomas zurückkommen hörte, und ging durch die Verbindungstür ins große Büro. »Na, wie war es bei der Reederei Wuss?«

Onno sah etwas betrübt aus. »Ich habe mit einer Kollegin von Wiebke Oldenhove gesprochen. Die Ärmste macht sich Vorwürfe, weil ihr nicht aufgefallen ist, dass Wiebke nicht zur Arbeit erschienen ist. Aber Frau Oldenhove hat ja sowohl bei der Hauptstelle in Hamburg als auch hier in Leer gearbeitet, außerdem werden viele Arbeiten auch von zu Hause aus erledigt.«

»Kennt sie den Freund ihrer ermordeten Kollegin?«, wollte Jan wissen. »Den Namen, eine Adresse oder ein Telefonnummer?«

Onno und Thomas schüttelten synchron die Köpfe. »Wiebke Oldenhove glaubte angeblich, es bringe Unglück, zu früh darüber zu reden«, erklärte Onno. »Damit hatte sie bereits einmal Pech gehabt. Die Arbeitskollegin war sich aber sicher, dass es sich nicht nur um eine flüchtige Beziehung gehandelt hat. Wie hat sie es auch noch genannt?« Er sah Thomas an.

»Was Ernstes«, antwortete er. »Und dass eine Verlobung in der Luft lag, meinte sie.«

»Hat er sich denn in den letzten Tagen mal bei der Arbeitsstelle gemeldet und sich nach seiner Freundin erkundigt?«, fragte Jan.

»Dazu konnte sie mir nichts sagen«, antwortete Onno, »aber sie hat versprochen, die anderen Kollegen zu fragen. Eine enge Freundin bei der Reederei gibt es wohl nicht, die Arbeitskollegin, mit der wir sprachen, kannte sie am besten.«

»Du willst sagen, was diese Frau nicht weiß, wissen andere erst recht nicht«, vermutete Maike. Onno nickte. »Angeblich konnte Wiebke Oldenhove vom Fenster ihres Büros in den Garten ihres Freundes sehen«, erinnerte sie ihn. »Habt ihr das vor Ort bestätigen können?«

Onno presste die Lippen kurz aufeinander und zog seine Stirn in Falten. »Ich weiß, dass ihr etwas Konkretes erwartet, aber auch damit muss ich euch enttäuschen. Sie hatte keinen festen Arbeitsplatz in einem bestimmten Büro. So läuft das nicht bei der Reederei. Sie arbeitete von verschiedenen Büros aus, das ist auch so von der Reedereileitung gewollt. In jedem Büro steht ein Computer, in den man sich einloggen kann. Eingrenzen lässt sich ihr Arbeitsbereich nur auf das oberste Stockwerk. Thomas und ich haben in dieser Etage aus allen Fenstern gesehen. Ein wunderschöner Blick auf die Stadt und den Hafen. Man kann auch gut in die Gärten schauen, die an den Hafen angrenzen. Allerdings kann man natürlich sehr weit sehen, rechts angefangen mit den Gärten der Neuen Straße und weiter bis zum linken äußersten einsehbaren Bereich der Groninger Straße.«

»Verdammt«, sagte Stefan. »Das sind aber mehr als nur ein paar! Da liegt nicht zufällig eine Jacht vor einem der Grundstücke?«

»In der Neuen Straße und in der Groninger Straße haben tatsächlich mehrere einen eigenen Bootsliegeplatz«, antwortete Onno, »aber nur bei zwei Liegeplätzen in der Neuen Straße lagen auch Jachten.«

»Super!« Stefan klang begeistert. »Dann können wir das Suchgebiet erheblich eingrenzen.«

Jan klatschte in die Hände und seine Stimme klang energisch. »Ja, Kollegen, auf geht's! Wir kommen diesem Mann näher. Ich brauche euch nicht zu sagen, wie wichtig es ist, ihn zu finden. Lasst uns mit der Suche nach dem unbekannten und geheimnisvollen Freund der Wiebke Oldenhove in der Neuen Straße beginnen. Aber denkt dran, seine Jacht muss nicht unbedingt am Grundstück liegen!«

Er griff nach seiner Lederjacke und sagte: »Lasst uns keine Zeit verlieren, wir bilden zwei Teams – eins fängt rechts in der Straße an, das andere links und wir treffen uns in der Mitte. Sobald wir mit der Neuen Straße durch sind, geht's weiter mit der Groninger. Lasst uns mit den Häusern beginnen, wo die Jachten am Grundstück festgemacht sind. Und denkt dran: Ihr könntet plötzlich dem Mörder oder der Mörderin gegenüberstehen.«

Jan und Stefan begannen vom Hafen aus gesehen links in der Neuen Straße. Die Häuser standen dort direkt nebeneinander und machten zum Teil einen unscheinbaren Eindruck. Die schöne Seite der Grundstücke war die Rückseite, wo man von den Gärten aus auf den Hafen sehen konnte. Auf der gegenüberliegenden Hafenseite sah man das langgestreckte Gebäude der Reederei Wuss. Ein älteres Ehepaar mit einem umgebauten ehemaligen Fischkutter freute sich zwar über den interessanten Besuch der beiden Polizisten, aber Jan stellte schnell fest, dass es sich bei dem Ehemann nicht um den gesuchten Freund der Wiebke Oldenhove handelte. Einen Sohn im entsprechenden Alter konnten sie auch nicht vorweisen. Die Ehefrau knuffte ihrem Mann während der Befragung scherzhaft in die Seite und sagte mit einem Lächeln: »Na … hast du etwa nebenbei noch eine Freundin?«

Wenigstens konnten die Eheleute noch Informationen zu den Nachbarn liefern. Viele besaßen Jachten, die allerdings in verschiedenen Jachthäfen lagen. Jan gab die Informationen an Maike weiter, die vom Büro aus die beiden Teams unterstützte.

Sie verließen gerade das Haus, als Onno anrief. »Jan, wir sind mit der ersten Befragung durch. Eine Witwe will die Jacht ihres Mannes verkaufen. Kein Sohn oder ein anderer Mann im Haus, der als Freund in Frage kommt.«

»Bei uns ist es dasselbe«, antwortete Jan. »Dann sind die beiden Häuser mit den Jachten negativ und wir müssen uns weiter durchfragen.« Die Hoffnung, einen schnellen Treffer zu landen, erfüllte sich also nicht.

Maike versuchte vom Büro aus, die Anwohner zu erreichen, die nicht auf das Klingeln der Polizisten an der Haustür reagierten. »Vielleicht denken die, wir wollen sie bekehren oder ihnen etwas verkaufen«, sagte Stefan frustriert, als sie beim nächsten Haus wieder erfolglos klingelten und klopften.

Es war schon sehr spät, als sich die beiden Teams endlich in der Mitte der Neuen Straße trafen. Die Gesichter der Polizisten sprachen Bände und Thomas sprach aus, was alle dachten: »Wir sind keinen Schritt weiter und ich hab richtig Hunger.«

»Du hast recht, für heute ist Feierabend«, bestätigte Jan. »Morgen noch die restlichen Befragungen in dieser Straße, und dann machen wir in der Groninger Straße weiter.«

Kapitel 57

Nacht von Samstag auf Sonntag
Deutschland, Stadtgebiet von Leer
Kerak

Kerak saß im Wohnzimmer und plante die nächsten Aktionen. Er spürte, dass ihm nicht mehr viel Zeit blieb, bis die Polizisten vor seiner Tür stehen würden. Das Beste wäre, sofort zu verschwinden, aber erst am Montag würden die Zugangsdaten für die Konten im Ausland eintreffen. Man würde sie ihm per Post an Keno von Hasselts Adresse senden, nicht als E-Mail. Er brauchte also Zeit und eine Ablenkung für die Ermittler. Dafür sollte der tote junge Banker sorgen, der noch immer im Vorratsraum lag.

Für die Version der mordenden Hexe brauchte Kerak noch einen geeigneten Platz, um die Leiche zu präsentieren. Bei seinen Erkundungsgängen durch die Altstadt war ihm der Innenhof hinter dem Rathaus aufgefallen, in den man über die Rathausstraße, die Königsstraße und Schmiedestraße gelangte. Drei Wege, also ein idealer Ritualort für eine Anhängerin der Hekate. Außerdem befand sich in einer Ecke ein alter Brunnen, der nicht mehr in Funktion war. Er hatte einen Durchmesser von etwa drei Metern. Innen war er hellblau gekachelt, und auf einem kleinen Podest war eine mattschwarze Säule befestigt. Aufgefallen war er ihm wegen der vier Wasserausläufe an der Säule, die von oben gesehen ein gleichschenkliges Kreuz bildeten. Er sah noch einmal in seine Unterlagen über die Anhänger der Hekate und grinste, als er den Hinweis auf gleichschenkelige Kreuze fand. Jetzt brauchte er nur noch den nächsten Bekennerbrief zu schreiben.

Eine halbe Stunde später las er noch einmal den fertigen Brief:

Hekate, Hekate, Hekate!

Göttin des Sumpfes und der Weide. Göttliche, weise alte Bringerin des Todes. Königin der Nacht, des dunklen Mondes, Meisterin der Schatten. Ich bringe dir Menschenopfer. Zeig uns dein dunkles Gesicht. Ich rufe dich. Steh mir bei!

An die Ungläubigen!
Drei Menschenopfer habe ich der Göttin Hekate dargebracht.

Die Opfer habe ich mit meinem Athame-Dolch in die Anderswelt gesandt. Ich hatte euch gewarnt, diese Opfer nicht zu entweihen. Die Zeremonie wurde durch euer Eingreifen gestört und so bleibt mir nichts anderes übrig, als durch ein weiteres Opfer die Göttin zu besänftigen. Dieser geweihte Ort am Brunnen befindet sich wieder an einem Wegekreuz mit drei Abzweigungen. Das gleichschenklige Kreuz stellt sicher, dass das vierte Opfer angenommen wird. Cassibodua wird seine Seele begleiten. Ich warne euch noch einmal: Entweiht nicht diese Opfer! Sonst haben diese vergeblich ihr Opfer dargebracht.

Solltet ihr meine Zeremonie stören, so wird euch die Rache der Todesgöttin Morrigan durch meinen Fluch treffen.

Bedenkt, ich stehe unter dem Schutz der Hekate und des Raben.

Melana

Kerak war zufrieden und druckte den Brief wieder mehrfach aus. Jetzt kam der schwierige Teil der Aktion. Die Leiche des jungen Mannes war inzwischen durch die vollständig eingetretene Totenstarre schwer zu transportieren.

Er konnte sie mit Keno von Hasselts Auto fast direkt bis zum Brunnen fahren. Dann musste alles schnell gehen. Den Toten auf der Umrandung des Brunnens ablegen und hoffen, dass man dabei nicht auf ihn aufmerksam wurde ... Zugegeben ein gefährlicher Moment, aber Kerak liebte den Nervenkitzel und hasste Langeweile.

Nachdem er die Leiche am Brunnen zur Schau gestellt hatte, würde er wegfahren und anschließend noch die Bekennerbriefe in der Umgebung verteilen.

Sonntagmorgen
Jan

Die Nachricht über den Leichenfund hatte Jan zu Hause in Ditzum erreicht. Inzwischen war die Tatortarbeit der Spurensicherer beendet. Der gesamte Innenhof des Rathauses war weiträumig abgesperrt. Stefan kontrollierte die Fotoaufnahmen von der Auffinde-Situation.

Offensichtlich war er zufrieden. »Schau mal, Jan.« Er reichte ihm die Kamera.

Jan betrachtete das Display. »Wenn man es nicht besser wüsste, könnte man meinen, ein Betrunkener habe sich auf dem Brunnenrand ausgestreckt und sei eingeschlafen. Kein Wunder, dass man zunächst von einer hilflosen Person ausging.« Er atmete tief aus. »Wollen wir dann?«

Sie knieten sich neben die Leiche und begannen mit der Durchsuchung der Kleidung. Sie fanden lediglich einen gefalteten Bogen Papier.

Jan faltete ihn auseinander und begann zu lesen.

»Lass mich raten ... eine Nachricht von unserer mordenden Hexe Melana«, sagte Stefan. Der große Blutfleck in der Brustgegend des Toten war beiden Polizisten gleich aufgefallen und den Rest konnten sie sich denken.

Jan nickte und reichte ihm den Bogen Papier. Stefan nahm eine Spurensicherungstüte aus seinem Ausrüstungskoffer und steckte den Bekennerbrief vorsichtig hinein.

Sie fanden keinen Hinweis auf die Identität des Toten. Als Jan die blutdurchtränkte Kleidung im Brustbereich öffnete, stellte er fest, dass auch dieser Mann durch einen einzelnen Stich ins Herz getötet worden war.

»Eindeutig die gleiche Verletzung wie bei den anderen«, stellte Stefan fest.

Jan schaute sich den Halsbereich genau an und wies Stefan auf die Druckstellen hin: »Von hinten angegriffen, fixiert und dann mit der anderen Hand zugestochen. Opfer Nummer vier von unserer Hexe.« Seine Stimme klang jetzt verbittert. »Alles passt: der rituelle Ablege-Ort, der Bekennerbrief und die Tötungsart.«

Er hörte laute Stimmen und schaute auf. Am Absperrband versuchte ein Kollege in Uniform, einen wütenden Mann aufzuhalten. Jan sah in dessen entsetztes und verzweifeltes Gesicht und ahnte, dass es sich um einen Angehörigen des Toten handeln könnte. Mit schmerzendem Knie stand er auf und bat Stefan um seine Kamera.

Als er auf die Absperrung zuging, hörte der Mann auf zu schreien und wartete auf ihn.

»Was ist hier los?«, fragte Jan seinen uniformierten Kollegen.

An dessen Stelle antwortete der Mann, dessen Gesicht eine tödliche Blässe angenommen hatte. »Mein Sohn! Ich vermisse meinen Sohn!« Er sah Broning verzweifelt an. »Seit gestern meldet er sich nicht. Er wohnt hier in der Nähe und als wir hierher fuhren, um nach ihm zu sehen, habe ich die Einsatzfahrzeuge und die Schaulustigen gesehen ...«

Jan schaltete die Kamera an und suchte ein Foto des Toten am Brunnen heraus. Er zoomte auf das Gesicht. Die Verletzung im Brustbereich war nun nicht mehr zu erkennen. Er bat den verzweifelten Mann, ihm zu einem Einsatz-Bulli zu folgen, und schob die Tür auf. »Bitte setzen Sie sich.«

Als beide Platz genommen hatten, atmete Jan noch einmal tief durch und drehte das Display mit dem Gesicht des Toten dann so, dass sein Gegenüber es sehen konnte.

»Oh nein, nein …« Der Mann legte seine Hände seitlich an den Kopf und begann laut zu schluchzen. »Das ist Michael! Mein Sohn!«

Niederlande, Insel Texel, Sonntagmittag,
Willem

Der Wijkagent der niederländischen Polizei, Willem Braakhuis, war in seinem Streifenwagen unterwegs zum Waddenhaven Oudeschild. Neben ihm auf dem Beifahrersitz saß die Hellseherin Aukje van Dijken.

»Danke, Willem dass du mir immer zuhörst.« Sie sah den Polizisten von der Seite an.

»Ich kann nicht glauben, was ich hier tue«, antwortete er grantig.

Gestern war Aukje auf der Dienststelle in Den Burg erschienen und hatte von ihren neuesten Visionen berichtet: Zwei Männer, die ins Meer gingen, und nur ein Mann, dafür mit zwei Gesichtern, der aus dem Meer stieg. Zu diesem Zeitpunkt war Willem allein mit ihr auf der Dienststelle gewesen. Thomas van Merkerem war noch in Leer und Simon Drebber irgendwo zwischen dem NFI in Den Haag oder in Alkmaar unterwegs, er wollte Montag wieder zurück in Den Burg sein.

»Was soll dieser Unsinn, Aukje?«, fragte Willem.

»Welchen Unsinn meinst du genau?«, wollte sie wissen.

»Gestern hast du doch mit diesem Reporter gesprochen und erst danach bist du uns gekommen.« Er bedachte sie mit einem strengen Seitenblick.

»Ich hab mir schon gedacht, dass du böse sein wirst und versuchen würdest, mich von dem Interview abzuhalten.«

»Da hast du verdammt noch mal recht«, erwiderte Willem wütend. »Musst du dich unbedingt zur Zielscheibe für diesen Mörder machen? Und warum erfahre ich erst so spät, dass bei dir eingebrochen wurde?«

Sie schaute ihn lange an, bevor sie antwortete: »Willem, du machst dir wirklich Sorgen um mich!«

Er war für einen Moment sprachlos und konzentrierte sich auf die Straße. Aukje war der Wahrheit sehr nahe gekommen. Er machte sich tatsächlich Sorgen. Weil er sie sehr mochte. Allerdings war ihm das erst klar geworden, als Drebber aufgetaucht war. Ständig scharwenzelte der um Aukje herum. Simon Drebber, der berühmte Kriminalbeamte aus Alkmaar. Der wickelte seine Aukje um den Finger!

Seine Aukje, jawohl. Willem war in den letzten Tagen erst richtig deutlich geworden, dass er die Hellseherin nicht nur mochte. Nein, er liebte und begehrte diese Frau. Aber welche Chancen hatte er im Vergleich zu diesem neunmalklugen Drebber?

Gestern war seine Chance gekommen, etwas vorzubereiten, womit er seine Aukje beeindrucken konnte. Drebber war unterwegs und Willem konnte beweisen, was ein Inselpolizist auch ohne die Kriminalpolizei erreichen konnte.

»Hallo, Willem, bist du noch da?« Aukjes Stimme unterbrach seine Gedanken. »Nun mach es doch nicht so spannend. Warum hast du mich abgeholt? Und wenn ich mich nicht täusche, fahren wir jetzt gemeinsam zum Fischereihafen?«

»Was fragst du? Als Hellseherin weißt du doch alles vorher!«, stellte Willem gut gelaunt fest.

Inzwischen waren sie in Oudeschild angekommen. Er steuerte seinen Wagen über den Ijsdijk und bog links ab zum Fischereihafen. Neben einer langen Halle parkte er.

Aukje sah ihn fragend an. »Willst du Fisch kaufen?«

Willem grinste. »Aussteigen! Oder besser gesagt: umsteigen.«

Neben den modernen großen Fischereifahrzeugen lag ein kleiner Kutter am Anleger. Im Vergleich zu seinen großen Brüdern sah er winzig aus. Dieser Kutter lag sonst im Museumshafen und wurde dort ständig gepflegt und einsatzbereit gehalten. Als Willem mit seinem Freund, dem Kapitän Jelle Vissering, die geplante Suchaktion besprochen hatte, hatten sie festgestellt, dass dafür nur der alte Kutter mit wenig Tiefgang in Frage kam. Zunächst hatte Jelle sich aber geweigert, Willem bei seiner Aktion zu helfen. Er befürchtete, dass womöglich tatsächlich eine Leiche in den Netzen des Kutters landete. Die Seeleute waren immer abergläubisch. Außerdem war es sicher nicht verkaufsfördernd, sollte sich herumsprechen, dass sich eine Leiche in Jelles Netzen befunden hatte. Nur mit einiger Überredungskunst und einem Zugeständnis war es Willem gelungen, Jelle umzustimmen.

Er ging voraus. »Hey, Jelle, bist du an Bord?«, rief er zum Ruderhaus.

Ein etwas mürrisch aussehender Mann kam heraus und zeigte auf die Gangway. »Hallo, Willem, kommt an Bord.«

Sie kletterten über die Reling, wobei Willem sich sehr bemühte, Aukje behilflich zu sein. Willems alter Kumpel grinste, als er sah, wie der Polizist versuchte, den Kavalier zu spielen.

Er begrüßte Aukje mit kräftigem Händedruck. »Jelle Vissering, mein Name. Und Sie sind also die berühmte Hellseherin!« Zu Willem sagte er augenzwinkernd: »Du hast mir ja gar nicht gesagt, dass sie so gut aussieht. Nun wird mir einiges klar.«

»Hallo …?! Ich kann euch hören!« Aukje schüttelte leicht den Kopf.

Willem verdrehte die Augen. Feinsinn war nicht die Stärke seines Kumpels. »Aukje, gestern, nachdem du bei mir warst, habe ich Jelle angerufen und ihn gefragt, ob er uns hilft«, erklärte er.

Jetzt schüttelte Jelle den Kopf. »Ich kann es immer noch nicht glauben, dass ich einverstanden war. Aber das kostet dich noch etwas, Willem Braakhuis!«

»Einverstanden mit was?«, hakte Aukje nach.

»Leichen fischen am Tag des Herrn!« Jelles Stimme klang zerknirscht.

»Jelle fährt mit uns raus nach Loodtmannsduin«, sagte Willem.

»Du meinst dorthin, wo man die Leiche des deutschen Vogelbeobachters in den Dünen beim Bunker gefunden hat?«, wollte Aukje wissen.

»Genau dort werden wir die seitlichen Netze ausbringen und parallel zum Strand das Meer nach der Leiche absuchen, die du in deiner Vision gesehen hast!« Willem vermied bei dieser Erklärung den Augenkontakt mit seinem Kumpel.

»Wie bitte, Vision?!« Jelle klang erstaunt und ziemlich ärgerlich. »Na ja, also … Lasst uns ablegen, die Tide ist günstig und je eher wir losfahren, umso schneller ist dieser Wahnsinn vorbei!«

Sonntagnachmittag
Deutschland, Stadt Leer, Polizeidienstgebäude
Jan

Jan Broning fühlte sich unendlich müde. Soeben war er mit Stefan von der Identifizierung des vierten Opfers Michael Derboven durch seine Eltern zurück. Die Schreie der Mutter in Erdmanns Leichenhalle hallten noch in seinen Ohren. Als Frau Derboven erst Stefan und dann ihn anklagend angesehen hatte, hatte es Jan die Kehle zugeschnürt, weil ihm klar war, was ihre Blicke ihm sagen sollten: Warum haben Sie das nicht verhindert?

Nun saßen die Kollegen der Soko Hekate im großen Büro und schauten ihn abwartend an. Dies war ein schwieriger Zeitpunkt für Jan und er war sich seiner Verantwortung als Leiter der Soko sehr bewusst. Wie viel Schmerz und Leid erträgt ein Mensch und wann beginnt man, im Selbstmitleid zu versinken? In den letzten Tagen war die Versuchung für Jan groß gewesen, zum Seelentröster Alkohol zu greifen.

Vorher hatte er geglaubt, dieses Verlangen für immer überwunden zu haben. Jan Broning wusste schließlich aus leidvoller Erfahrung, dass der Alkohol keine Probleme löste, sondern sie nur verschlimmerte. Er wollte sich nicht vorstellen, was ohne seine Rettungsleine Maike passieren würde. Womöglich würde er im Sumpf aus Depression und Selbstmitleid versinken.

In diesem Moment trafen sich ihre Blicke. Sie lächelte ihn an und nickte leicht, als könnte sie seine Gedanken lesen. Er lächelte dankbar zurück und gab sich innerlich einen Ruck.

»Kollegen, ich weiß es selber, wir befinden uns an einem Tiefpunkt der Ermittlungen«, stellte Jan fest. »Aber wir dürfen uns nicht entmutigen lassen. Ein kalter Wind weht uns ins Gesicht, aber wir dürfen nicht stehen bleiben oder umdrehen. Auch wenn es nur kleine Schritte sind, wir kommen mit Sicherheit ans Ziel.«

»Sie werden uns fertigmachen!«, sagte Stefan. »Das vierte Opfer dieser angeblichen Hexe und wir treten auf der Stelle.«

»Wen meinst du mit ›sie‹?«, wollte Onno wissen und gab sich selbst die Antwort. »Die Angehörigen, die Presse, unser Chef und die Staatsanwaltschaft!«

»Ja, Kollegen«, Jans Stimme klang jetzt energisch, »ich weiß, dass es Ärger und Vorwürfe geben wird. Aber tatsächlich haben wir uns nichts vorzuwerfen. Deshalb werden wir jetzt nicht den Kopf in den Sand stecken, sondern dort weitermachen, wo wir gestern aufgehört haben. Natürlich könnten wir auch bis morgen auf die ersten Ergebnisse der Spurensicherung und der Telefondaten-Listen warten, aber ich möchte, dass wir jetzt die Suche nach dem unbekannten Freund der Wiebke Oldenhove fortsetzen.«

»Der hat sich übrigens immer noch nicht gemeldet«, sagte Maike. »Da stimmt doch was nicht!«

»Ihr habt es gehört, Kollegen!« Jan schlug auf den Tisch. »Auf geht's! Es sind nur noch ein paar Anwohnerbefragungen übrig geblieben. Thomas und Onno machen in der Neuen Straße weiter und Stefan und ich beginnen mit der Groninger Straße.«

Stefan setzte sich ans Steuer ihres Zivilwagens. Sie fuhren durch die Altstadt von Leer und in der Groninger Straße hielt Stefan an. Auf der anderen Straßenseite stand ein Einfamilienhaus, das von einer hohen Mauer umgeben war. Jan sah auf seine Unterlagen. »Ein Keno von Hasselt soll dort wohnen. Maike hat herausgefunden, dass er eine Jacht besitzen soll. Erreichen konnte sie ihn bis jetzt nicht.«

Sie stiegen aus und gingen zur Pforte in der Mauer.

Jan drückte auf den Klingelknopf. Als keine Reaktion erfolgte, klingelte er erneut und länger.

»Keiner zu Hause?«, fragte Stefan.

Jan klingelte ein drittes Mal und sie warteten.

»Scheint fast so!«, stellte Jan fest.

»Wollen wir es beim nächsten Haus versuchen?«, fragte Stefan.

»Warte, wir wollen uns hier noch ein bisschen umsehen«, antwortete Jan. »Sollte er der Freund von Wiebke Oldenhove sein, liegt Keno von Hasselt vielleicht ja hilflos im Haus und kann sich nicht melden!«

»Du meinst, unsere Melana hat sowohl Wiebke Oldenhove als auch ihren Freund hier im Haus umgebracht?«

»Oder gefesselt.« Jan begann an der Mauer entlang in Richtung Hafen zu gehen. Am Ende waren spitze Stahlstangen angebracht, um den Zugang zum Garten an der Rückseite des Hauses zu sichern. Durch die Stäbe hindurch konnten die Polizisten rechts in den Hafen und links in den Garten bis zur Terrasse des Einfamilienhauses sehen. Außerdem bemerkte Jan einen Anlegesteg. »Schau mal, ein Privatanleger für eine Jacht!«

»Nur ohne Jacht«, bemerkte Stefan. »Vielleicht ist der damit unterwegs und hat sich deshalb nicht gemeldet.«

In diesem Moment spürte Jan, dass sie beobachtet wurden, und starrte für einen langen Moment auf das große Terrassenfenster an der Rückseite des Hauses. Die Sonne durchbrach die Wolkendecke und hinter dem Fenster blitzte es kurz auf.

»Was ist?« Stefan sah ihn schräg von der Seite an.

»Ich habe eine Bewegung im Haus hinter dem Fenster gesehen.« Jan begann kurz entschlossen um die Absperrung aus Stahlstangen herum in den Garten zu klettern.

Stefan folgte ihm. Sie sahen sich um und Jan sagte: »Von hier aus kann man die Gebäude der Reederei Wuss gut sehen. Also konnte Wiebke Oldenhove von dort aus in diesen Garten schauen.«

Er drehte sich rasch um, weil er wieder dieses irrationale Gefühl hatte, beobachtet zu werden. Sein Blick richtete sich auf das große Terrassenfenster und er ging langsam darauf zu. In seinem Bauch kribbelte es, und er sagte leise zu Stefan: »Vorsicht, wir werden beobachtet!« Dann blieb er plötzlich stehen, drehte sich zum Hafen um und griff zum Handy. Jan wählte Onnos Nummer und sein Kollege meldete sich sofort. »Onno, wo seid ihr?«

»Wir stehen in der Neuen Straße und wollen gerade beim nächsten Haus klingeln.«

»Das kann warten, wir brauchen euch hier sofort in der Groninger Straße. Unser Zivilwagen steht dort vor einem Einfamilienhaus mit einer Mauer. Fahrt sofort dorthin und passt auf, das niemand das Haus an der Straßenseite verlässt.«

»Geht klar, Jan, wir sind unterwegs!«

Jan beendete das Gespräch und sagte zu Stefan: »Onno und Thomas sind gleich am Vordereingang, und dann gehen wir hinten ins Haus rein!«

»Und wenn alles abgeschlossen ist?«, wollte Stefan wissen.

»Wir kommen rein, und wenn es mit Gewalt ist!«

In diesem Moment hörten sie von der Vorderseite das Zuschlagen von Autotüren und synchron klingelte Jans Handy. Er drückte den grünen Knopf und hörte die Stimme von Onno: »Jan, wir sind auf Position.«

»Okay, Stefan und ich werden jetzt irgendwie in das Haus gelangen. Bis jetzt ist alles ruhig dort, vielleicht ist es auch falscher Alarm, aber ich will wissen, was oder wer im Haus ist. Im Notfall müsst ihr rechts an der Mauer entlang und kommt über eine Absperrung hinten in den Garten.«

»Okay, Jan, wir sind hier draußen. Meldet euch, wenn ihr Hilfe braucht!«

»So machen wir es, Onno, und jetzt klingle noch einmal Sturm vorne an der Pforte!«

Jan und Stefan standen jetzt vor dem Terrassenfenster und konnten aus dem Inneren des Hauses die Türklingel hören. Jan konnte ein Wohnzimmer erkennen, aber keine Person sehen. In der Hoffnung auf ein angelehntes Fenster ging er um das Haus herum. Stefan blieb auf der Terrasse zurück.

Jans Hoffnung erfüllte sich nicht, alle Türen und Fenster waren fest verschlossen. Er blieb vor der Mauerpforte stehen und hörte Onno von der anderen Seite reden. »Hallo, Onno, hör auf zu schimpfen und zu klingeln!«, rief er ihm zu. »Hör mal, du hast doch immer ein Brecheisen im Auto, dein Andenken an die Zeit bei der Autobahnpolizei.«

»Ja, alte Gewohnheit!«, rief Onno.

»Ich brauche das Ding, kannst du mir es über die Mauer werfen?«

»Moment!«

Jan hörte das Zuschlagen einer Autotür und Onno rief kurz darauf: »Achtung!«

Das Brecheisen flog über die Mauer. »Danke, Onno, wir melden uns!«

Mit dem Brecheisen in der Hand ging Jan zurück zur Terrasse. Er sah Stefan fragend an. Der schüttelte nur den Kopf, nein, bis jetzt keine Person im Haus zu sehen. Dann sah Stefan mit großen Augen zu, wie Jan das Brecheisen an einem Fensterflügel ansetzte. Es knirschte kurz und das Fenster sprang auf. »Man muss nur wissen, wo man ansetzt!«, sagte Jan und machte eine einladende Geste.

Stefan holte einen Gartenstuhl von der Terrasse und stellte ihn vor das offene Fenster. Jan nahm seine Waffe aus dem Holster und sah durch das Fenster in das Wohnzimmer. Überall lagen Verpackungskartons von Fertigmahlzeiten herum und es sah sehr unordentlich aus.

»Hallo, ist da jemand? Wir sind von der Polizei« Es

294

erfolgte keine Reaktion und Jan gab Stefan ein Zeichen, damit der als Erster ins Zimmer kletterte.

Im Wohnzimmer zog Stefan nun ebenfalls seine Waffe und sicherte Jan ab, der hinter ihm her geklettert kam.

»Hier sieht es ja schlimm aus!«, sagte Stefan, als er die Unordnung bemerkte.

Jan stellte fest, dass die Möbel, die Teppiche und die Dekoration maritim und teuer waren. Von außen sah das Haus so unscheinbar aus, aber die Einrichtung war gediegen und geschmackvoll.

Sie begannen damit, das untere Geschoss des Hauses zu durchsuchen. Dabei sicherten sie sich immer gegenseitig ab. Sie befanden sich gerade an der Treppe zum Obergeschoss, als sie eine schwache Stimme hörten. »Hallo, ist da jemand? Ich bin hier oben!«

Jan sah Stefan verdutzt an und begann langsam die Treppe hinaufzusteigen. »Ist da jemand? Wir sind von der Polizei, melden Sie sich!«

Eine schwache Männerstimme antwortete. »Ja, hier bin ich, im Schlafzimmer, ich bin krank und kann nicht rauskommen!«

Jan ging auf eine geschlossene Tür im Obergeschoss zu. »Hier ist die Polizei, melden Sie sich!«

Wieder diese schwache Stimme. »Hier im Schlafzimmer, ich liege im Bett!«

Es klang tatsächlich so, als befände sich die Person hinter der Tür, auf die er zugegangen war. Jan und Stefan verständigten sich durch Blicke und Jan stieß die Tür auf. Er hielt seine Waffe in der Hand und Stefan sicherte ihn von hinten ab.

Es war wirklich ein Schlafzimmer, und in dem breiten Bett lag ein Mann. Er sah zum Fürchten aus. Sein Gesicht war durch eine schwarze Nasenschiene halb verdeckt, um die Augen herum hatte er eine riesige blau-schwarze Prellung, und vertikal im Gesicht lange rote parallele Striemen. Für Abwehrverletzungen waren die Risse in der Haut zu schmal, registrierte Jan. Lange Fingernägel verursachten andere Verletzungen. Trotzdem hielt er die Waffe weiter im Anschlag.

Nur der Kopf des Mannes ragte unter der Zudecke hervor. Mit einem schnellen Ruck riss Jan sie herunter, und nun lag der Mann mit einem Schlafanzug bekleidet vor ihm.

»Was fällt Ihnen ein, einen kranken Mann in seinem Haus zu überfallen?«, schrie er.

»Wir sind von der Kriminalpolizei. Und wer sind Sie?«

»Keno von Hasselt, der Eigentümer dieses Hauses, in das Sie gerade widerrechtlich eingedrungen sind!«

Das Gesicht des Mannes war wutverzerrt und Jan fand das verständlich. Schließlich waren soeben zwei Fremde mit Pistolen in der Hand in sein Schlafzimmer gestürmt.

Der finstere Gesichtsausdruck wechselte für einen Augenblick von Wut in Belustigung. Wegen der Nasenschiene und der Prellungen konnte Jan die Miene allerdings nur schlecht deuten. Aber er hatte eine Ahnung, dass die Wut nur vorgetäuscht wurde.

»Ich bin Jan Broning und das ist mein Kollege Stefan Gastmann, wir sind von der Kripo Leer und wollten Sie sprechen!«, sagte Jan und fügte hinzu: »Wir haben vergeblich versucht, Sie zu erreichen.«

»Darf ich mich wieder zudecken?«, fragte der Mann im Bett, jetzt mit weinerlicher Stimme.

»Natürlich!« Jan beobachtete, wie der Mann die Decke über sich zog.

»Wie sind Sie hier überhaupt reingekommen«, wollte von Hasselt wissen.

»Wir vermuteten, dass Sie in Gefahr sind und haben ein Fenster zur Terrasse aufgehebelt«, erklärte Stefan.

»Allerdings war ich in Gefahr, wie Sie ja sehen«, antwortete von Hasselt. »Ich bin nämlich letzte Woche gestürzt und bin, wie man sehen kann, unsanft mit dem Gesicht auf einen Anleger geschlagen. Seitdem liege ich hier mit einer Gehirnerschütterung und kann nur im Notfall aus dem Bett heraus.«

»Herr von Hasselt, kennen Sie eine Wiebke Oldenhove?« Jan beobachtete ihn genau.

»Ja, allerdings, wir sind seit ein paar Wochen zusammen, was ist mit ihr?«, wollte von Hasselt wissen.

»Herr von Hasselt, wir stellen hier die Fragen!« Er beobachte den Mann immer noch konzentriert. »Wann haben Sie Frau Oldenhove zuletzt gesehen?«

»Was sollen diese Fragen? Sehen Sie nicht, dass ich krank bin und meine Ruhe brauche?«, jammerte von Hasselt.

»Wann zuletzt?« Jans Stimme klang energisch.

»Vor zwei Wochen, da hat sie bei mir übernachtet, weil sie in der Nähe arbeitet«, antwortete von Hasselt wütend. Er fasste sich an die Stirn und verzog wie unter Schmerzen sein Gesicht.

»Seitdem hatten Sie keinen Kontakt mehr mit ihr?«, hakte Jan nach.

Von Hasselt seufzte. »Ehrlich gesagt haben wir uns beim letzten Treffen etwas gestritten. Wie soll ich das erklären … Sie, also Wiebke, fing an zu klammern. So viel Nähe bin ich nicht gewohnt und nach dem Unfall war ich froh, meine Ruhe zu haben.« Er griff sich wieder an die Stirn und seine Stimme klang leidend, als er sagte: »Im Moment habe ich auch andere Sorgen. Die letzten Tage habe ich nur starke Schmerztabletten eingeworfen, ständig geschlafen und mir ab und zu Essen aufgewärmt. Ich kann mich an fast nichts mehr erinnern!«

»Wie war das genau mit dem Unfall, Herr von Hasselt?«, fragte Jan.

»Was haben wir denn heute für einen Tag, ich habe gar kein Zeitgefühl mehr …«

»Heute ist Sonntag«, half ihm Stefan auf die Sprünge.

»Wie bitte?! Dann lieg ich ja schon seit Tagen hier im Bett! Was für Tabletten haben die mir denn in Holland gegeben?!«

»In Holland?«, hakte Jan nach.

»In Den Helder im Krankenhaus!«, erklärte von Hasselt. »Also, vor einer Woche bin ich mit meiner Jacht losgefahren. Ich wollte ein paar Tage auf der Insel Texel verbringen. Die Fahrt dahin verlief auch ohne Probleme, aber im Sportboothafen auf diesem verfluchten Anleger bin ich ausgerutscht, sicher weil ich so kaputt von der Anreise war. Jedenfalls bin mit dem Gesicht auf den Anleger geknallt. Sie sehen ja, was passiert ist. Ein Insulaner hat mich freundlicherweise zum Krankenhaus auf dem Festland gebracht. Dort haben sie mich verarztet. Meine Jacht liegt noch im Waddenhaven Oudeschild auf Texel. Ich bin dann mit dem Taxi nach Hause zurück.«

Ein merkwürdiger Zufall, dachte Jan. Ausgerechnet an diesem Wochenende waren auch die Bronings auf Texel gewesen und an diesem Wochenende war ebenfalls der Mord am Vogelbeobachter Denkela geschehen. Aber andererseits hatte Jan ja auch gesehen, wie beliebt die Insel bei deutschen Touristen war. »Herr von Hasselt, kann jemand bestätigen, dass Sie die letzten Tage im Bett lagen? Kümmert sich jemand um Sie?«

»Ich verstehe Ihre Frage nicht – und bevor ich Ihnen antworte, will ich wissen, ob Sie mir irgendetwas vorwerfen!« Von Hasselts Stimme klang lauernd. »Hat das etwas mit meiner Freundin Wiebke zu tun?«

Jan und von Hasselt sahen sich einen langen Moment nur an. Jan traute dem Mann nicht. Bis jetzt waren von Hasselts Aussagen allerdings nachvollziehbar und logisch. Nichts sprach gegen seine Angaben, und so blieb Jan nichts anderes übrig, als mit offenen Karten zu spielen. Außerdem war er auf die Reaktion gespannt. »Herr von Hasselt, es tut mir leid, Ihnen mitteilen zu müssen, dass Ihre Freundin Wiebke Oldenhove ermordet worden ist.«

Von Hasselt schrie auf und hob die Hände vors Gesicht. »Nein! Nein … Meine liebe Wiebke!«

Jan musste zugeben: Falls von Hasselt etwas mit dem Tod der Frau zu tun hatte, dann hatte er soeben eine schauspielerische Glanzleistung vollbracht. Er wirkte ehrlich betroffen und mitgenommen.

»Vielleicht verstehen Sie jetzt, warum wir hier eingedrungen sind«, sagte Jan. »Unser Beileid, Herr von Hasselt, aber trotzdem müssen wir Ihnen diese Fragen stellen.«

»Ich versteh das alles nicht, Herr Kommissar«, sagte von Hasselt mit weinerlicher Stimme, »wer hat sie denn ermordet?«

»Das wissen wir noch nicht«, antwortete Jan.

»Sie verdächtigen doch wohl nicht mich?« Nun klang er erschrocken und entsetzt.

»Zur Zeit ermitteln wir in alle Richtungen«, wich Jan aus. »Wir erfuhren von einem unbekannten Freund der Frau Oldenhove, und da sie bereits seit einigen Tagen tot ist, kam es uns merkwürdig vor, dass sich dieser Freund noch nicht bei uns gemeldet hatte.«

»Ach so, jetzt verstehe ich langsam.« Von Hasselt sah Jan leidend an. »Aber Sie sehen ja jetzt, warum ich mich nicht gemeldet habe. Dieser Unfall und mein Gesundheitszustand ... Oh, meine arme Wiebke, wie schrecklich! Oh ... Können Sie mich jetzt bitte ... bitte ... allein lassen! Dieser Schock und dann meine Kopfschmerzen, ich muss unbedingt Ruhe haben. Sobald es mir besser geht, melde ich mich bei Ihnen. Ich laufe Ihnen ja nicht weg.«

Jan ließ noch nicht locker. »Na gut, Herr von Hasselt, aber zunächst möchte ich, dass Sie meine Frage beantworten, also: Kann jemand bestätigen, dass Sie die letzten Tage im Bett verbracht haben?«

»Nein, warum auch? Die Ärzte haben mir Medikamente mitgegeben und meine Tiefkühltruhe ist randvoll mit Essen«, erklärte von Hasselt. »Und ich bin ja lieber alleine, ich ertrage nicht so viel menschliche Nähe.«

»Okay«, erwiderte Jan. »Nur eine Formalität. Ich möchte noch Ihren Ausweis sehen, außerdem brauchen wir den Namen Ihrer Jacht und eventuell Unterlagen von Ihrer Behandlung in Den Helder.«

»Meine Brieftasche liegt hier in der Nachttischschublade«, sagte von Hasselt mit einem Stöhnen, »bitte bedienen Sie sich!«

Jan öffnete die Schublade und nahm eine Brieftasche heraus. Darin befand sich der Personalausweis, ausgestellt auf Keno von Hasselt. Für einen Moment betrachtete Jan das Passbild und sah dann auf den Mann im Bett. Eine Ähnlichkeit bestand, allerdings verdeckte die Nasenschiene einen großen Teil des Gesichtes. In der Brieftasche fand er außerdem einen internationalen Bootsschein für von Hasselts Jacht, ausgestellt auf den Bootsnamen *Lilofee*.

»Die Braut des wilden Wassermannes«, murmelte Jan.

»Welcher wilde Wassermann?«, wollte von Hasselt wissen.

»Ach nichts, nur so ein Gedanke«, antwortete Jan. »Haben Sie Unterlagen vom Krankenhaus mitbekommen?«

»Nein, ich glaube, die wollten sie mir zusammen mit der Rechnung schicken, Herr Kommissar.«

»Na gut, wir werden Ihre Angaben überprüfen.« Jan legte die Brieftasche zurück in die Schublade. »Wir melden uns bei Ihnen. Halten Sie sich bitte zu unserer Verfügung, Herr von Hasselt. Brauchen Sie im Moment noch Hilfe oder Beistand?«

»Nein, nur meine Ruhe«, flüsterte von Hasselt. »Ich vertraue Ihnen, Herr Kommissar, bitte nehmen Sie sich einen Zweitschlüssel für die Pforte und die Eingangstür, die hängen an einem Schlüsselbrett im Flur, und schließen Sie irgendwie das aufgehebelte Fenster. Ich schaff das nicht, kann Sie auch nicht zur Tür bringen. Nehmen Sie die Schlüssel mit und wenn Sie etwas fragen möchten, kommen Sie einfach herein, aber jetzt bitte …«

»Ich lege Ihnen meine Karte auf den Nachttisch«, sagte Jan. »Bitte rufen Sie uns an, wenn Ihnen noch etwas einfällt, und insbesondere, wann wir Sie wieder befragen können. Auf ein baldiges Wiedersehen und gute Besserung!«

Der Mann im Bett hob nur schwach die Hand.

Jan und Stefan gingen hinaus.

Im Wohnzimmer betrachtete er das demolierte Fenster. Es war nur eine kleine Delle im Rahmen zu sehen. »Stefan, sieh dich schnell in den Räumen um«, flüsterte Jan seinem Kollegen ins Ohr.

Er fummelte am Fenster herum und Stefan sah sich im Untergeschoss um.

»Sind Sie noch da, Herr Kommissar?«, klang nach einer Weile die Stimme von Hasselts leise von oben.

»Ja, bin gleich fertig. So, das Fenster ist wieder zu!«, rief Jan nach oben und gab Stefan ein Zeichen für den Rückzug.

Im Flur nahm er ein Schlüsselbund vom Brett und probierte den Schlüssel an der Haustür und danach den anderen draußen an der Pforte. Sie passten. Er ging zurück ins Haus und rief laut: »Wir haben die Schlüssel und schließen jetzt ab!«

Auf der Straße warteten Onno und Thomas auf sie. Jan bat sie, sich zusammen mit ihm und Stefan in den Zivil-Bulli zu setzen. Als die Türen geschlossen waren, berichtete er von der vorgefundenen Situation im Haus von Keno von Hasselt. »Onno, Thomas, bitte bleibt hier und beobachtet das Haus genau!«

»Das verstehe ich jetzt nicht«, sagte Onno. »Ich denke, dieser Keno von Hasselt ist alleine im Haus. Außerdem hast du gerade gesagt, er ist krank und liegt in seinem Bett. Verschwinden wird er dann ja nicht – oder erwartest du, dass er Besuch bekommt?«

»Onno, ich traue dem Mann nicht«, antwortete Jan.

»Und er ist der geheimnisvolle Freund der ermordeten Wiebke Oldenhove. Wir müssen seine Angaben über den angeblichen Unfall in den Niederlanden noch überprüfen, vielleicht ist er ja doch harmlos, aber ... bis dahin möchte ich, dass er observiert wird.«

Onno nickte. »Okay, dann bleiben Thomas und ich hier und behalten das Haus im Auge.«

Jan und Stefan stiegen aus dem Bulli und fuhren mit ihrem Zivilwagen zur Dienststelle zurück. Unterwegs fragte Stefan: »Was sollte eigentlich deine Bemerkung über den wilden Wassermann?«

Jan lächelte. »Seine Jacht heißt *Lilofee*. Der Bootsname ist normalerweise wichtig für den Eigner, von Hasselt sollte also eigentlich wissen, dass Lilofee den wilden Wassermann geheiratet hat. Es ist der Text eines sehr altes Volksliedes.«

»Davon hatte er offensichtlich keine Ahnung«, stellte Stefan fest. »Vielleicht hat der Name für ihn eine ganz andere Bedeutung.«

»Am liebsten hätte ich den Mann eingesackt.« Jans Stimme klang ärgerlich. »Aber was haben wir gegen Keno von Hasselt konkret in der Hand? Er hatte für alles eine Erklärung. Sogar für seine fehlende Nachfrage über den Verbleib seiner Freundin.«

»Der Unfall«, sagte Stefan, »Ja. Sein Gesicht sieht wirklich schlimm aus! Diese Nasenschiene ... und dann diese langen Kratzer!«

»Als hätte er mit einer Katze gekämpft«, sagte Jan.

»Wie machen wir jetzt weiter?«, wollte Stefan wissen.

»Von Hasselt wird observiert. Sollte er mit den Morden etwas zu tun haben, so wird ihn diese Maßnahme von weiteren Aktionen abhalten«, antwortete Jan. »Wir haben also im Moment die Situation unter Kontrolle. Jetzt müssen wir zunächst seine Aussagen überprüfen und ich will alles zu diesem Mann wissen. Gab es Kontakte zu den anderen Opfern? Die Telefon-Datenlisten werden jeden Moment eintreffen, vielleicht taucht ja seine Nummer darin auf. Sollten wir etwas finden, das ihn belastet, werden wir ihn mit einem Arzt besuchen und ihn anschließend in Gewahrsam nehmen.«

Später Sonntagnachmittag
Niederlande, Insel Texel,
an Bord des Museums-Fischkutters
Jelle Vissering

Kapitän Jelle Vissering stand hinter dem Ruder und sah nach draußen an Deck. Dort am Bug standen die Hellseherin Aukje van Dijken und sein Kumpel, der Inselpolizist Wijkagent Willem Braakhuis.

Nachdem sie aus dem Hafen ausgelaufen waren, hatte Jelle das Ruder nach Steuerbord gelegt. Die Fahrt verlief jetzt in Richtung Süden und an der Texeler Reede vorbei. Dann ging es durch das Marsdiep, wo die Fähren zwischen der Insel und Den Helder fuhren. Der Fährhafen t'Horntje lag jetzt an Steuerbordseite. Ihr Kurs verlief nun langsam nordwärts und sie passierten die Sandbank Noorderhaaks.

Der Kutter war alt, hatte aber wegen seines geringen Tiefganges einen großen Vorteil: Sie konnten damit näher zum Strand manövrieren als mit Jelles neuem modernerem Kutter.

Schließlich hatten sie ihr Ziel erreicht: den Strandabschnitt zwischen den Naturschutzgebieten De Geul und Bollekammer bei Loodmansduin. Dort lag die alte Bunkeranlage in den Dünen, wo man den ermordeten deutschen Vogelbeobachter gefunden hatte.

Jelle verdrängte die düsteren Gedanken und sah nach Steuerbord Richtung Strand. Hinter den Dünen von Loodmannsduin lag der kleine Ort Den Hoorn mit seinem auffälligen Kirchturm, der früher auch als Orientierungszeichen für die Seefahrer gedient hatte. Seine Gedanken gingen zurück in die alten Zeiten, wo man mit solch einfachen Fischkuttern zur Fangfahrt ausgelaufen war. Damals hatten noch Lotsen von den hohen Dünen nach Schiffen Ausschau gehalten. Deshalb auch der Name: Die Lotsendüne.

Er konzentrierte sich wieder auf ihre Suchaktion. Vom Strandkilometer 9 bis um Kilometer 11 war ihr Suchgebiet. Beide Kurrbäume mit den Netzen waren heruntergelassen und der Kutter fischte soweit möglich in parallelen Bahnen dicht am Strand.

Nach einer Stunde hoffte Jelle, dass seine beiden Begleiter an Deck bald aufgeben würden. Aukje stand immer noch am Bug und ihre langen Haare wehten im Fahrtwind. Fast romantisch, wenn diese spezielle Suchaktion nicht gewesen wäre. Bereits mehrfach war sein Kumpel Willem ganz nahe an sie herangetreten, und Jelle erwartete jedes Mal, dass Willem sie, wie in der Szene im Film von der *Titanic*, umarmen würde. Aber nein ... Willem, der ewige Junggeselle, war mit Frauen sehr ungeschickt.

»Nimm doch wenigstens mal zärtlich ihre Hand, du Töffel!«, flüsterte Jelle im Selbstgespräch, »sie wartet doch nur darauf!«

In diesem Moment drehte sich Aukje um, sah ihn an und nickte. Jelle stellte die Maschine auf Leerlauf und betätigte die Hebel für die Auslegerbäume mit den Netzen. Sie hoben sich langsam aus dem Wasser. Wahrscheinlich würden sie auch bei diesem Hol wieder nur ein paar Fische darin finden.

Das Steuerbordnetz hing noch unter der Wasseroberfläche und jetzt geschah etwas, was bei den letzten Hebungen nicht geschehen war: Aukje verließ ihre Position am Bug des Kutters und ging zur Steuerbordseite.

304

Sah sie etwas, was er noch nicht sehen konnte? Das Netz war doch noch im Wasser! Die Frau wurde ihm langsam wirklich unheimlich.

Das Netz hob sich weiter und Jelles Augen weiteten sich vor Entsetzen, als er zwischen den Maschen eine menschliche Hand herausragen sah. Für einen Moment sah es so aus, als winkte sie ihnen zu. Die Winde hievte das Netz stetig weiter hoch. Normalerweise befanden sich alle gefangenen Fische oder auch Gegenstände im untersten Ende des Netzes im sogenannten Steert. Jelle schluckte. Seine Nackenhaare stellten sich auf, als immer mehr von dem Körper auftauchte.

Die Leiche hing in aufrechter Position an der Seite des Netzes. Es sah aus, als wollte sie hinaufklettern. Ein Arm hatte sich in den Maschen verhakt und deshalb war der Körper nicht ganz nach unten gerutscht. Das Gesicht des toten Mannes zeigte jetzt in Richtung der Steuerbordreling, wo Aukje stand. Es sah aus, als blickten sie sich an. Aukje hob beide Arme und flüsterte Worte, die Jelle nicht verstand. Seine Hände krampften sich bei diesem Anblick vor Grauen am Ruder fest.

Sonntagabend
Deutschland, Polizeidienstgebäude, Soko Hekate
Jan

»Gibt es Neuigkeiten von unserem Observierungsteam Onno und Thomas?«, fragte Stefan, der mit Jan und Maike Broning bei einer Tasse Kaffee saß.

»Nein, beim Haus von Keno von Hasselt ist noch alles ruhig«, antwortete Jan. »Ich habe gerade noch mit Onno telefoniert.«

»Viel haben wir ja noch nicht über den Mann herausgefunden«, stellte Maike fest. »Aber immerhin wissen wir jetzt wenigstens, wer der geheimnisvolle Freund der Wiebke Oldenhove ist.«

»Haben sich unsere niederländischen Kollegen schon gemeldet?«, wollte Stefan wissen.

»Leider nicht«, sagte Jan. »Angeblich ist Willem Braakhuis mit einem Fischkutter unterwegs und beim Kollegen Drebber meldet sich nur die Mailbox.«

Er war nicht sonderlich gut gelaunt. Auch seine Versuche, vom Personal des Krankenhauses in Den Helder eine Bestätigung über den Unfall von Keno von Hasselt zu erhalten, waren vergeblich gewesen. Die Dame am Telefon blieb unerbittlich. Solche Auskünfte würde sie telefonisch nicht erteilen, er müsse bitte den offiziellen Weg über die niederländische Polizei gehen.

Stefan war daraufhin zum Observierungsteam gefahren, um kurz den Platz von Thomas zu übernehmen, damit der hier im Büro auf Niederländisch mit dem Krankenhaus telefonieren konnte. Aber auch ihm war es nicht gelungen, eine Auskunft zu erhalten. Inzwischen saß er wieder bei Onno im Bulli.

»Wir brauchen unbedingt einen niederländischen Kollegen, der uns vor Ort hilft«, sagte Jan. »Sonst klappte das mit der Kommunikation zwischen unseren Dienststellen doch immer gut!«

Das Telefon klingelte und Jan stellte erleichtert fest, dass auf dem Display die Nummer von Simon Drebber angezeigt wurde. »Hallo, Simon!«

»Hallo, Jan, entschuldige bitte, dass ich mich erst jetzt melde. Du hattest mir ja auf die Mailbox gesprochen, aber ich war mit meinem Motorrad-Gespann unterwegs und der Motor ist verdammt laut. Außerdem hat sich im Fall Denkela einiges getan.« Simon Drebber erzählte von der Suchaktion im Meer vor Loodmansduin. »Ich war gerade an Bord des Fischkutters im Hafen von Oudeschild. Bei der geborgenen Leiche handelt es sich um einen großen Mann. Die Leiche war an den Füßen mit einem Netz mit Steinen beschwert. Ich vermute, sie liegt seit einer Woche im Wasser. Ich werde sie zum forensischen Institut nach Den Haag überführen lassen.«

»Wo hat man die Leiche geborgen?«, wollte Jan wissen.

»In Höhe der Dünen, wo wir den toten Vogelbeobachter Denkela gefunden haben – und jetzt kann ich deine Gedanken lesen!« Simon lachte kurz auf. »Das ist natürlich kein Zufall und wenn ich dir jetzt noch erzähle, dass der Tote aus dem Meer und unser Vogelbeobachter mit derselben Waffe ermordet wurden ...«

»Der Vogelbeobachter wird die Entsorgung des toten Mannes aus dem Meer vielleicht zufällig beobachtet haben«, ergänzte Jan.

»Das sehe ich genauso. Der Mörder hat das irgendwie mitbekommen und den Zeugen Habbo Denkela ebenfalls getötet.«

»Und ihr habt dieses bisher unbekannte Opfer also jetzt gefunden – tolle Leistung!«, lobte Jan.

»Nicht mein Verdienst!«, wehrte Simon ab und berichtete von Aukje und Willems Planung und Durchführung der Suchaktion zusammen mit dem Kapitän Jelle Vissering.

Deshalb habe ich Willem nicht erreichen können, dachte Jan. »Simon, wir haben hier heute ein weiteres Opfer in der Altstadt aufgefunden. Diesmal handelt es sich um einen jungen Mann. Es gab wieder einen Bekennerbrief und die Umstände der Tötung und der Zuschaustellung des Opfers sind identisch mit den anderen Tatorten.«

»Dann sind das jetzt vier Opfer dieser Hexe?«, fragte Simon.

»Ja. Du kannst dir sicher vorstellen, was hier los war. Maike hat euch einen Bericht mit Fotos an eure Dienststelle in Den Burg gesandt.«

»Danke, das sehe ich mir später an«, erwiderte Simon.

»Simon, ich glaube, wir haben hier bei unserem Fall mit

den Serienmorden ebenfalls eine neue Spur. Ich brauche unbedingt eine Auskunft über einen Unfall. Wir waren auf der Suche nach diesem geheimnisvollen Freund von Wiebke Oldenhove, dem ersten Mordopfer hier in Leer. Inzwischen haben wir ihn gefunden.«

Er berichtete kurz von der Suche und der Situation im Haus von Keno von Hasselt. »Er liegt verletzt in seinem Bett und trägt eine Nasenschiene, weil er angeblich im Sportboothafen Oudeschild gestürzt ist. Die gebrochene Nase soll dann im Krankenhaus von Den Helder behandelt worden sein. Wir müssen diese Angaben natürlich überprüfen, vor allem, weil er sich angeblich wegen einer Gehirnerschütterung an die letzten Tage nicht genau erinnern kann.«

»Lass mich raten: Und die vom Krankenhaus mauern und geben euch keine Auskunft«, stellte Simon fest. »Da kümmere ich mich gleich drum. – Jan, sagtest du, seine Jacht liegt hier auf der Insel?«

»Ja, Simon, und jetzt weiß ich, was du denkst«, antwortete Jan. »Und wenn ich dir jetzt mitteile, dass er am vorletzten Freitag in den Hafen eingelaufen ist, wird dir klar, warum ich mich auf diesen Mann im Moment konzentriere.«

Simon Drebbers Stimme klang sehr nachdenklich, als er sagte: »Ich vermute, dass unser Unbekannter aus dem Meer und der deutsche Vogelbeobachter etwa zur gleichen Zeit ermordet worden sind. Das bedeutet, euer Keno von Hasselt war zum Zeitpunkt der Morde hier auf der Insel.«

»Das kann natürlich ein Zufall sein«, stellte Jan fest. »Allerdings ging mir der Gedanke, die Morde auf Texel und die Serienmorde hier in Leer könnten zusammenhängen, schon mehrfach durch den Kopf. Im Moment habe ich allerdings nichts gegen den Mann in der Hand. Es reicht noch nicht einmal für einen Durchsuchungsbeschluss, geschweige denn für eine Festnahme. Ich brauche mehr Informationen, insbesondere zu dem Unfall. In den nächsten Stunden treffen auch noch Telefonanruflisten ein und bis dahin observieren wir Keno von Hasselt. Vorsichtshalber.«

»Jan, ich besorg dir die Informationen vom Krankenhaus. Außerdem werde ich dir Fotos von der Leiche aus dem Meer zusenden.«

»Danke, Simon, und ich halte dich auf dem neuesten Stand unserer Ermittlungen. Außerdem bin ich der Meinung, wir sollten uns mal persönlich austauschen – gerade jetzt.«

»Daran dachte ich auch schon«, erwiderte Simon. »Du, die Leiche aus dem Meer wird morgen in Den Haag sein. Ich weiß ja nicht, wie dein Terminkalender aussieht, aber das wäre doch eine gute Gelegenheit.«

»Das ist eine gute Idee, dann können wir uns einmal persönlich kennenlernen. Bevor wir hier Feierabend machen, ruf ich dich noch einmal an.«

»So machen wir es, Jan. Bis dann!«

Die Kollegen hatten mitgehört, weil Jan das Telefon laut gestellt hatte. Für einen Moment überdachten sie die Neuigkeiten von der Insel.

»Jetzt wissen wir, warum Denkela sterben musste«, sagte Maike. »Jedenfalls ergäbe das Sinn. Der unbekannte männliche Tote wurde in Höhe Loodmannsduin aus dem Meer gefischt. Seine Leiche war mit einem Netz mit Steinen versenkt worden und konnte deshalb nicht wegtreiben. Auch wenn er bei der Fangaktion etwas verschleppt worden sein sollte: Der Versenkungsort befand sich in der Nähe zur Bunkeranlage in den Dünen, wo Denkela ermordet wurde. Denkela kann also die Entsorgung des Toten beobachtet haben und musste deshalb sterben.«

»Bei diesem alten Fall aus Hamburg«, erinnerte sich Jan, »da wurde doch die Leiche ebenfalls mit einem Netz beschwert, in dem sich Steine befanden.«

»Also schlug vielleicht der Mörder aus dem Jahr 2010

in Hamburg jetzt zweimal auf Texel zu«, sagte Stefan. »Das hilft uns aber auch nicht weiter im Moment. Außerdem ...« Er sah Jan zweifelnd an.

Jan bemerkte den skeptischen Ausdruck. »Raus mit der Sprache!«

»Jan, du hast dich von Anfang an sehr auf diesen Freund der Wiebke Oldenhove eingeschossen. Jetzt haben wir ihn gefunden und befragt. Und eigentlich klangen doch seine Aussagen plausibel! Deshalb frage ich mich, was eigentlich gegen diesen Mann spricht und ob wir uns nicht in eine falsche Richtung verrennen.«

»Da muss ich dir recht geben«, antwortet Jan. »Es ist bis jetzt nur ein Bauchgefühl, aber bei der Befragung in seinem Schlafzimmer hatte ich den Eindruck, dass der Mann uns was vorspielte. Ich traue diesem Keno von Hasselt nicht über den Weg.«

Deutschland, Stadtgebiet Leer,
Einfamilienhaus Keno von Hasselt
Kerak

Keraks Gedanken überschlugen sich. Er fluchte und er schlug mit der Faust auf den Wohnzimmertisch. Eins war klar: Er musste sofort verschwinden. Seine Festnahme konnte unmittelbar bevorstehen. Seine Darstellung im Schlafzimmer hatte diesen Kriminalbeamten Broning offensichtlich nicht überzeugt, und jetzt stand ein Observierungsteam vor seinem Haus.

Er musste handeln. Sobald sie beim Krankenhaus in den Helder nachfragen würden, käme sehr schnell heraus, dass er bereits am Samstag dort gewesen war. Kerak fluchte wieder, wieso waren sie so schnell bei ihm aufgetaucht? Diesen toten Banker hatten sie doch erst am frühen Morgen gefunden, und diese Aktion hatte doch die Ermittler beschäftigen sollen.

Als er daran dachte, dass er erst morgen die Daten und Passwörter für das Vermögen seines Opfers Keno von Hasselt erhielt, steigerte sich seine Wut noch einmal, weil dieser Plan nun nicht mehr umgesetzt werden konnte. Er konnte unmöglich bis morgen hier bleiben, um den Brief mit den Zugangsdaten abzufangen. Sie würden ihn sonst vielleicht tatsächlich festnehmen und dieses Risiko durfte er nicht eingehen.

Schweren Herzens wurde Kerak klar, dass es Zeit für Plan B wurde.

Im Hafen in der Nähe des Hauses hatte er am Ufer ein Paket mit Kleidung, Goldmünzen und Bargeld versteckt. Zum richtigen Zeitpunkt würde er sich den Neoprenanzug anziehen, durch den Garten schleichen und sich ins Hafenwasser gleiten lassen. Dann würde er zu seinem versteckten Paket schwimmen und sich dort umziehen. Der Weg zur Taxizentrale vor dem Bahnhof war nicht weit. Er würde sich zum Bahnhof in Nieuweschans, direkt hinter der Grenze, bringen lassen. Sein Fahrtziel war die Insel Texel, dort hatte er noch eine persönliche Angelegenheit zu erledigen.

Büro der Soko Hekate
Jan

Jan Broning stand wieder vor den weißen Tafeln. Auf der linken mit dem Fall Denkela hing jetzt das Foto der heute aus dem Meer geborgenen Wasserleiche. Es war zusammen mit einem Bericht über die Suchaktion im Meer vor Loodmansduin von den niederländischen Kollegen übersandt worden. An der rechten Tafel, für die Ritualmorde in Leer, hing jetzt auch ein Foto des vierten Opfers Michael Derboven, und unter dem von Wiebke Oldenhove stand nun der Name ihres Freundes Keno von Hasselt, allerdings ohne Bild. Sie hatten kein Foto von ihm gefunden, es gab im Internet keinen einzigen Suchtreffer auf den Mann. Von Hasselt war ein absoluter Einzelgänger und alle Versuche, mehr über ihn zu erfahren, liefen ins Leere.

Jans Blicke wechselten ständig von der linken Tafel zur rechten Tafel und zurück. Das Denken fiel ihm sehr schwer, die letzten Tage waren einfach zu viel gewesen. Auch zu Hause konnte er nicht mehr richtig abschalten, weil er zu erschöpft und müde war.

Maike trat mit Papieren in der Hand an seine Seite. »Jan, Nachrichten aus dem Krankenhaus Den Helder. Keno von Hasselt ist dort tatsächlich behandelt worden. Eine gebrochene Nase und Prellungen am Jochbein. Aber als Alibi taugt diese Bestätigung trotzdem nicht. Diese Behandlung war zwar an dem Wochenende, an dem wir auch auf Texel waren, allerdings hat sie am Samstagmorgen stattgefunden.«

»Wiebke Oldenhove wollte Sonntag zu ihrem Freund fahren«, überlegte Jan. »Gestorben ist sie in der Nacht von Sonntag auf Montag. Keno von Hasselt war zu dieser Zeit bereits wieder zu Hause. Das heißt, er könnte sie ermordet haben.«

»Aber warum?« Ihre Stimme klang skeptisch. »Und was ist mit den anderen Opfern, Jan? Wir wissen doch, dass alle vier von derselben Person umgebracht worden sind.«

»Ich weiß, worauf du hinauswillst.« Jan atmete tief durch. »Keno von Hasselt wäre dann verantwortlich für alle vier Morde hier in Leer.«

»Eben, und was ist dann mit unserer Hexe Melana? Alles nur eine große Ablenkung? Wie bei den ›Morden des Herrn ABC‹?«

»Möglich wäre das, Maike. Der Mörder versteckt sein

Opfer, das die Polizei zu ihm führen würde, unter willkürlichen weiteren Opfern, um von sich abzulenken.«

»Und wie passt dann Texel da rein?« Maike zeigte auf die linke Tafel.

»Maike, ich weiß es noch nicht«, gab Jan zu. »Vielleicht übersehen wir etwas. Diese Fälle bereiten mir echt Kopfschmerzen.«

Sie sah auf ihre Uhr und dann in das müde Gesicht von Jan. »Hör mal, wir sind alle kaputt. Es war ein langer Tag und wir sollten Feierabend machen. Ich habe schon eine Ablösung für unser Observierungsteam organisiert.«

»Okay, aber ich ruf noch einmal bei Simon an. Was hältst du von einem persönlichen Treffen in den Niederlanden?«

»Das solltet ihr unbedingt machen«, antwortete Maike, »man kann nicht alles am Telefon regeln. Thomas könnte dich doch nach Den Haag fahren. Ich kümmere mich um die Verschiebung der Obduktionen und halte dich auf dem Laufenden.«

»Das wird morgen dann nicht einfach für dich«, gab Jan zu bedenken. »Und ich möchte nicht, dass jemand denkt, ich hätte mich nach Holland abgesetzt, um dem Ärger zu entgehen.«

»Fahr nach Den Haag, triff dich mit Simon. Was andere denken, war uns doch schon immer egal«, sagte Maike. »Ich halte dir den Rücken frei!«

Jan nahm seine Frau in den Arm und küsste sie. »Danke. Was würde ich ohne dich machen! Ich liebe dich.«

Kerak

Kerak beobachtete das Observierungsteam vor dem Haus, als plötzlich ein weiterer Wagen auftauchte. Zwei Männer, offensichtlich Polizisten in Zivil, stiegen aus und gingen zu dem Bulli. Die Ablösung, vermutete Kerak. Jetzt war der richtige Zeitpunkt. Er trug bereits den Neoprenanzug, und unter dem Arm klemmte sein zusammengerollter Schlafanzug.

Kerak schlich durch den Garten und ließ den Schlafanzug vor der Wasserkante gut sichtbar auf dem Rasen liegen. Dann glitt er geräuschlos ins Hafenwasser und schwamm davon.

Kapitel 58

Montagmorgen
Ditzum, Haus der Familie Broning
Jan

Jan hatte schlecht geschlafen. Immer wieder war er aufgewacht, weil ihm der Fall keine Ruhe ließ. Sein Unterbewusstsein quälte ihn mit dem Gedanken, dass er etwas Wichtiges übersehen hatte. Heute wollten sich die Kollegen der Soko Hekate bereits um sieben Uhr im Büro treffen. Onno und Stefan sollten später das Observierungsteam vor dem Haus von Keno von Hasselt ablösen.

»Opa Johann, du hast schon wieder verloren!« Die Stimme seiner Tochter Antje aus dem Nebenzimmer klang triumphierend. Sie war Frühaufsteherin und hatte ihren Opa zum Memory-Spiel überredet. »Opa, ist doch nicht so schwer … Du brauchst nur zwei Karten mit denselben Bildern aufzudecken!«, sagte sie zu ihrem sicher inzwischen schon genervten Großvater. Im Memory war Antje unschlagbar.

Jan ging ins Nebenzimmer und gab seiner Tochter einen Abschiedskuss. »Papa, Opa hat schon wieder verloren!« Antje mischte bereits die Karten neu. Johann de Buhr sah Jan an und pustete durch die Lippen.

»Danke, Johann. Ich weiß nicht, wie wir das ohne euch hinkriegen sollten«, sagte Jan zu seinem Schwiegervater.

»Kein Problem, solange wir nicht um Geld spielen«, seufzte Johann und beobachtete, wie Antje die verdeckten Karten auf dem Tisch verteilte.

»So, Opa, nun streng dich aber einmal an«, lachte sie. »Immer zwei Karten mit denselben Bildern!«

Als Jan mit Maike zur Dienststelle in Leer fuhr, waren seine Gedanken beim Memory-Spiel seiner Tochter. Zweimal dasselbe Bild …

»Wie wollen wir es heute angehen?«, unterbrach Maike seine Gedanken.

»Wir setzen uns kurz zusammen und besprechen, wie wir vorgehen wollen. Hoffentlich sind jetzt diese Telefonanruflisten eingetroffen. Dann möchte ich unbedingt noch einmal mit Keno von Hasselt sprechen.«

»Rechnest du mit Widerstand?«, wollte Maike wissen. »Ein Durchsuchungsbeschluss wäre dann hilfreich.«

»Ohne einen Beschluss können wir das Haus nicht auf den Kopf stellen«, stimmte ihr Jan zu, »allerdings habe ich einen Schlüssel und Herr von Hasselt liegt ja krank im Bett.«

»Und weil er ja sehr zurückgezogen und alleine lebt, möchtest du dich persönlich im Haus vergewissern, ob es ihm gut geht«, sagte Maike.

»Genau, mein Schatz, quasi ein Krankenbesuch«, erwiderte Jan und lächelte seine Frau unschuldig an.

Im Büro sah Maike zunächst die E-Mail-Eingänge durch. Die Auswertung dauerte einen Moment. Inzwischen trafen auch die anderen Kollegen ein.

»Was hat dieser Keno von Hasselt euch gesagt, wann hatte er das letzte Mal Kontakt mit seiner Freundin Wiebke Oldenhove?«, wollte Maike wissen.

»Vor zwei Wochen«, antwortete Jan. »Danach war Sendeschluss wegen eines Streites.«

»Das kann nicht stimmen«, sagte Maike. »Die haben jeden Tag mehrfach miteinander telefoniert. Erst ab dem vorletzten Donnerstag haben sie über Festnetz nicht mehr telefoniert.« Sie sah konzentriert auf die Datenliste.

»An diesem Tag ist von Hasselt mit seiner Jacht in Richtung Texel losgefahren, da war sich das Schleusenpersonal absolut sicher«, fügte Stefan hinzu.

»Herr von Hasselt hat uns also nicht nur einmal angelogen!«, stellte Jan fest. »Der Unfall wurde am Samstag behandelt und nicht am Sonntag und dass er das letzte Mal vor zwei Wochen Kontakt mit seiner Freundin Wiebke hatte, stimmt nachweislich auch nicht.«

»Na ja, er hatte ja eine Gehirnerschütterung …«, gab Stefan zu bedenken.

»Davon steht hier aber nichts in den Unterlagen aus dem Krankenhaus«, sagte Maike.

»Das hat der uns doch bloß vorgemacht«, sagte Jan, »als Erklärung für die Ungereimtheiten, die wir inzwischen tatsächlich festgestellt haben! Außerdem wollte der wahrscheinlich verhindern, dass wir ihn gleich mitnehmen.«

»Also alles gelogen und Theater?«, fragte Stefan.

»Fragen wir ihn doch selber.« Jan klang entschlossen. »Freundlicherweise hat er uns ja die Schlüssel überlassen. Vermutlich, um uns von seiner Harmlosigkeit zu überzeugen.«

»Was ihm aber bei dir wohl nicht gelungen ist«, stellte Onno fest.

»Jan, bitte denk dran, du willst heute noch nach Den Haag«, erinnerte ihn Maike.

»Dann lasst uns keine Zeit verlieren.« Jan stand auf und Stefan folgte ihm.

Vor von Hasselts Haus trafen sie das Observierungsteam. Die Kollegen, die Onno und Thomas für die Nacht abgelöst hatten, berichteten, dass alles ruhig gewesen sei. Keiner hätte das Haus verlassen. Ab und zu sei das Licht in verschiedenen Zimmern angegangen, und aus dem oberen Stock hatten sie öfters mal das flackernde Licht eines Fernsehers gesehen.

Jan bedankte sich bei ihnen. »Für euch ist jetzt Feierabend. Wir übernehmen.«

Er sah zu, wie die Kollegen davonfuhren, und suchte den Schlüssel für die Pforte heraus. Er klingelte kurz, aber es gab keine Reaktion, also schloss er auf. Mit einem mulmigen Gefühl im Bauch öffnete Jan die Pforte und danach die Haustür. Als sie ins Haus traten, rief er laut: »Herr von Hasselt, hier ist die Polizei. Bitte melden Sie sich!«

Es blieb still.

Jan ging gefolgt von Stefan direkt die Treppe ins Obergeschoss hinauf. Wie beim letzten Besuch hielten sie ihre Waffen in der Hand und sicherten sich gegenseitig ab. Jan stieß die Tür zum Schlafzimmer auf. Das Bett war leer. Ein Fernseher stand dicht am Fenster zur Straße hinaus. Als Jan die Zeitschaltuhr sah, an die das Gerät angeschlossen war, verstärkte sich seine düstere Vorahnung.

Die Polizisten durchsuchten das gesamte Haus. Keine Spur von Keno von Hasselt. Auffällig war, dass mehrere Zeitschaltuhren an verschiedenen Lampen im ganzen Haus verteilt waren.

»Mist, er ist geflüchtet«, stellte Stefan fest. In diesem Moment fiel sein Blick auf einen Zettel, der auf dem Wohnzimmertisch lag. Er las ihn durch und sagte: »Oder er hat sich umgebracht!«

Jan war noch in Gedanken und brauchte einen Moment, um zu verstehen, was Stefan ihm sagen wollte. Stefan las laut vor:

An die Polizei!

Ich kann nicht ins Gefängnis gehen, das halte ich nicht aus. Mir ist klar, dass Sie inzwischen wissen, dass ich für den Tod meiner Freundin Wiebke verantwortlich bin. Wir haben uns fürchterlich gestritten, als sie mich hier überraschend besuchte. Ich war nicht ich selbst, als ich zu dem Messer griff, aber sie hätte mich nicht schlagen dürfen. Eine Sicherung ist da bei mir durchgebrannt. Als sie plötzlich tot vor mir lag, wurde mir klar, dass ich dafür eingesperrt würde. Ich habe nicht nachgedacht und sie in den Hafen geworfen. Danach ist mir erst richtig klar geworden, dass die Polizei vor meiner Tür steht, sobald man sie findet. Deshalb habe ich die anderen getötet und die Serienmörderin Melana erfunden, um Wiebke unter den anderen Toten zu ›verstecken‹.

Als Sie mich hier im Haus aufsuchten, wurde mir klar, dass meine Ablenkungstaktik nicht aufgehen würde. Das Observierungsteam vor meinem Haus hat mich davon überzeugt, dass Sie mich verdächtigen. Ich brauchte ein wenig Zeit, um alles zu überdenken. Bestimmt habe ich irgendwo Spuren hinterlassen. Ich dachte, ich könnte dies alles durchstehen, aber mein Gewissen plagt mich und ich sehe ständig die Gesichter der Toten.

Die einzigen glücklichen Momente in meinem Leben verdanke ich der See. Dort bin ich frei und mein Blick verliert sich erst am Horizont. Deshalb kann ich nicht ins Gefängnis gehen. Ich werde mich im Wasser umbringen, weil ich dieses Element so liebe. Lieber ein schreckliches Ende im Wasser, als ein Schrecken ohne Ende in einer engen Gefängniszelle.

Gezeichnet Keno von Hasselt bzw. Melana

Stefan sah Jan mit großen Augen an. »Du hattest wieder einmal recht, das ist ja unglaublich, wir haben den Fall geklärt! Keno von Hasselt war die Hexe Melana.«

Jan stand inzwischen vor dem Fenster der Terrasse und sah in den Garten. »An der Wasserkante liegt etwas Helles auf dem Rasen!«

Sie gingen nach draußen und fanden einen Schlafanzug, aus dem ein Messergriff ragte. Es hatte den Anzug durchstoßen und steckte im Rasen.

Jan bemerkte, dass Stefan ihn irritiert ansah. Der Kollege erwartete natürlich von ihm, dass er froh war, dass der Fall der Ritualmorde jetzt so gut wie gelöst war. Eigentlich fehlte nur noch die Leiche des Keno von Hasselt.

Aber eben, als Jan im Wohnzimmer gestanden und aus dem Fenster gesehen hatte, hatte er endlich den unklaren, unvollendeten Gedanken fassen können, der ihn schon seit gestern beschäftigte.

Der Fall war noch nicht gelöst! Warum sollte jemand, der sich umbringen will, in der Nacht Zeitschaltuhren im Haus verteilen, um die Polizei vor seinem Haus abzulenken? Entweder wollte von Hasselt bei seinem Suizid nicht gestört werden … Oder war es wahrscheinlicher, dass er sich gar nicht umgebracht hatte, sondern geflohen war und zwar schwimmend durch den Hafen? Die Observierung des Hauses, insbesondere des schlecht einsehbaren Gartens, war schwierig. Von Hasselt war im Vorteil gewesen, weil er von der oberen Etage gute Sicht auf das Observierungsteam hatte.

Es hätte sich bestimmt ein passender Zeitpunkt für eine Flucht gefunden. Mit den Zeitschaltuhren hatte er dem Observierungsteam suggeriert, er sei noch im Haus unterwegs – ein Täuschungsmanöver, um einen Vorsprung zu erreichen.

»Stefan, Keno von Hasselt ist nicht die Hexe Melana. Die hat es tatsächlich nie gegeben. Aber der Mann, mit dem wir im Schlafzimmer gesprochen haben und der nun angeblich Suizid begangen hat, ist auch nicht Keno von Hasselt«, erklärte er mit sicherer Stimme und beobachtete, wie seinem Kollegen das Kinn herunterfiel.

»Ich erklär es euch später gemeinsam im Büro«, sagte Jan. »Wir müssen sofort diesen Mann, der sich für Keno von Hasselt ausgibt, zur Fahndung ausschreiben. Er ist unser gesuchter Mörder und ist irgendwann in der Nacht geflüchtet. Mit Sicherheit ist er durch den Hafen davongeschwommen. Verflixte Axt!«, fluchte Jan. »Stefan, wir waren so dicht dran, ihn zu schnappen!«

»Sollen wir trotzdem eine Suchmannschaft mit Tauchern hier im Hafen einsetzen?«

»Ja, nur zur Sicherheit. Außerdem ist das Haus hinter uns ein Tatort und wir brauchen die Spurensicherung.«

Als wenig später die Kollegen Albert Brede und Egon Kromminga vor Ort eintrafen, erklärte ihnen Jan, wie er die Lage einschätzte. »Albert, ich brauche unbedingt eine Brieftasche aus dem Schlafzimmer und einen bestimmten Aktenordner aus dem kleinen Büro«, bat er. »Ist verdammt eilig!«

Albert Brede schüttelte den Kopf, »Sorry, Jan, du wirst dich gedulden müssen. Aber ich verspreche dir, dass wir mit diesen Räumen beginnen.«

Jan atmete tief durch. Er wusste, dass es keinen Sinn hatte, Albert unter Druck zu setzen. Er griff zum Telefon und wählte Maikes Nummer. »Hallo, Maike, wir sind noch beim Haus in der Groninger Straße. Ich brauche die Handynummer vom Kollegen Drebber. Du, hier dauert es noch, ich würde zum Büro kommen, aber ich brauche noch zwei Gegenstände aus dem Haus.«

Maike gab ihm die Telefonnummer und teilte ihm noch kurz mit, dass im Büro inzwischen Hochbetrieb herrschte. Die Polizeiführer gaben sich die Klinke in die Hand und die Staatsanwaltschaft wollte ebenfalls Informationen.

»Maike, legt den Hörer daneben«, sagte Jan. »Wir haben alle Handys und in den nächsten Stunden können wir keine Ablenkung gebrauchen. Wenn einer meckert, sag ihm, ich hätte es so angeordnet!«

»Mach ich, bis später«, erwiderte Maike und beendete das Gespräch.

Jan wählte Simons Nummer und erreichte ihn sofort. »Hallo, Jan, so früh unterwegs?«

Er berichtete, was sich in den letzten Stunden ereignet hatte, ließ allerdings seinen Verdacht der Identitätsübernahme aus. »Da ist noch eine Sache, die ich persönlich mit dir besprechen wollte«, erklärte Jan, »dafür bräuchte ich aber noch Unterlagen aus dem Krankenhaus in Den Helder. Genauer gesagt, die Röntgenbilder, die bei der Behandlung des Unfalles von Keno von Hasselt bestimmt angefertigt worden sind. Diese Unterlagen bitte zu unserem Treffen in Den Haag mitbringen.«

»Das ist kein Problem.« Simons Stimme klang sehr nachdenklich. »Und unsere unbekannte Wasserleiche, die wir gestern aus dem Meer gefischt haben, müsste jeden Moment beim forensischen Institut eintreffen.«

»Simon, ich muss den Zeitpunkt unseres Treffens dort nach hinten verschieben. Passt dir auch 14 Uhr?«

»Ja, dann habe ich auch mehr Zeit, die Originalaufnahmen aus dem Krankenhaus zu besorgen.«

Jan sah, wie Albert Brede ihm von der Terrasse aus zuwinkte. »Simon, ich muss Schluss machen. Wir sehen uns heute Nachmittag beim NFI in Den Haag!«

»Tot ziens, Jan, bin schon sehr gespannt!«

Im Büro der Soko Hekate
Jan

Alle Kollegen der Soko Hekate saßen bei einer Tasse Kaffee vor den weißen Tafeln. Der Abschiedsbrief aus dem Haus von Keno von Hasselt war inzwischen daran befestigt. Ein vergrößertes Passbild aus dem Personalausweis hing in zweifacher Ausfertigung jeweils an der linken und rechten Tafel. Diesen Ausweis und einen Aktenordner aus dem Büro hatte Jan unter strenger Beobachtung von Albert Brede aus dem Haus geholt und mit ins Büro gebracht.

Jan stellte fest, dass alle jetzt gespannt auf seine angekündigten Erklärungen warteten.

»Kollegen, heute Morgen hat es endlich Klick in meinem Gehirn gemacht«, begann er zu erzählen. »Ich werde wohl doch älter und brauche etwas mehr Zeit. Gestern sprachen wir ja mit diesem unbekannten Mann im Schlafzimmer von Keno von Hasselt.«

»Wie bitte? Wieso unbekannter Mann? Ich denke, ihr habt mit Keno von Hasselt gesprochen?« Onno klang überrascht und auch in den anderen Gesichtern, mit Ausnahme von Stefans, war nur ein Fragezeichen zu sehen.

»Moment, Onno, lass mich von Anfang an erklären!«, bat Jan. »Als ich mit Stefan im Schlafzimmer des Herrn von Hasselt war, habe ich mir den Personalausweis genau angesehen. Insbesondere das Passfoto.« Er zeigte auf die vergrößerten Bilder an den Tafeln. »Ich habe das Foto mit dem Gesicht des Mannes verglichen, der vor uns im Bett lag. Dabei ist mir nichts aufgefallen …«

»Das hat sicher auch an dieser großen Nasenschiene und der Prellung gelegen«, vermutete Stefan.

»Jedenfalls hatte ich bis zu diesem Zeitpunkt keinen Zweifel daran, dass tatsächlich Keno von Hasselt vor uns im Bett lag«, erzählte Jan weiter. »Später trafen dann die Bilder von der unbekannten Wasserleiche aus den Niederlanden ein.«

»Die sie am Sonntagnachmittag aus dem Meer bei Loodmansduin gefischt haben?«, fragte Thomas.

»Genau.« Jan zeigte auf das entsprechende Foto an der linken Tafel. »Das Gesicht ist durch die Meerwassereinwirkung entstellt, insbesondere aufgedunsen. Aber trotzdem hat mein Unterbewusstsein wohl darauf reagiert. Als ich heute Morgen zu Hause meiner Tochter Antje und ihrem Opa Johann beim Memory-Spiel zusah, verstärkte sich dieses Gefühl, etwas zu übersehen. Meine Tochter schimpfte mit Opa Johann und sagte mehrfach: ›Opa, such zweimal dieselben Bilder!‹ Und heute Morgen im Haus von Keno von Hasselt hat es dann mein Unterbewusstsein endlich geschafft, die Blockade zu durchbrechen.«

Jetzt herrschte absolute Stille im Raum.

»Seht euch die Augenpartie vom Passfoto und die Augenpartie der Wasserleiche an.« Jan tippte auf die Fotos. »Zweimal dasselbe Bild, ein und dieselbe Person. Bei der Wasserleiche aus dem Meer handelt es sich um Keno von Hasselt.«

»Und mit wem haben wir dann gestern in Keno von Hasselts Haus gesprochen?«, fragte Stefan.

»Das ist die alles entscheidende Frage«, antwortete Jan.

»Identitätsdiebstahl!«, stellte Maike fest.

Er nickte. »Dieses Wort wird dem Sachverhalt allerdings nicht gerecht. Ich finde ›feindliche Übernahme der Identität‹ passender, wenn ich an den Gewaltausbruch des Täters denke.«

»Aber diese Übernahme, wann hat die denn stattgefunden?«, fragte Onno. »Wann hat unser Täter die Rolle von Keno von Hasselt übernommen?«

»Unser gemeinsames Wochenende auf Texel«, antwortete Jan. »Freitagabend lief der echte Keno von Hasselt in den Waddenhaven Oudeschild auf Texel ein. In der

Nacht von Freitag auf Samstag befindet sich unser Vogelbeobachter Habbo Denkela zwecks Vogelbeobachtung
in den Dünen bei Loodmansduin und sieht zufällig, wie
der unbekannte Mörder den toten Keno von Hasselt
im Meer beseitigt. Dabei entdeckt ihn der Mörder und
Denkela wird selbst ermordet und beseitigt.«

»Also hat der Mörder Keno von Hasselt im Hafen
entführt und dann ermordet?«, fragte Thomas.

»Dazwischen wird er ihn noch befragt haben«, sagte
Maike, »schließlich brauchte er noch die Passwörter und
Codes seines Opfers.«

»Am Strand bei Loodmannsduin stehen immer Strandhütten auf dem Parkplatz«, sagte Thomas. »Ruhig und
einsam gelegen, genau der richtige Ort für eine derartige
Befragung. Später in der Saison werden diese Hütten
an den Strand gestellt und dann ist es auch vorbei mit
der Ruhe.«

»Jan, wenn du dir später die Leiche von Keno von
Hasselt ansiehst, stellst du sicher auch Spuren von Fol-
terungen fest«, sagte Maike.

Jan nickte. »Ja, ich glaube auch nicht, dass er diese Daten
freiwillig herausgegeben hat, wir werden darauf achten.«

»Jetzt verstehe ich auch, warum du noch so zurückhaltend bist mit deiner Theorie«, stellte Stefan nachdenklich
fest. »Du warst ja von Anfang an der Meinung, dass
die Morde auf der Insel Texel und die Ritualmorde
beziehungsweise angeblichen Ritualmorde hier in Leer
zusammengehören. Aber die Beweise dafür sind meines
Erachtens verdammt dünn!«

»Das ist genau mein Problem im Moment«, gab ihm
Jan recht, »deshalb wollte ich noch einmal ein paar
Punkte durchgehen, bevor ich mit Thomas nach Den
Haag aufbreche. Eure Meinung ist mir sehr wichtig!«

»Deine Einschätzung ist doch sehr logisch«, meinte
Maike. »Nehmen wir doch einmal das Gegenteil an: Du
liegst daneben und der Mann, mit dem ihr im Schlaf-

zimmer gesprochen habt, wäre tatsächlich Keno von Hasselt. Keno von Hasselt lebte bis zu den Morden völlig unauffällig in seinem Haus. Aber nach einem Streit tötet er erst seine Freundin Wiebke und begeht dann weitere Morde, um von dieser ersten Tat abzulenken, und als er unter Tatverdacht gerät, begeht er Suizid und treibt jetzt tot im Hafen …?!« Sie schüttelte den Kopf.

»Zugegeben, Maike, Jans Theorie klingt plausibler«, stellte Stefan fest. »Aber wäre es seinem Umfeld, Verwandten, Bekannten oder Freunden nicht aufgefallen, wenn es sich um eine andere Person handeln würde, die sich als Keno von Hasselt ausgibt?«

»Er soll doch gelebt haben wie ein Einsiedler«, warf Onno ein.

Auch Maike widersprach. »Aber Stefan, das ist doch heute nicht mehr so wie früher. Die Menschen isolieren sich immer mehr. Schau dir nur die Dörfer an, keine Kneipe mehr und alles wird per Internet geregelt, ob Banking oder Einkaufen – alles unpersönlich erledigt am Computer.«

»Wie oft stellen die Kollegen fest, dass Personen wochen- oder monatelang unbemerkt tot in ihren Wohnungen liegen!«, stimmte ihr Onno zu. »Die Vereinsamung, ob gewollt oder nicht, nimmt immer mehr zu. Ich glaube, früher wäre so eine Übernahme der Identität nicht so einfach gewesen. Aber die Menschen werden durch dieses Phänomen der Vereinsamung schnell zur leichten Beute für Kriminelle. Ich möchte gar nicht wissen, wie viele feindliche Übernahmen bereits stattgefunden haben.«

»Aber warum sollte man eine andere Identität übernehmen wollen?«, hakte Thomas jetzt nach. »Insbesondere in unserem Fall hier?«

»Weil Keno von Hasselt reich ist«, beantwortete Jan seine Frage. »Reich und das ideale Opfer. Er lebte für sich und hatte wenig Kontakte nach außen.«

»Jan, du sprichst jetzt so, als wärst du dir sicher, dass von Hasselt nicht mehr lebt«, stellte Onno fest.

»Kollegen, eure Reaktion zeigt mir ja, dass eben doch sehr viel für meine Theorie spricht«, antwortete Jan. »Ja, Onno, ich bin mir sicher, dass Keno von Hasselt in der Nacht vom Freitag auf Samstag auf Texel entführt, gefoltert, ermordet und im Meer entsorgt wurde. Nur fehlen noch die objektiven Beweise, um damit an die Öffentlichkeit zu gehen.«

»Hat der Aktenordner aus dem Büro von Keno von Hasselt zufällig etwas mit diesen objektiven Beweisen zu tun?« Maike sah auf den Schreibtisch, wo der Ordner lag.

Jan lächelte sie an. »Dir entgeht aber auch nichts. Keno von Hasselt ist Privatpatient und deshalb wird er die Arztrechnungen selber überweisen.«

»Natürlich auch seine Zahnarztrechnungen«, sagte Maike mit einem Lächeln.

»Genau. Und siehe da, im Büro fand ich einen Ordner mit der entsprechenden Aufschrift«, berichtete Jan. »Als ich ihn durchsah, fand ich Unterlagen über vier sehr teure Zahn-Implantate.«

»Und weil du lieber mit uns den Fall noch einmal durchgegangen bist, statt vergebliche Diskussionen mit dem Zahnarzt über Datenschutz zu führen«, vermutete Maike, »nimmst du diese Aufzeichnungen mit nach Den Haag, um sie mit dem Zahnstatus der Wasserleiche zu vergleichen.«

»Perfekt«, gab Jan zu. »Die Positionen der vier neuen Stiftzähne sind präzise in den Unterlagen angegeben, und sollte dieser neue Körperscanner im forensischen Institut halten, was er verspricht, ist der Vergleich ohne Probleme möglich. Dann haben wir endlich einen Beweis und können damit an die Öffentlichkeit gehen. Aber bis dahin bitte ich euch, nichts über die Theorie der Identitätsübernahme nach draußen weiterzugeben. Es gibt immer noch ein Restrisiko.«

In diesem Moment tippte Thomas auf die Uhr, weil es Zeit wurde, nach Den Haag aufzubrechen.

»Kollegen, bevor wir losfahren, noch ein paar Aufträge«, begann Jan aufzuzählen: »Bitte veranlasst, dass die Umgebung des Hauses von Keno von Hasselt abgesucht wird. Konzentriert euch auf eventuelle Verbindungen zu den Opfern. Angefangen von Befragungen des Arbeitgebers der Sina Sinning, diesem Herrn Hasebroek. Insbesondere auch bei der Bank von Hasselts. Irgendwelche Auffälligkeiten bei den Geldbewegungen auf seinem Konto zum Beispiel. Hatte Michael Derboven etwas mit von Hasselts Konto zu tun?«

Jan stellte fest, dass Maike ihn ungnädig ansah, als wollte sie sagen ›Ach … Da wären wir von alleine nie drauf gekommen …‹. Außerdem sah ihn Thomas ungeduldig an. »Okay, Okay, habe verstanden und bin schon weg!«

Er schnappte sich den Ordner vom Schreibtisch und ging mit Thomas zur Polizeigarage. Dort stand sein alter Mercedes und Jan schloss die Türen auf.

Thomas bekam große Augen und fragte etwas unsicher: »Wollen wir damit bis Den Haag fahren?«

»Und zurück! Thomas, was für eine Frage!« Jan lachte.

Unterwegs von Deutschland nach Den Haag

Jan Broning folgte den Anweisungen seines Kollegen neben ihm auf dem Beifahrersitz. »Jan, hast du schon einmal von einem Navi gehört?«, wollte Thomas wissen und lachte.

»So ein modernes Gerät passt doch nicht in einen Klassiker! Hier gibt es nur Technik, die dem Alter des Autos entspricht.«

»Deshalb dieser Kassettenrecorder.« Thomas betrachtete fasziniert das eingebaute kombinierte Radio-Kassetten-Gerät. »Da gab es doch früher immer Bandsalat, hat mir jedenfalls mein Ur-Opa erzählt. – Da bin ich aber froh, dass ich mein Smartphone dabei habe.«

»Du kennst doch den Weg sicher auswendig«, flachste Jan.

»Jan, ich bin Friese, ich vermeide so große Städte wie Den Haag. Leeuwarden reicht mir völlig. Aber mit dem eingebauten Navi im Smartphone dürfte es funktionieren.«

Während der Fahrt stellte Jan wieder einmal mit Erleichterung fest, wie angenehm und entspannt man auf den niederländischen Autobahnen unterwegs war. Kein Geschiebe, kein Gedrängel wie auf den deutschen Autobahnen, dank dem niederländischen Tempolimit.

Thomas sah konzentriert auf sein Smartphone und fluchte plötzlich. »Verdammich, das gibt es doch nicht!«

Jan sah ihn fragend von der Seite an.

»Überschrift aus der niederländischen Zeitung von heute …« Thomas las vor. »*Hellseherin gibt weitere Hinweise zu dem Mord an dem deutschen Touristen auf der Insel Texel.*«

Jan hörte zu, wie Thomas den ganzen Artikel für ihn übersetzte. Aukje van Dijken hatte von ihren neuesten Visionen berichtet, diesmal war es ein Januskopf mit zwei Gesichtern. An dieser Stelle sahen sich Thomas und Jan vielsagend an. Des Weiteren beschimpfte Aukje diesen Januskopf auf das Übelste, sie nannte ihn einen Feigling, der sich hinter angeblichen Hexen verstecke. Sie forderte ihn heraus und provozierte ihn regelrecht.

»Das war ja nicht so schlau von ihr«, sagte Jan. »Zumal der Mörder vielleicht noch frei herumläuft. Dabei hatten wir sie so gebeten, vorübergehend auf Tauchstation zu gehen.«

»Jan, die Frau hat ihren eigenen Kopf und sagen lässt sie sich gar nichts.«

»Wir sollten deine Kollegen bitten, ein Auge auf Aukje zu haben«, sagte Jan besorgt.

»Ich kenne jemanden, der bestimmt gerne sogar zwei Augen auf sie richtet«, sagte Thomas. »Ich weiß bloß nicht, was Aukje dazu sagt.«

»Du meinst nicht zufällig Willem?« Jan grinste.

»Genau den.« Thomas wählte eine Nummer mit seinem Smartphone.

Jan hörte, wie sich Thomas und Willem auf Niederländisch unterhielten. Seine Gedanken waren immer noch bei dem Artikel. Januskopf nannte Aukje den Mörder also. Damit war die Hellseherin der Wahrheit sehr nahe gekommen. Der Mann hatte tatsächlich zwei Gesichter: die aufgesetzte Rolle des reichen Keno von Hasselt und sein tatsächliches Gesicht, der Mörder von … wie vielen Menschen? Über die genaue Anzahl seiner Opfer hatte Jan sich noch keine Gedanken gemacht. In Gedanken zählte er sie auf.

Zunächst war da der alte Fall aus Hamburg. Die unbekannte Wasserleiche mit der Patronenhülse im Schädel, aus dem Jahr 2010. Nummer eins!

Dann hatte der Mörder auf der Insel die Identität von Keno von Hasselt übernommen und ihn getötet. Nummer zwei!

Den Zeugen Habbo Denkela hatte er ebenfalls für immer zum Schweigen gebracht. Nummer drei!

In Leer war es zu einem Zusammentreffen zwischen Wiebke Oldenhove und dem Mörder gekommen. Hatte sie bemerkt, dass es sich nicht um ihren Freund handelte? Hatte er sie deshalb umgebracht? Nummer vier!

Die Kellnerin Sina Sinning … hatte er ihren Tod nur als willkommene Ablenkung benutzt? Nummer fünf!

Weert Bleeker war ebenfalls von ihm umgebracht worden, damit die Ritualmorde durch die Hexe Melana glaubhafter erschienen. Nummer sechs!

Und als hoffentlich letztes Opfer war da noch der junge

Banker Michael Derboven. Ebenfalls ein Zufallsopfer für den Mörder? Nummer sieben!

Wenn es dem Mob in der Altstadt gelungen wäre, die Freundin von Jans Kollegen Stefan zu lynchen, dann wäre der Mörder auch dafür verantwortlich gewesen.

Außerdem ... was war in der Zeit von 2010 bis jetzt, im Jahr 2015, geschehen? Hatte es noch weitere feindliche Übernahmen durch den unbekannten Mörder gegeben, von denen sie noch nicht erfahren hatten?

Also sieben Opfer bis jetzt, von denen sie wussten.

»Willem kümmert sich!«, unterbrach Thomas Jans düstere Gedanken.

»Danke, Thomas.« In diesem Moment klingelte Jans Handy. Er reichte es dem Kollegen. Thomas nahm das Gespräch entgegen und stellte den Lautsprecher des Telefons an.

»Hallo, hier ist Maike, es gibt Neuigkeiten von der Tatortaufnahme im Haus von Keno von Hasselt. In einem Vorratsraum wurde menschliches Blut auf dem Fußboden gefunden. Der Boden war zwar gereinigt worden, aber ein Luminol-Blutnachweistest zeigte an, dass es wohl eine größere Menge war. Dann hat Onno inzwischen beim Arbeitgeber von Michael Derboven, der Personalabteilung der Sparbank, nachgefragt. Derboven war der zuständige Berater für Keno von Hasselt. Bei der Bank konnten sie bereits feststellen, dass sich das Verhalten ihres Kunden in den letzten Tagen plötzlich auffällig geändert hatte. Gelder wurden per Computer umgeleitet und jeden Tag Bargeld abgehoben. Michael Derboven war immer mit einem auffälligen gelben Sportfahrrad unterwegs. Dieses Rad haben wir in von Hasselts Garage gefunden.«

»Dann stammt das Blut aus dem Vorratsraum wahrscheinlich von Michael Derboven«, vermutete Jan.

»Vielleicht wollte der Banker von Hasselt oder den Mann, der sich für ihn ausgab, persönlich sprechen, weil er ihn sonst nicht erreichen konnte«, ergänzte Maike.

»So, das war es im Moment, ich melde mich später noch einmal.« Die Verbindung wurde unterbrochen.

Thomas und Jan sahen sich an. »Es spricht immer mehr für deine Theorie der feindlichen Übernahme«, stellte Thomas fest und schaute wieder nach draußen. »Hier im Kreisel die zweite Ausfahrt nehmen!«

Montagnachmittag
Niederlande, Den Haag, NFI, Forensisches Institut
Jan

Jan Broning stellte seinen Mercedes auf dem Parkplatz des forensischen Institutes ab. Das riesige schwarze Gebäude war beeindruckend. Er sah auf seine altmodische Uhr im Armaturenbrett und war etwas erleichtert, sie waren nur einige Minuten zu spät, obwohl sie sich einmal verfahren hatten.

Jan erkannte das abgestellte Motorradgespann des niederländischen Kollegen, und Thomas wählte die Handynummer von Simon Drebber. Als er sich meldete, teilte ihm Thomas mit, dass sie auf dem Parkplatz standen und Simon nach einem alten Mercedes Ausschau halten sollte. Thomas beendete das kurze Gespräch und sagte zu Jan: »Er holt uns hier ab.«

Kurz darauf kam Simon auf den Mercedes zu. Jan hatte ja schon Fotos von ihm und seinem Gespann gesehen und erkannte ihn sofort. Simon war sehr schlank, soweit man dies bei dem langen Ledermantel beurteilen konnte, den er trug. Woran erinnerte ihn der Mann? Jetzt fiel es ihm ein: Simon sah aus wie einer der Männer von dem Gemälde ›Nachtwache‹, nur der große Hut fehlte. Altmodisch und doch elegant. »Hallo, Simon! Freut mich, dass wir uns einmal persönlich begegnen.«

Die drei Männer auf dem Parkplatz reichten sich zur Begrüßung die Hand.

Simon sah sich Jans alten Mercedes genau an. »Damals konnten sie noch schöne Autos bauen!«

»Und schöne Motorradgespanne!« Jan zeigte auf das Gespann von Simon.

»Es scheint, wir haben beide ein Faible für alte Fahrzeuge«, sagte Simon. Dann machte er Handbewegung in Richtung Eingang des Institutes. Auch für alte Ledertaschen, dachte Jan, als er sah, dass sein niederländischer Kollege ebenfalls seine Unterlagen in einer altmodischen Tasche mit sich führte.

»Simon, es tut mir leid, wir sind etwas zu spät!«, entschuldigte er sich.

»Ihr Deutschen und euer Pünktlichkeitswahn«, lachte Simon. »Kein Problem!«

»Er hatte kein Navi!«, fügte Thomas vorwurfsvoll hinzu.

»Habe ich auch nicht. Es gibt doch Karten«, erwiderte Simon.

Jan schmunzelte, als Thomas die Augen gen Himmel verdrehte.

»Der Forensiker wartet bereits auf uns und wir gehen besser direkt zu ihm.« Simon ging voraus in das riesige Gebäude, Jan und Thomas folgten im Schlepptau.

Jan hätte eigentlich gern vorher mit Simon noch einige Aspekte der Fälle erörtert, aber dafür blieb jetzt keine Zeit mehr. Im Raum mit dem Körperscanner lag bereits die Leiche aus dem Meer bei Loodmannsduin, die er von den Fotos kannte. Es war kein schöner Anblick und der typische Geruch nahm Jan für einen Moment den Atem.

Sie besprachen sich zunächst mit dem Forensiker, der den Scanner bediente. Dann hantierte der Mann an der Bedienungseinheit und Jan kam sich vor wie in einer Zeitreise in die Zukunft, Startrek ließ grüßen. Auf einer Art Monitor wurde der gescannte Körper dargestellt.

Fremde Gegenstände, zum Beispiel ein Geschoss aus einer Waffe im Inneren des Körpers, konnte man auf diese Weise erkennen, ohne die Leiche aufzuschneiden. Was Jan gerade bestaunte, war die Zukunft: eine virtuelle Obduktion.

»Jan, wenn dich ein bestimmter Bereich besonders interessiert, kein Problem!«, sagte Simon.

»Tatsächlich würde mich der Kopf, insbesondere das Gebiss des Toten interessieren«, erwiderte Jan.

Nun war der Schädel auf dem Monitor zu sehen. Der Forensiker drehte die digitale Darstellung so, dass man das Gebiss gut erkennen konnte. Jan sah die Metallschrauben, die als Sockel für die Zahn-Implantate dienten: zwei im Oberkiefer und zwei im Unterkiefer. Er suchte aus dem Ordner mit Keno von Hasselts Zahnarztunterlagen den Kostenvoranschlag heraus, auf denen die Position der Implantate aufgeführt war. Die Angaben über die Positionierung tauchten auch in der Endrechnung auf, allerdings in Fachchinesisch.

»Simon, ist der Forensiker so nett und vergleicht bitte die angegebene Position der Implantate in den Unterlagen mit dem Bild auf dem Monitor?«

Simon gab die Unterlagen weiter und übersetzte für Jan, der sich wieder einmal wünschte, er könnte so gut Niederländisch wie Simon Deutsch. Jan konnte zwar Plattdeutsch, das ähnlich wie Niederländisch klang und bis nach Groningen auch funktionierte, aber hinter Groningen in Friesland und Nordholland war Schluss. Und immer wieder vermischte sich Jans Plattdeutsch ungewollt mit dem Niederländisch, wenn er es zu sprechen versuchte.

Jan beobachtete gespannt den Forensiker, der immer wieder von den Unterlagen auf den Monitor sah. Endlich bestätigte der Mann, dass die Position der Implantate auf dem Monitor mit der in den Unterlagen angegebenen übereinstimmte. Und das bedeutete, dass es sich bei der

Leiche, die vor ihnen auf dem Chromtisch lag, um Keno von Hasselt handelte.

Nun wurde es Zeit, die Katze aus dem Sack zu lassen. Mit kurzen Sätzen erklärte Jan seinem Kollegen Simon, wie er zu den Unterlagen gekommen war. »Den Rest erzähle ich dir gleich. Können wir jetzt bitte die Röntgenbilder aus dem Krankenhaus Den Helder sehen und vergleichen?« Jan war es peinlich, den Kollegen erst jetzt einzuweihen, aber er hatte zunächst absolute Gewissheit haben wollen, und Maike brauchte schnell eine Bestätigung für die Theorie der feindlichen Übernahme. Jan ahnte, wie sie im Soko-Büro unter Druck stand.

Simon nahm die Röntgenaufnahmen, die bei der Behandlung des angeblichen Unfallopfers Keno von Hasselts angefertigt worden waren, aus der Tasche und gab sie dem Forensiker. Der verglich sie mit der Gesichtspartie der Leiche auf dem Monitor. Jan wusste, wie das Ergebnis ausfallen würde, und wurde nicht enttäuscht: Es gab keine Übereinstimmung. Somit war klar, dass man im Krankenhaus nicht die Nase des Keno von Hasselt, sondern die des Mörders behandelt hatte. Von Hasselt hatte zu diesem Zeitpunkt schon tot in der Nordsee gelegen.

»Du hast jetzt sicher einige Fragen«, sagte Jan zu Simon, »und die werde ich dir auch gleich beantworten. Lass mich bitte noch kurz ein Telefongespräch führen und dann erklär ich dir alles.«

Er ging hinaus auf den Flur und griff zu seinem Handy. Maike meldete sich sofort und Jan berichtete vom Ergebnis der bisherigen virtuellen Obduktion. »Maike, es gibt keinen Zweifel mehr, hier auf dem Obduktionstisch liegt der echte Keno von Hasselt. Und der Mann, mit dem Stefan und ich gesprochen haben, ist der Mörder. So, und jetzt muss ich auflegen und dem Kollegen Simon einiges erklären …«

»Warte, Jan!« Maikes Stimme klang alarmierend. »Ich habe auch Neuigkeiten. Die Kollegen haben ja die

334

Umgebung des Hauses abgesucht. Du kennst doch das kleine Wäldchen bei der Rudervereinigung?«

»Am gleichen Ufer wie von Hasselts Haus, nur 300 Meter in Richtung Schleuse?«, fragte Jan.

»Genau«, bestätigte Maike, »dort haben die Kollegen soeben einen neuwertigen Neoprenanzug gefunden. Der war noch nass und der Anzug ist für eine große Person.«

»Verflixte Axt!«, fluchte Jan, »wie wir es vermutet haben! Unser Mörder hat dort sicher ein Notfallpaket hinterlegt …«

»Und es jetzt benutzt«, vervollständigte Maike den Satz. »Das Observierungsteam täuscht er mit den Zeitschaltuhren, er schleicht gut getarnt durch den schwarzen Neoprenanzug durch den Garten und schwimmt zum Wäldchen. Dort zieht er sich um und ist verschwunden!«

»Genau, Maike. Aber die Fahndung läuft ja schon, vielleicht erwischen wir ihn noch!« Er beendete das Gespräch.

Simon erschien im Flur und sah ihn fragend an.

»Ich fang mit dem Wichtigsten an, Simon: Der Mann, den wir für den Mörder an den insgesamt sieben Opfern in Hamburg, auf der Insel Texel und bei uns in Leer halten, ist uns entwischt. Auf dem Weg hierher haben wir uns Sorgen wegen der Hellseherin Aukje van Dijken gemacht und Willem Braakhuis informiert.«

»Ja … Ihr habt sicher auch ihren Artikel in der Zeitung gelesen und befürchtet, der Mörder könnte sich herausgefordert fühlen und ihr, sagen wir es salopp, einen unfreundlichen Besuch abstatten?«

»Ja, und …«

»Sorry, Jan, jetzt muss ich erst einmal telefonieren.« Simon griff zu seinem Handy. »Geh ruhig wieder ins Labor zu unserem Forensiker, ich glaube, der wird langsam ungeduldig. Wir kürzen die virtuelle Obduktion einfach ab und dann setzen wir uns in aller Ruhe bei einer Tasse Kaffee zusammen.«

»So machen wir es, Simon.« Jan telefonierte noch einmal kurz mit Maike und ging dann zurück ins Labor zum Kollegen Thomas und dem Forensiker. Irgendwie beschlich ihn das Gefühl, Simon wollte alleine sein bei seinem Telefongespräch.

Eine Stunde später saßen Thomas, Simon und Jan in der Cafeteria des Institutes und konnten sich endlich in aller Ruhe unterhalten.

Die virtuelle Obduktion hatte die Identität des Toten auf dem Chromtisch geklärt. Keno von Hasselt war erschossen worden. Das Geschoss steckte noch in seiner Brust. Außerdem hatte der Forensiker Brandverletzungen an den Fußsohlen festgestellt. Folterspuren, verursacht mit einer Art Lötlampe.

Jan begann mit einem ausführlichen Bericht über den Fund der Leiche des Bankangestellten Michael Derboven am Sonntagmorgen und wie sie den angeblichen Freund der Wiebke Oldenhove im Haus des Keno von Hasselt aufgespürt hatten. »Ja, Simon, er hat uns Theater vorgespielt und wir sind leider drauf hereingefallen«, bekannte Jan.

»Jan, wir müssen positiv denken und uns überlegen, wir ihn schnappen«, sagte Simon. »Die Fahndung nach unserem Täter läuft jetzt in Deutschland und bei uns in den Niederlanden.«

»Das Haus von Keno von Hasselt wird überwacht und Maike hat seine sämtlichen Konten sperren lassen«, berichtete Jan. »Sie hat sein Passbild mit einer PC-Software bearbeitet, bis mein Kollege Stefan zufrieden war, dieses Foto kommt dem tatsächlichen Aussehen des Täters sehr nahe. Sie hat es an die Fahndungsbehörden weitergeleitet.«

Simon sah auf sein sehr modernes Handy und suchte nach diesem Foto in den Fahndungsunterlagen. »Ja, das Bild haben wir gerade reinbekommen. Ich frage mich, Jan, wie er diesen Keno von Hasselt gefunden hat. Es wäre auch gut zu wissen, wann diese, wie nanntest du es auch noch, ›feindliche Übernahme‹ stattgefunden hat.«

»Wir sind uns sicher, dass der echte Keno von Hasselt den Hafen Leer an Bord seiner Jacht am Donnerstag verlassen hat«, antwortete Jan, »ein Schleusenangestellter hat noch in der Seeschleuse kurz mit ihm gesprochen. Am Freitagabend ist er dann im Waddenhaven Oudeschild eingelaufen. Samstagmorgen im Krankenhaus tritt unser Mörder das erste Mal als Keno von Hasselt auf.«

»Du meinst, die feindliche Übernahme geschah auf Texel, gleich nachdem er eingelaufen war«, stellte Simon fest.

Jan nickte. »Vielleicht wäre es sinnvoll, noch einmal bei der Aufsicht des Jachthafens Oudeschild anzufragen, ob denen etwas aufgefallen ist.«

Simon stemmte die Hände auf den Tisch. »Das wollte ich auch gerade vorschlagen, dann lasst uns zur Insel aufbrechen – es sei denn, Jan, du hast eine andere Planung für den Rest des Tages?«

»Bei unserer Soko ist sicher Hektik angesagt«, erwiderte Jan, »aber Maike, Stefan und Onno schaffen das auch ohne uns.«

»Sehr schön«, freute sich Simon. »Ruf deine Kollegen bei der Soko an und dann fahren wir los. Einfach mir folgen – nicht, dass ihr euch wieder verfahrt!«

Montagnachmittag
Alkmaar, Sitzungsraum der Klovenirs Gilde

Nach dem Anruf von Leutnant Simon aus Den Haag alarmierte Hauptmann Frans zehn Schützen der Gilde. Inzwischen standen fünf Geländewagen vor dem kleinen Haus am Stadtrand von Alkmaar. Im Sitzungsraum informierte Frans seine Männer über das Telefongespräch mit Simon Drebber. Er bildete fünf Teams und erteilte ihnen ihre Aufträge. Bei seinen Männern handelte es sich um ehemalig Elitesoldaten und Polizisten. Praktischerweise waren alle im Besitz eines Jagdscheines und deshalb berechtigt, Waffen mitzuführen.

»Simon wird mich ständig auf den neuesten Stand bringen«, erklärte ihnen Frans. »Ich werde euch dann informieren und die Aufträge anpassen. Es ist wichtig, dass wir schnell auf der Insel sind.«

Kurz darauf starteten die Fahrer der fünf Geländewagen ihre Motoren und fuhren los in Richtung Den Helder, dem Fährhafen zur Insel Texel.

Kerak

Die neue Stoppelfrisur war noch sehr ungewohnt. Aber endlich konnte er diese Nasenschiene wegwerfen. Im WC des Waggons prüfte er noch einmal das Make-up. Der blaue Fleck der Prellung und die Kratzer im Gesicht waren noch gut abgedeckt. Die große Sonnenbrille machte das neue Aussehen perfekt. Aus Keno von Hasselt war wieder der Hafenangestellte Fritz Bremer geworden.

Am Bahnhof Den Helder stieg er aus und ging zur Fähre.

Während der Überfahrt nach Texel stand Kerak an der Reling und sah aufs Wasser. Er war in Gedanken noch in Leer. Was hatte er eigentlich erreicht? Normalerweise wäre heute oder morgen Zahltag gewesen. Stattdessen war er auf der Flucht. Waren sie ihm schon auf der Spur? War der Polizei bekannt, dass er für die Morde auf Texel und in Leer verantwortlich war? Was wusste diese Hellseherin? Diese Frau war verantwortlich, dass seine feindliche Übernahme letztendlich fehlgeschlagen war. Mit ihr würde er noch abrechnen.

Zunächst musste er seinen Wagen und seine Waffen erreichen. Kerak beschloss, extrem vorsichtig zu sein, sobald er die Insel betrat.

Die Fähre legte im Fährhafen Te Horntje an, und Kerak ging in Richtung der Bushaltestelle. Direkt neben dem Bus stand ein dunkler Geländewagen. Zwei Männer stiegen aus und sahen sich alle Personen an, die sich der Haltestelle näherten. Instinktiv wandte Kerak sein Gesicht ab und ging schnell nach links weiter Richtung Aussichtspunkt.

War er übertrieben vorsichtig? Vielleicht suchten diese Männer ihn ja gar nicht. Anderseits: Zeit hatte er noch genug und warum ein Risiko eingehen.

Er fluchte, weil er eigentlich mit diesem Bus hatte weiterfahren wollen. Der fuhr nun ohne ihn ab, und die Männer mit den langen Haaren stiegen wieder in ihren Wagen.

Nun gut, dann musste Kerak zu Fuß weiter nach Den Hoorn, wo er vor einigen Tagen seinen Transporter abgestellt hatte. Zum Glück nahm ihn ein Landwirt unterwegs auf dem Trecker mit und er brauchte nicht das ganze Stück zu laufen.

Sein Auto stand noch unbeschädigt auf dem kleinen Parkplatz. Bevor er sich ihm näherte, sah er sich aufmerksam um. Alles war ruhig und sicher. Zwei Krähen saßen auf dem Dach des Transporters. Er verscheuchte die Vögel, sie flogen mit lautem Krächzen auf und landeten in einem Baum an der Kreuzung mit dem Parkplatz. Keraks Lachen war ohne echte Freude, als er erkannte, dass es sich um eine Kreuzung aus drei Wegen handelte. Hekate hätte ihre Freude an den Vögeln und der Kreuzung ...

So ein Quatsch, dachte Kerak und kroch halb unter den

Transporter, um von einem Hohlraum im Bodenblech eine Gummikappe zu entfernen. Darin befanden sich der Zündschlüssel, der Personalausweis, ausgestellt für Fritz Bremer, seine Spezialwaffe aus den zwei Rohren, die Munition und das Reserve-Messer.

Kerak machte seine Schusswaffe einsatzbereit. In das dünnere Rohr steckte er eine Neun-Millimeter-Revolverpatrone. Darüber schob er vorsichtig das dickere Rohr.

Er dachte an die Polizei, die ihm sicher auf den Fersen war, und an die Männer in den dunklen Geländewagen. Im Fall einer Kontrolle musste die Waffe sofort einsatzbar sein. Er hatte dann keine Zeit, sie zu laden. Aber das Ding ist so saugefährlich, dachte er. Es sei denn, man verhindert, dass sie sich unbeabsichtigt auslöst ...

Im Handschuhfach seines Wagens befanden sich dünne Kabelbinder. Kerak steckte das dünne flache Ende der Binder zwischen die beiden Rohre. Jetzt konnten sie sich nicht weiter zusammenschieben. Aber er bräuchte nur die Kabelbinder rauszureißen und schon war die Waffe einsatzbereit.

Vorsichtig steckte er sie in den Gürtel im Bauchbereich. Unter dem weiten T-Shirt war sie nicht zu erkennen.

Montagabend
Nordholland Den Helder/Überfahrt zur Insel Texel,
Waddenhaven Oudeschild
Jan

Die Fahrt von Den Haag nach Den Helder verlief ohne Probleme. Jan folgte dem Motorradgespann von Simon Drebber bis zur Polizeidienststelle in Den Helder. Dort parkte Simon das Gespann und stieg zu Jan in den Mercedes. Simon saß nun neben Jan und Thomas auf der

Rückbank. Simon erklärte Jan den Weg zum Fährhafen. Dort hatten sie das Glück, ohne längere Wartezeit eine Fähre nach Texel zu erwischen.

Als Jan seinen Mercedes von der Fähre fuhr und an der Ampelkreuzung hielt, fiel ihm ein dunkler Geländewagen auf, der auf einem Seitenstreifen abgestellt war. Die Ampel sprang auf Grün und Jan gab Gas. Bei der nächsten Ampelkreuzung stand wieder ein dunkler Geländewagen auf dem Seitenstreifen und als Jan kurz hineinsah, erkannte er zwei Männer, die mit Ferngläsern in die vorbeifahrenden Autos schauten. »Wird hier gerade eine Verkehrszählung auf der Insel durchgeführt?«, fragte Jan.

Thomas schüttelte den Kopf. »Nicht, dass ich wüsste. Du meinst wegen dieser dunklen Geländewagen? Die sind mir auch schon aufgefallen.«

Simon sah nur unbeteiligt aus dem Seitenfenster.

Am Verkehrskreisel vor Den Burg stand wieder ein dunkler Geländewagen. Wieder saßen zwei Männer darin und beobachteten den Verkehr.

Bei der Polizei in Den Burg setzten sie Thomas ab und stellten fest, dass die Dienststelle verlassen war. »Willem ist sicher bei Aukje«, vermutete der Friese. »Fahrt ruhig weiter nach Oudeschild, ich halte hier die Stellung!«

Simon dirigierte Jan weiter zum Waddenhaven Oudeschild. Jan parkte vor dem Gebäude der Hafenaufsicht und die beiden stiegen aus.

Sie waren gerade auf der Treppe hinauf zum Büro, als sie von hinten angesprochen wurden. »Wollen Sie zu mir?« Ein älterer Mann stellte sein Fahrrad ab und sah die beiden Männer an. »Ich bin der Hafenmeister Henk de Graf.«

»Ja, wir wollen zu Ihnen«, antwortete Simon auf Niederländisch. »Wir sind von der Kriminalpolizei. Mein Name ist Simon Drebber und das ist mein deutscher Kollege Jan Broning.«

»Oh, einen Moment«, sagte de Graf. »Wir gehen am besten ins Hafenbüro.«

Sie ließen ihn vorausgehen und standen kurz darauf im Büro des Hafenmeisters. Simon und Jan sahen sich kurz an und Simon nickte auffordernd.

»Herr der Graf, verstehen Sie die deutsche Sprache?«, fragte Jan. »Mein Niederländisch kann man nämlich vergessen.«

»Na klar!« De Graf lachte. »Bei den ganzen Sportbootfahrern aus Deutschland bleibt mir ja nichts anderes übrig.«

»Die Segeljacht *Lilofee* eines Herrn Keno von Hasselt liegt doch bei Ihnen im Sportboothafen?«

»Ach so, von Hasselts Jacht, ja, die liegt seit einer Woche hier bei uns. Dumme Geschichte mit dem Unfall von Herrn Hasselt hier auf dem Anleger. Das Holz ist aber auch verdammt rutschig, wenn es nass ist. Mit dem Nasenbruch war dann ja sein Segeltörn erst einmal beendet.«

»Waren Sie da, als es passiert ist?«, hakte Jan nach.

»Nein, es war wohl in der Nacht passiert und da ist hier niemand.«

Jan sah durch die großen Fenster auf die Sportboote hinunter und bemerkte mehrere Kameras an den Lichtmasten. »Gibt es vielleicht Kamera-Aufzeichnungen über diesen Unfall?«

»Nein, wir hatten einen längeren Stromausfall in der Nacht«, erwiderte de Graf. »Ich vermute, deshalb ist von Hasselt auch auf dem dunklen Anleger gestürzt.«

»Haben Sie öfters Stromausfälle hier im Hafen«, fragte jetzt Simon.

»Allerdings!« De Graf lächelte. »Wasser und Strom vertragen sich nicht.«

Jan suchte das bearbeitete Foto des Mörders in seinem Smartphone und zeigte es dem Hafenmeister.

»Oh, das sieht ja böse aus … Der arme Mann«, sagte Henk de Graf.

»Wir suchen diesen Mann, Herr de Graf«, erklärte Jan.

»Aber … das verstehe ich jetzt nicht. Das ist doch Herr von Hasselt!«

»Nein, ist er nicht! Dieser Mann hat nur große Ähnlichkeit mit Keno von Hasselt«, erklärte Jan.

In diesem Moment wurde das Gesicht des Hafenmeisters blass und er riss seine Augen weit auf. »Fritz!«, rief der Hafenmeister. »Dann ist es Fritz Bremer! Mein Gehilfe hier im Hafen!«

Jan und Simon sahen sich an und nickten einander zu.

»Fritz hat viel Ähnlichkeit mit diesem von Hasselt!«, erklärte Henk de Graf und machte eine einladende Geste, damit die beiden Polizisten ihm folgten. Der Hafenmeister ging in den Flur und blieb vor einigen Fotos an der Wand stehen. »Hier bitte, sehen Sie selbst!«

Auf dem Bild, auf das er zeigte, war die gesamte Mannschaft der Hafenmitarbeiter versammelt. Neben dem Hafenmeister stand der Mann, mit dem Broning in von Hasselts Schlafzimmer gesprochen hatte, und lächelte in die Kamera. »Bitte: Fritz Bremer, der dütsche Jong.« Henk de Graf lachte. »Ist doch ein Witz, die Ähnlichkeit. Als sich von Hasselt vor ungefähr zwei Wochen telefonisch angemeldet hatte, sagte ich noch zu Fritz, dass er sehr große Ähnlichkeit mit ihm hat. Keno von Hasselt ist sozusagen Stammgast in unserem Sportboothafen. Jedes Jahr reserviert er sich seinen Liegeplatz telefonisch.«

»Wo können wir Fritz Bremer finden, wohnt er hier in Oudeschild?« Jans Stimme war die Aufregung anzuhören.

»Ja, er wohnt hier«, antwortete Henk de Graf unsicher, »aber er ist seit ungefähr zwei Wochen unterwegs und ich habe ihn nicht mehr gesehen. Es gibt wohl einen Todesfall bei der Familie Bremer in Deutschland und Fritz hat sich Urlaub genommen, um alles zu regeln. Er hat doch wohl nichts angestellt?«

»Wo genau wohnt Fritz Bremer?«, wollte Jan wissen.

Der Hafenmeister erklärte ihnen den Weg. In diesem Moment klingelte Simons Handy und er ging zurück ins Büro des Hafenmeisters und machte die Tür hinter sich zu.

»Nur zu«, grummelte de Graf. »Fühlen Sie sich wie zu Hause, Herr Kommissar.«

»Er wollte sicher ungestört telefonieren«, nahm Jan den Kollegen in Schutz. Jetzt klingelte sein eigenes Handy. »Jan Broning!«

»Hallo, Jan, hier ist Willem Braakhuis. Ich wollte eigentlich Simon sprechen, aber da ist wohl besetzt.«

»Ja, er telefoniert gerade. Kann ich dir helfen?«

»Thomas hat mir gesagt, dass ihr beide unterwegs seid.«

»Ja, wir sind gerade beim Hafenmeister in Oude-schild.« Jan berichtete von der neuesten Entwicklung.

»Unser Mörder wohnt also auf Texel. Jetzt mache ich mir richtig Sorgen!«

»Willem lass mich raten: um Aukje van Dijken, unsere Hellseherin?«

»Ja! Ich bin gleich, nachdem ihr mich angerufen habt, zu ihr gefahren. Aukje, habe ich gesagt, du bist hier in deinem Laden in Gefahr. Komm mit mir, dann bist du in Sicherheit!«

»So wie ich Aukje kennengelernt habe, war sie nicht begeistert«, stellte Jan fest.

»Nicht begeistert …?! Sie hat mir lange zugehört, mir Tee gemacht und mich dann rausgeschmissen.« Willem klang noch immer beleidigt. »Sie sagte zu mir: ›Ich brauche keine Polizei, ich schaff das alleine.‹ Dann habe ich ihr angeboten, bei ihr zu bleiben, und sie erzählte mir, dass gleich mehrere Kunden vom Festland zu ihr den Laden kommen. Polizei würde ihre Aura stören.«

»Oha, diese Frau ist beeindruckend, aber auch un-vorsichtig«, erwiderte Jan. »Ich spreche gleich mit dem Kollegen Simon über das Problem.«

»Problem?«, fragte Simon, der gerade aus dem Büro gekommen war. Jan erzählte ihm von Willems vergeblichem Versuch, Aukje in Sicherheit zu bringen. »Moment, Jan ...« Wieder ging Simon in das Büro und machte hinter sich die Tür zu.

So langsam kam Jan sein Verhalten ungewöhnlich vor. Sollten wir nicht sofort zu dieser Wohnung von Fritz Bremer hier in Oudeschild ...?, dachte er. Jan konnte Simons Stimme hinter der Tür hören. Offensichtlich ließ der niederländische Kollege sich Zeit beim Telefonieren und Jan wurde immer ungeduldiger.

Endlich öffnete sich die Tür, Simon kam heraus und entschuldigte sich sofort bei Jan und dem Hafenmeister, weil das Gespräch so lange gedauert hatte. »Danke, Herr de Graf. Sollte sich Ihr Kollege Fritz Bremer bei Ihnen melden, rufen Sie uns sofort an!« Er überreichte ihm seine Visitenkarte. Dann lächelte er Jan entwaffnend an und sagte: »Kommst du dann?«

Jan atmete tief durch und folgte ihm die Treppe hinunter.

Sie fuhren zur Wohnung von Fritz Bremer. Im Ort kam ihnen ein dunkler Geländewagen entgegen, wieder besetzt mit zwei großen Männern. Diesmal konnte Jan erkennen, dass sie wie Kollege Drebber lange Haare trugen.

In diesem Moment ertönte das Geräusch einer Drehorgel aus Simons Richtung. Der Niederländer drückte auf sein Smartphone und es verstummte. Nach einem kurzen Blick auf das Display steckte er sein Handy wieder in die Hosentasche.

Vor dem kleinen Haus, in dem Fritz Bremer wohnte, hielt Jan an. Die beiden Polizisten stiegen aus. Jan ging voraus und erkannte sofort, dass die Eingangstür aufgebrochen worden war, sie lehnte nur am Rahmen. Simon folgte ihm sehr langsam und blieb vor der aufgebrochenen Tür stehen. Jan fiel auf, dass der Kollege seine Waffe nicht in der Hand hielt. Dafür gab es zwei Erklärungen. Die erste wäre gewesen, dass Simon keine Waffe mit sich führte, was Jan für unwahrscheinlich hielt.

Die zweite war, dass Simon genau wusste, dass sich niemand in der Wohnung befand. Jetzt ahnte Jan, wer das Türschloss aufgebrochen hatte: die Männer im Geländewagen. Und ihre Informationen kamen von Simon. Aber das waren doch keine Kollegen – und warum verhielt sich Simon so merkwürdig?

Simon Drebber sah Jan durchdringend an, als hätte er seine Gedanken erraten. »Der Gesuchte ist nicht in der Wohnung. Ja, die Männer in den Geländewagen gehören zu mir. Mehr darf ich dir allerdings nicht sagen, es ist besser, wenn du nicht alles weißt. Aber du kannst mir vertrauen. Wir sind auf derselben Seite.«

Nacht von Montag auf Dienstag
Niederlande, Insel Texel,
Beratungsgeschäft Aukje van Dijken in Den Burg
Kerak

Endlich war es dunkel genug. In der Umgebung von Aukjes Geschäft war alles ruhig. Aus einem kleinen Fenster schien noch Kerzenlicht. Kerak sah vorsichtig in den Raum. Dort saß mit dem Rücken zu ihm seine Todfeindin vor ihren verfluchten Tarot-Karten.

Na, zeigen sie dir an, dass du gleich sterben wirst?

Kerak zog sein Messer und ging zum Hintereingang. Die Tür leistete wie beim letzten Besuch nur wenig Widerstand. Er schlich durch den dunklen Flur zu dem kleinen Sitzungsraum. Die Tür stand offen, und Aukje saß noch immer mit dem Rücken zu ihm vor den Karten.

Er hatte sich vorgenommen, schnell zu handeln. Mit

wenigen leisen Schritten war er hinter der Hexe. Mit der linken Hand packte er ihren Hals und mit der rechten stieß er das Messer tief in ihre Brust.

Etwas stimmte nicht.

Das Messer war viel zu leicht in den Körper eingedrungen. Und der Hals seines Opfers fühlte sich ungewöhnlich glatt an.

Der Hut und die Perücke rutschten weg. Eine Schaufensterpuppe!

Grelles Licht flutete durch alle Fenster des Hauses und Kerak wusste, dass sie ihm eine Falle gestellt hatten. Er rannte aus dem Zimmer in den dunklen Flur und stolperte über den Kater. Als er stürzte, lösten sich die Kabelbinder seiner Waffe und die Rohre wurden zusammengeschoben. Der Schlagbolzen traf auf den Patronenboden. Das Geschoss durchbohrte Keraks Brust, den Hals und blieb schließlich im Schädel stecken.

Jan

Jan sah zu, wie Simon, Thomas und Willem in Aukje van Dijkens Haus liefen. Er hörte, wie die Tür auf der vorderen Hausseite aufgebrochen wurde. Es dauerte einen Moment, bis Willem Braakhuis herauskam und ihm ein Zeichen gab.

Die niederländischen Polizisten hatten darauf bestanden, dass er beim ersten Zugriff draußen warten sollte. Schließlich war er unbewaffnet und ohne passende Schutzweste.

Jan ging durch die hintere Eingangstür in den Flur. Dort schauten die drei niederländischen Kollegen auf einen Mann hinunter, der regungslos auf dem Boden lag. Es war der Gesuchte, wie Jan erkannte, als er nähertrat.

Die kurzen Haare und die fehlende Nasenschiene hatten ihn für einen Moment irritiert, aber es war tatsächlich Fritz Bremer, der Mörder von sieben Menschen.

»Er hat sich ungewollt selbst erschossen«, murmelte Simon, der jetzt neben dem Toten am Boden kniete. »Seine Spezialwaffe klemmte unter dem Gürtel und er ist wohl gestürzt, dabei ist sie losgegangen.«

In diesem Moment hörten sie die laute Stimme von Aukje van Dijken. »Gizmo! Gizmo! Wo bist du, mein Liebling?« Sie stürzte in den Flur, sah den Mann am Boden und brauchte einen Moment, um das Bild zu verarbeiten. Gizmo rieb sich an ihren Beinen und als sie sich bückte, sprang der Kater in ihre Arme. »Da bist du ja!« Aukje streichelte über seinen Kopf. »Das hast du gut gemacht!«

Die Hellseherin sah jetzt Willem Braakhuis mit funkelnden Augen an. »Das ist ja wohl eine Riesensauerei, mich einfach zu entführen! Aber einem von diesen Männern im Geländewagen habe ich es gezeigt …! Der hat bestimmt ein schönes Veilchen!«

Kapitel 59

eine Woche später
Deutschland, Stadt Leer, Polizeidienstgebäude

Klaas Leitmann und Onno Elzinga saßen in ihrem Büro hinter ihren zusammenstehenden Schreibtischen. Onno sah auf die andere Seite, wo Klaas schlechtgelaunt auf der Computertastatur herumtippte. »Na, Klaas, schreibst du ein Versetzungsgesuch zur niederländischen Polizei?«

Klaas unterbrach seine Arbeit und sah Onno nun finster an. »Wenn ich gewusst hätte, was dort auf der Insel abgeht, dann hätte ich Mallorca gebucht.«

»Das verstehe ich jetzt nicht«, sagte Onno mit Unschuldsmiene, »du hast doch sehr viel neue Eindrücke und Erfahrungen auf der Insel und insbesondere bei der niederländischen Polizei gesammelt.«

»Ja, angefangen mit dir im Doppelbett!« Klaas verzog sein Gesicht. »Und dann dieser Ausflug in Drebbers Motorradgespann. Und, Kollege Elzinga …«

Oha!, dachte Onno. Wenn Klaas ihn mit ›Kollege Elzinga‹ anredete, dann wurde es ernst. »Und?«

Klaas sah ihn böse an. »Ich weiß genau, wem ich es zu verdanken habe, dass dieses Bild von mir in Drebbers Seitenwagen in unserer internen Dienststellenzeitung abgedruckt wurde.«

Onno zog die Schultern ein und versuchte, nicht zu lachen.

»Ja, lach nur! Weißt du eigentlich, was mich dieses Abenteuer gekostet hat?« Inzwischen war Klaas rot angelaufen und seine Stimme wurde immer lauter. »Ich musste meiner Frau ständig Blumen schenken, sie in teure Restaurants einladen und zwei nagelneue Elektroräder kaufen!«

»Stell dich nicht so an, Klaas«, erwiderte Onno. »Das Geld ist doch nicht weg, das hat nur ein anderer. Außerdem: Sieh es doch einmal positiv. Du hast doch eine Belobigung von den niederländischen Kollegen erhalten. Das macht sich immer gut in der Personalakte. Außerdem hat Jan dafür gesorgt, dass du zwei Wochen zusätzlichen Urlaub erhältst.«

»Ja, Onno, hast ja recht«, gab Klaas zu, schon etwas ruhiger. »Ich habe auch gerne mit den Kollegen zusammengearbeitet.«

»Na, siehst du«, sagte Onno. »Komm, wir gehen zu Jan und Maike und fragen, ob wir beim Aufräumen des Soko-Büros helfen können.«

Im Büro der Soko Hekate
Jan und Maike

Jan nahm die Bilder der Opfer von den weißen Tafeln. Jedes stand für ein Schicksal. Sinnlose Opfer - und Hinterbliebene, die sich bis zum Ende ihres Lebens die Frage stellten, warum das Schicksal ausgerechnet bei ihnen so unerbittlich zugeschlagen hatte.

Inzwischen war der Vorgang der Soko Hekate auch bürokratisch beendet worden. Jetzt räumte er zusammen mit Maike das Büro aus.

»Jan, wir wissen immer noch nicht, wie unser Mörder mit wirklichem Namen hieß«, sagte Maike.

»Zurückverfolgen können wir ihn nur bis zu dem Zeitpunkt, wo er Fritz Bremer in Hamburg ermordete und dessen Identität übernahm«, bestätigte Jan. »Was davor war, woher er kam …? Ich weiß es nicht, Maike!«

»Ich dachte nur«, sagte sie, »welchen Namen werden sie wohl auf seinen Grabstein schreiben?«

Wolfgang Santjer

Geboren 1960 in Leer, lebt in Bingum an der Ems. Schon mit 15 Jahren begann er seine Ausbildung beim Bundesgrenzschutz, wechselte nach zwei Jahren zur Landespolizei und ging schließlich zur Wasserschutzpolizei nach Emden. Ausbildung in Hamburg. Vom WSPK Emden zur Polizeistation Leer. Als Polizeioberkommissar war er Bootsführer des Polizeibootes *Niedersachsen 8*, bis diese Station aufgelöst und das Boot verkauft wurde. 2007 wechselte er zur Autobahnpolizei Leer. Sein erster Kriminalroman *Emsgrab* erschien 2013 im Leda-Verlag, 2015 folgte *Ostfriesenspieß* und 2017 *Gänseblut*.

Wolfgang Santjer
Emsgrab
Kriminalroman
978-3-86412-64-0

Wolfgang Santjer
Ostfriesenspieß
Kriminalroman
978-3-86412-075-6

Wolfgang Santjer
Gänseblut
Kriminalroman
978-3-86412-205-7

Volker Feldkamp
Leer-Geld
Kriminalroman
Leer
978-3-86412-066-4

Peter Gerdes
Ostfriesische Verhältnisse
Kriminalroman
978-3-86412-077-0

Wolke de Witt
Sturm im Zollhaus
Kriminalroman
Leer
978-3-934927-77-3